Franz von Löher

Griechische Küstenfahrten

Franz von Löher

Griechische Küstenfahrten

ISBN/EAN: 9783743301856

Hergestellt in Europa, USA, Kanada, Australien, Japan

Cover: Foto ©Andreas Hilbeck / pixelio.de

Manufactured and distributed by brebook publishing software
(www.brebook.com)

Franz von Löher

Griechische Küstenfahrten

Griechische

Küstenfahrten

von

Dr. Franz v. Löher,

k. bayer. Geheimer Rath, Reichsarchivdirector, Univ.-
Professor, Mitglied der Akademie der Wissenschaften
in München, Brüssel ꝛc.

Bielefeld und Leipzig,
Verlag von Velhagen & Klasing.

1876.

Inhalt.

I.

An der thrazischen Küste.

~~~~~~

Ich habe auf diesem kleinen Erdenrund schon
manche hübsche Reise gemacht, manch schöne Jagd
im Hochgebirg, oder in dunkeln Urwaldtiefen und
wenn die Prairien schimmerten in thauiger Morgenfrische, und noch jüngst blickte und lauschte ich
in afrikanischer Küstenöde auf das überwältigende
blitzende Ozeansgewoge und sein ungeheures in langsamen Takten tiefausholendes Rollen und Rauschen.
Doch niemals erlebte ich eine Reise so erfüllt von
Glück und Schönheit, so ganz im reinen seligen
Genießen, wie im Juni auf und zwischen den griechischen Inseln.

Längst hatte ich mir einige davon ausgesucht,
die aus grauen Schleiern des Alterthums lockend

herüber grüßten, die reiche üppige Thasos, die göt-
tertheilige Samothrake mit ihren unerforschten Geheimnissen, die langgestreckte Imbros, und vor allen
den hohen Olymp im lesbischen Lorbeergrün. Kein
Dampfschiff berührt diese Küsten, wie vergraben liegen sie hinter den stillen Meereswogen. Höchstens
jede zwanzig Jahre schifft ein Alterthumsforscher hin
und berichtet außer von Steininschriften, von denen
vier Fünftel uns höchst gleichgültig sind, auch von
grünen rauschenden Wäldern, von altgriechischem
Menschenschlag und uralter Tracht und Sitte. Und
dann versinkt alles wieder in das jahrhundertelange
Schweigen des Todes und der Wehmuth, und wartet
auch auf Erlösung von der orientalischen Frage.

Es war am Nachmittag des 7. Juni, Luft und
Meer strahlend von reinster Bläue, da blickten wir
vom Dampfschiff, das vor der großen Brücke zu
Konstantinopel lag, noch einmal hinüber nach den
Platanen hinter Skutari auf der Berghöhe des
Dschamlidscha, und dann umgewendet das goldene
Horn hinauf nach den süßen Wassern von Europa,
und dachten der Stunden, die unvergeßlich dort uns
blühten. Noch einmal wollten die Augen sich sättigen an dem wunderbaren Glänzen und Leuchten,
in welchem die Gewässer und Häuser, das Grün
und die blinkenden Zinnen und Moscheen sich gleich-

sam baden. „Aus Glanz und Wonnen komm ich
her," singt Lohengrin. Hätte Richard Wagner den
märchenhaften Glanz gesehen, der Konstantinopels
Höhen umzittert, so hätte sich ihm Montsalvat deutlicher gestaltet. Von Elsas und Gralsrittern ist
freilich hier wenig zu finden. Denn die Türkinnen
sind wahrhaftig die reinsten Schafe in allen außer
ihres Leibes Angelegenheiten, und die meisten ihrer
Herren entweder glatte Teufel oder blinde Mahoms-
diener mit grundschwerem Verständniß für ein frem-
des Ideenlüftchen.

Freunde kamen an Bord und brachten an ihre
Untergebenen vom Lloyd und Bahnenbau Empfehlungen, man kann deren ja im Orient nie genug
haben. Noch ein Viertelstündchen fröhlich Geplau-
der, dann rascher Abschied, und mit bewegtem und
dankbarem Herzen sahen wir ihnen nach, als ihr
Kaik sie fliegend zum Ufer trug. Langsam wendete
sich das Dampfschiff, stieß ab, fuhr langsam um
die grüne Serailspitze, umflattert von weißgeflügel-
ten Möven, fuhr vorbei am schimmernden Leander-
thurm, vorbei am letzten Palast auf der asiatischen
Seite, und Konstantinopel war verschwunden. Das
Herz that uns doch ein bißchen weh, es war gar
zu herrlich am Bosporus — und wer kommt hin
zum drittenmal?

Schon rauschten wir ins Marmormeer hinein,
und immer höher und gewaltiger stiegen ringsum
die Gestade empor, und umfaßten die spiegelnde
Seefläche, als schiffte man auf dem größten und
zugleich schönsten Landsee Europas. Nicht ein Schatten von Gewölk zog durch den stillen blauen Aether,
und der Meeresspiegel hatte eine so wunderbare
Glätte und Helligkeit, als wäre der obere Luftraum
von einem untern nur durch eine lichte Glastafel
geschieden. Die köstlichen Eilande der Prinzeninseln
schwammen uns gleichsam entgegen, und um jede
rothbraune Felszacke an ihren Rändern floß es wie
Licht und Schimmer. Ach, es ist schön am Bosporus, so schön daß man gern den ewigen bunten
Lärm des Menschenkarnevals dazu nähme, könnte
man hier ein paar Monate von einem Gestade zum
andern streifen.

Unser Schiff hatte auch ein Stück von jenem
bunten Karneval aufgenommen; jedes Plätzchen zum
Stehen oder Sitzen war bedeckt mit Menschen viel-
farbiger Tracht und Art. Es ging nach Rumelien,
Saloniki, Griechenland, und da hatte sich von allem
etwas eingeschifft, was dort herum wohnte oder zu
schaffen hatte. Das Oberdeck war der Länge nach
abgetheilt. Die eine Seite bedeckte ein Zelt, und
darunter saßen und lagen Türkinnen, ein paar junge

hübsche und ein paar vom Mittelalter: eine stein-
alte Frau habe ich in ganz Konstantinopel nicht gesehen, man läßt sie in diesen Gegenden wohl nicht
so weit kommen. Die Türkinnen plauderten und
rauchten ohne Aufhören, und ihr sonstiges Geschäft
war zweierlei. Entweder machten sie sich mit ihren
zahllosen Bündeln und Teppichen zu schaffen — kein
Türke reist mit einem ordentlichen Koffer, — oder
sie säugten Kinder, die schon lustig umher sprangen,
und benahmen sich dabei sehr offenherzig, obgleich
die Gesichter verhangen blieben. Durch eine Zelt-
wand getrennt lagerten ihre ernsten Eheherren, und
diese thaten nichts als rauchen und schweigen. Vom
untern Deck kam bald alles herauf, was irgendwie
einen guten Rock trug, Türken und Arnauten, Armenier, Mönche und Derwische und Popen, die
Bärte der letzteren waren die schönsten. Drunten
aber überschaute man auf der ganzen Schiffslänge
eine wahre Musterkarte von türkischem, griechischem,
Juden- und Mohrenvolk, jeder mit seinem Pack und
jeder in seiner landesüblichen Tracht. In jeder Ecke
lag ein Bündel Menschen zusammengekauert: die
einen trugen Wollpelze, die andern hatten eine Art
schmutzigen Burnuß über den Kopf gezogen, das
Roth der türkischen Soldatenuniform stach überall
hervor. Dabei war das ganze untere Verdeck mit

Päcken und Kisten vollgestopft, gerade als hätte sich eine große Karawane an Bord niedergelassen. Es fehlte nur, daß statt der Masten und Kamine die langen Hälse der Kamele aus dem bunten Gewimmel hervorragten.

Als nun die glänzende Sonne niederstieg, das Gebirge seine Schultern in tiefes Schwarzblau hüllte, die Ufer aber und die stille Meeresfluth allüberall schimmerten im hellsten Rosenlicht, da erschien auch die ganze wimmelnde Schiffsgesellschaft wie beleuchtet von bengalischem rothem Feuer, und man mußte sich förmlich einreden, daß dieses rothbunte Gewimmel Wirklichkeit sei.

Am Morgen früh lag das Schiff vor Gallipoli, einer ächt türkischen Stadt, die sich mit kleinen grauen Häusern und rothen Ziegeldächern weit ausbreitet wie die Einförmigkeit selbst. Wo den Türken nicht fränkische Baumeister die Paläste bauten, da wußte dieses Steppenvolk aus sich selbst heraus nichts zu ersinnen, nichts aufzurichten, als diese ärmlichen Hütten und Moscheen mit dem plumpen Festungsgemäuer: die spitzen Minarets haben sicherlich keine Türken erfunden.

Eine Menge ihres Volkes kam hier an Bord, und eine tiefverschleierte Frau, die ihren Sohn brachte und von ihm zärtlich Abschied nahm, konnte sich nicht enthalten, unter ihrem Schleier laut zu weinen und zu schluchzen. Der Jüngling aber sah ihr lange nach mit bleichem Gesicht, und als das Boot der Türkin sich am Ufer verlor, suchte er sich ein stilles Plätzchen.unter Deck, wo er mit niemandem zu verkehren brauchte. Auch in Harems fühlt Sohnes- und Mutterherz dieselben seligen Schmerzen, wie bei andern Menschenkindern.

Wir fuhren nun in den Hellespont hinein, und der Strom lag hell und schimmernd auf und ab zwischen den Gestaden, die an der asiatischen Seite wohl bebauet schienen. Wie rauscht das hier herüber und hinüber von alten weltwichtigen Geschichten auf dieser sechs Stunden langen Meeresstraße! Da kommen in grauer Vorzeit die griechischen Häuptlinge auf ihren Raubschiffen, um sich die Schätze und die schönen Weiber der reichen Handelsstadt Troja zu holen. Xerxes schlägt seine Brücken, und unermeßliche Kriegsvölker ergießen sich, die man nur so haufenweise berechnete, wie noch heute die Bevölkerung der türkischen Städte. Athener und Spartaner raufen sich dort am Ziegenfluß um die Oberherrschaft. Der gewaltige Alexander läßt dort am Granikus zum erstenmal den Perserkönig griechisch-mazedonische Kriegskunst kosten, die mit stählerner Schneide in das halbwilde Völkermeer einschneidet.

Ganz Vorderasien liegt nun lange unter europäischer Herrschaft. Erst gehorcht es der überall
eindringenden griechischen Kultur. Die uralten
Städte schmücken sich bis zu Indiens Gränzen
hin mit griechischen Tempeln, griechischer Tracht und
Sitte. Es entstehen zahllose neue Ansiedlungen,
wo man die Naturschätze der Länder austauscht gegen griechische Industriewaare. Dann macht sich
auch hier bis in die Berge der Parther und Armenier hinein der römische Staatswille geltend, und
das ganze weite Gebiet wird überzogen von dem
großen Raub- und Erpressungssystem, das bis zu
unserer Zeit herab seine Jünger gefunden. Vergebens ringt der große Mithridates nach der Un-
abhängigkeit eines asiatischen Despoten.

Im verbleichenden Glanz der Römerherrlichkeit
erscheinen byzantinische Kaiser und unter ihrem Schutz
die streitsüchtigen griechischen Mönche, die mit er-
hitzten Gesichtern hin und her fahren zwischen dem
europäischen und asiatischen Ufer, ihre steinernen
Dogmen im Kopfe, deren Gewicht und Härte den
erhabenen Flug christlicher Ideen wieder herabzieht,
bis sie im alten trüben Schlamm und Schutt orientalischer Mythen und Sagen halb ersticken. Dort
Jsnik, ehemals Nizäa, nahe am Marmora-Meer,
erinnert an jene Vorgänge.

Unterdessen man hier emsig arbeitet, das Christenthum zu verknöchern, füllt sich alles Land am Balkan,
füllen sich Thrazien Macedonien Griechenland mit
slavischem, walachischem, bulgarischem Gesindel, das
immer massenhafter anschwillt, das die Wälder und
Oelbäume niederhaut, um seinen Schaf- und Zie-
genheerden Raum zu schaffen. Die letzten Oströmer
fliehen nach den festen Punkten an der Küste, im
Innern zerfallen Städte und Tempel, erstirbt der
griechische Laut. Vor dem Andrang der schmutzigen
wilden Haufen, — auch die Russen kommen, —
schwebt Konstantinopel in Nöthen. Es athmet erst
wieder auf, als es gelingt, das rohe Volk in die
christliche Kirche zu treiben. Man besticht und ge-
winnt seine Häuptlinge, und der Troß muß folgen
wie willenlose Schaaren. Das Christenthum wird
ihnen, gerade wie es zur sächsischen Kaiserzeit bei
den Magyaren geschah, einfach anbefohlen: sie
werfen ihre alten Götzen in die Ecke und sind nun
auf einmal getaufte Christen. Und siehe, selbst bei
diesen Wildlingen entwickelt das Christenthum seine
unwiderstehliche beseligende Macht und Kulturbildung.

Die Gefahr von Norden her war abgewendet,
da kam sie von Westen. Italienische Seehelden und
fränkische Kreuzfahrer laufen mit ihren Flotten,
ihren Schild- und Lanzenträgern in den Hellespont

ein, im Flug ist Konstantinopel erobert. Es dauert
ihr Reich nicht volle sechszig Jahre. Hatten die
klugen Venetianer die ritterlichen Abenteurer im
Jahre 1204 auf Konstantinopel gelenkt, um selbst
die beste Frucht ihrer Siege zu kapern, so waren es
jetzt Genuesen, die, noch erpichter auf Gold und
Handel, im Jahr 1261 den Byzantinern halfen,
die Handvoll Franken vom Kaisersitz wieder herunter
zu werfen. Der Nachlaß aber des kurzen lateinischen Kaiserthums dauerte noch zwei Jahrhunderte.
Es waren die fränkischen Herzoge und Lehnfürsten
in Athen, Achaja, Thessalonich, Lesbos, Thasos
und andern Inseln. Diese fränkischen Herren besetzten alle Küsten mit ihren Burgthürmen und thaten
sich eine Güte in wilder Lust und Fehde und Er-
pressung: kleine Seeräuberstaaten fehlten auch nicht.
Wir Deutschen hatten damals mit Krieg und Be-
siedelung an der Ostsee und in anderen slavischen
Ländern zu thun: für die Romanen schimmerten alle
Reichthümer Indiens an den Küsten des griechischen
Meers.

Des kurzen lateinischen Kaiserthums Nachlaß bestand aber auch in einem meertiefen Haß der Griechen
gegen die frechen Lateiner. Hatte schon das gewaltige Aufsteigen der römischen Kirche, welche die alten
Mutterkirchen zu Antiochien Alexandrien und Kon-

stantinopel verdunkelte, das griechische Volk mit
Grimm und Aerger erfüllt, jetzt hatte es von Rohheit und Uebermuth der Lateiner unmittelbar zu
leiden gehabt. Die Folgen zeigten sich, als von
Osten die Osmanlis heranzogen und ihre schwarzen
Roßschweife in die Ufer des Hellesponts ein-
stießen.

Im Jahre 1299 eroberten sie Brussa, 1351
Gallipoli, in den nächsten Jahren Kleinasien, dann
Adrianopel und die Balkanländer, dann Griechenland und Bosnien. Ringsum keilten sie die hohe
Kaiserstadt am Bosphorus ein, bis 1453 auch ihre
Mauern stürzten. Und seltsam! Gerade in den
anderthalbhundert Jahren, wo die Türkengeißel stets
zerfleischender auf die Bekenner der griechischen
Kirche niedersaust, trennen sie sich immer feindlicher
in Haß und Glauben vom christlichen Abendland.
Ihre beste Manneskraft steckt in den Klöstern, —
allein in und bei Konstantinopel gab es 300 Klöster,
— und finstern Sinnes wühlt sie tief und tiefer
sich in ein starres todtes Kirchenthum. Kein Hauch
europäischen Geistes dringt mehr zu ihnen. Niemals, selbst nicht im grauen Alterthum, waren diese
Länder so vollständig von europäischer Einwirkung
entfremdet und abgesperrt, wie in den letzten fünf
Jahrhunderten.

Jedoch nicht mehr in der Gegenwart! Noch ist
es kein Menschenalter her, seit sich dort unten, nicht
weit von der Dardanellenstraße, in der Besika-Bay
die Flotten der Franzosen und Engländer versammel-
ten, jetzt zum Schutz, wie 27 Jahre früher bei
Navarin zum Verderben der Türken. Seitdem drängen Handel und Gewerb, Zeitungen und Bücher,
Reisende und Ansiedler, Gesetze und Gebote der
Franken und Russen auf die Türken ein, und längst
beunruhigt sie die Ahnung daß ihres Bleibens nicht
mehr in Europa, daß ihnen selbst die Küsten Kleinasiens entrissen werden.

Keiner Alexandergröße bedarf es, um die gesammte Türkenmacht über den Haufen zu werfen.
Schon die Gewalt der Verkehrsströmung lockert sie,
unterhöhlt sie, spült sie weg. Offenbar hat die
europäische Kultur wieder einen Eroberungszug an-
getreten, der für das ganze Gebiet der Griechen und
Türken, Walachen und Bulgaren, Syrer und Aegyptier Folgen haben wird, wie einst Alexanders Heer-
gefolge für den Orient.

Schon lange wartet alles auf die letzte Entschei-
dung. Seit die deutsche Frage 1848 drohend ihr
Haupt schüttelte, vergingen 23 Jahre, da war die
Lösung da, und es erbebte die Machtstellung der
Staaten in ihren Grundfesten. Seit aber Ypsilanti's

heilige Schaar in ihrer Fahne das griechische Erlö-
ferkreuz flattern ließ, sind nun schon 55 Jahre vergangen. Im Orient will jedes Ding Weile haben.
Seit den mehr als 1000 Jahren, von Konstantins
Taufe bis auf den fürchterlichen Bajazeth, „den
Bliß" des Islams, gab es in diesen Ländern keine
eingeborne feurige Nationalkraft mehr: man nahm
das Schicksal an wie es eben kam, selbst aus den
Händen von Räuberschaaren. Aber der passive Widerstand war stets merkwürdig zäh und dauersam.
Wo hätte ein Diplomat in Wien oder London oder
Konstantinopel noch ein Auferstehen des Hellenen-
thums vermuthet! Es hing nur noch an ein paar
Inseln, ein paar Küstenstreifen, ganz erbärmlich war
es mit seinen sittlichen und sonstigen Mitteln bestellt,
denn es sah gerade so aus wie slavisches Mönchs-
und Räubergesindel. Und siehe da, vor unsern Augen entwickelte es eine geistige Kraft, welche wieder
ins Innere der Länder vordringt, die ihm längst
und für immer verloren schienen.

Welch 'ein Wechsel welthistorischer Geschicke an
diesen Gestaden! Welch' wunderbare Anziehungskraft
ruht auf ihnen, daß aus allen Weltgegenden die
Völker nach diesem Punkte hinstreben!

Wer aber zum erstenmal in den Hellespont ein-
fährt, denkt, glaube ich, doch früher, als an dieses

vieltausendjährige europäisch-asiatische Gewoge, an
die einfach menschliche Geschichte von Hero und Le-
ander. Warum? In ein paar liebe Mädchenaugen
kann sich Jeder tödtlich vertiefen, wenn er auch kein
großer Schwärmer ist: über weltgeschichtlichen Staats-
und Kriegssachen aber sinnen nur Staatsmänner und
deutsche Gelehrte.

Die Dardanellenstraße behält vom Anfang bis
zum Ende ihren festlich historischen Charakter. Die
europäische Seite ist meist ein nackter Höhenzug, auf
der asiatischen erheben sich hohe Berglinien hinter
einander. Fort und fort, wie das Schiff vorüber-
zieht, treten hier und da alte und neue Kastelle in
die Fluth. Bald schimmern beide Ufer von weißen
Ortschaften, bald ist alles wieder Einöde. Je weiter
nach dem griechischen Meere zu, desto häufiger und
gewaltiger werden die Thürme und Bastionen, deren
Geschütze aufs Wasser lugen. Der Ausgang der
Straße ist einer der malerischsten Punkte auf der
Welt, die See belebt von einer Menge weißer Segel.

Hier bei Sedil Bahr (Schlüssel des Meeres) stieg
mein Tischnachbar aus, ein Pascha, der nach der
Insel Samos wollte, um in des Sultans Auftrage
die dortigen Händel zu untersuchen; denn die Samier
hatten ihren Fürsten bei der Pforte verklagt. Der
türkische Herr schien im Französischen noch nicht recht

feſt zu ſein: ſeine beiden Begleiter aber ſprachen es
wie Pariſer, und ebenſo leicht und behende floß von
ihren Lippen Engliſch, Italieniſch, und Türkiſch.
Schwerlich findet man in irgend einem Lande junge
Männer, die feiner, glatter und verbindlicher in
Wort und Manieren, als dieſe jungen Türken der
neuen Schule. Wenn man aber ſich wundert, daß
unter den Levantinern keine Spur von geiſtiger Schö-
pfungskraft — wie kann das denn anders ſein?
Jeder Bube lernt, als wenn es in der Luft läge,
vier oder fünf Sprachen, und ganz von ſelbſt richtet
ſich darauf, ſie gut zu ſprechen, ſein Sinnen und
Denken. Wird er zwölf Jahre, ſo muß er ſie zwar
methodiſch lernen, aber eigentlich denken lernt er in
keiner einzigen Sprache. Jede iſt ihm nur ein Werk-
zeug zum Verkehr, das er immer fertiger zur Hand
zu haben ſtrebt. Den tiefen Reiz, durch Denkarbeit
etwas zu ergründen, lernt er gar nicht kennen. Er
will bloß Geld und Macht erraffen und erſchleichen,
und ſein Verſtand wird ſcharf und funkelnd wie
eine Klinge und den Franken hundertmal überlegen.
Wie geſcheidt, wie gewitzt und geſchmeidig ſchauen
uns dieſe jungen Köpfe an! Wenn ein Levantiner
aber beſitzt, wonach er einzig trachtet, Reichthum
und Titel und ein ſchönes Haus, dann geht all ſein
Vergnügen im orientaliſchen Keef auf, im träume-

rischen Nichtsthun und behaglichen Einschlürfen des
feinen Tabaks und der köstlichen Luft. Denn längst
versiegt ist in seinem Innern jede Quelle geistigen
Lebenswassers.

Nur ein paar Stunden hatten wir die Dardanellen verlassen, und schon tauchte rings aus dem
Meere die ganze Herrlichkeit der griechischen Insel-
und Küstenwelt, — das langgezackte Imbros, das
hoch aufragende Samothrake, die thrazische Küste
mit niedrigen Landzungen, mit weiten Buchten, mit
schön abfallenden Bergrücken. In duftiger Ferne
zeichneten sich schon leise die Umrisse von Thasos
am Himmel. Alles umgeben von blaugrünem See-
glanz, alles so frisch und thauig, als stiegen diese
Inseln und Gestade an jedem neuen Morgen aus
den feuchten Tiefen empor.

Wir fuhren dicht am thrazischen Ufer hin, die
Küste erschien öde und verlassen. Das Schiff wendete in die Bucht von Enos, wo die Maritza, die
aus den lachenden Ebenen von Philippopel und
Adrianopel kommt, ihre Gewässer ausströmt. Eine
dunkle Schlucht that sich auf, die tief ins Land
hinaufstieg. Am Meer aber war alles Sumpf und
Niederung. Da schoß auf einmal etwas am
Strande daher, wie eine ungeheure schwarze Schlange,
und richtig, als wir näher kamen, standen Eisen-

bahnwagen zwischen den Bäumen. Glückauf, ihr
Licht- und Kulturbringer in diesen düstern Bergen!
Es war ein Zweig der großen osmanischen Bahn,
die Konstantinopel mit den obengenannten Städten,
mit Belgrad und der Donau, verbinden soll. Trotz
Türken und Balkan wird die Bahn fertig werden,
wird Strömen von Reisenden und Gütern den Weg
aus dem Herzen Europas nach dem Orient auf-
schließen, wird aber auch unfehlbar eine ungeahnte
Entwicklung im fruchtreichen Rumelien herbeiführen.
Schon im Juni vor zwei Jahren wurde die Eröff-
nung der ersten Bahnhälfte gefeiert, und da es
ganz unmöglich war, in der großen Stadt Adrianopel nur für den hundertsten Theil der Festgäste
irgend ein anständiges Unterkommen zu beschaffen,
so mußte man eine Menge Bahnwagen zusammen-
führen und sie in Gast- und Wirthshäuser verwandeln. Ich hatte damals die schönsten Einladungen
zu diesem Feste bekommen und hätte gar gern etwas
von den grünen Fichtenhöhen an der obern Maritza
gesehen, allein Beamte brauchen Urlaub und der
meinige hatte seine bestimmten Fristen.

Hier bei Dedeatsch in der Enosbucht blieben wir
lange liegen. Ballen auf Ballen kamen vom Lande
aufs Schiff, alle voll Tabak. Gegen Abend überzog
sich das Hochgebirge von Samothrake mit köstlichem

Azur, und starrte wie eine zuletzt prachtvolle dunkel-
blaue Masse aus dem Meer empor. Dahinter erschien im zarten Goldglanze Thasos, das alle seine
Kuppen und Spitzen zeigte. Noch weit hinter der
spiegelnden Fluth erhob sich der Athoskegel von
Rosenwölkchen umsäumt.

Erst als die Sonne beinahe unterging, dampf-
ten wir wieder aus der Bucht heraus, und jetzt erstieg ein Imam das Verdeck und ließ seinen Ge-
sangesruf zum Gebet in feierlich wallenden Tönen
über das Schiff hin erschallen. Die Türken sam-
melten sich zu ihm, beredeten lange wo die rechte
Richtung nach Mekka sei, dann zogen sie ihre Schuhe
aus, legten Teppiche vor sich hin und knieten nieder. Nun begann der Imam die Gesänge und Gebete, zwischen welchen sie neunmal mit der Stirn
den Boden berührten. Zuletzt hielten sie noch ein
stilles Gebet, standen auf, strichen ihren Bart und
zogen die Schuhe wieder an. Plötzlich aber be-
merkten sie, daß unterdessen das Schiff sich im Winde
gedreht und sie die Richtung nach Mekka ganz verloren gehabt. Sie waren augenscheinlich bestürzt
darüber, mochten aber nach kurzer Berathung doch
die Sache für unverbesserlich halten. Wahrscheinlich fürchteten sie unser Gelächter, wenn sie von
vorn anfingen.

Spät Abends, als es längst schon dunkelte, hatten wir noch lange den Genuß eines türkischen Gesanges. Der Sänger stand am Hauptmast, um-geben von seinen Landsleuten, und im langgezogenen Tonfalle sang er — wovon? Von Liebe oder Reli-gion oder Vaterland? Sollte es, um dergleichen zu wissen, wohl lohnen, Türkisch zu lernen? Die Literatur dieses Volkes scheint doch die Mühe und Zeit, die man auf ein gründliches Studium der-selben verwenden müßte, nicht werth zu sein. Was man von ihr aus Uebersetzungen kennen lernt, ist nicht ein Nachhall aus Persien und Arabien, nein, nur ein ganz erbärmlicher Nachklatsch: das türkisch Nationale darin fast nur das Unfläthige.

Die meisten Türken nehmen auf den Dampf-schiffen dritte Klasse, auch die reichen, weil sie unsere Speisen doch nicht essen. Wem aber möchten wohl ihre Schnappsäcke mit all dem zwiebeligem Inhalt appetitlich erscheinen? Der Kapitän des „Progreß", so hieß unser Dampfer, ein griesgrämiger Seebär, ließ den Orientalen alle Freiheit. Auf keinem Punkte des Verdecks war man sicher vor den schändlichen Zwiebeldünsten. Uebrigens sollte der Lloyd, der Oesterreich im Orient so viel Ehre macht, doch auch darauf halten, daß von den drei Schiffsoffizieren wenigstens einer, und auch ein Kellner, etwas deutsch

2 *

verstünde. Die Italiener haben ja ohnehin die
Lloyd-Schiffe ganz inne. Die Vernachläſſigung aber
des Volksſtammes, der doch immer noch in Oeſter-
reich den Ton angibt, könnte ſich einmal empfindlich
rächen.

In der Nacht war das Schiff bis vor Porto
Lago gefahren, und als ich am Morgen aufs Ver-
deck kam, lag die thraziſche Küſte vollentfaltet da.
Wir hielten in einer Bucht, die von ganz niedrigen
Landlinien umſäumt iſt, dahinter aber ziehen und
ſchwingen ſich vielgipfelige Berge in prächtigem Halbrund. Die paar Hafengebäude die auf dem flachen
Vorlande ſtehen, erſchienen wie helle Punkte vor
der erhabenen Gebirgswildniß. Thaſos und Samothrake ſtanden jetzt viel näher, gleich ſchwarzblauen
Wolkenbergen über den ſchimmernden Fluthen. Friſche
Waldluft wehte vom Gebirge her. Die Wellen hoben und ſenkten ſich in langſamen Schwingungen,
und Andacht und ſtilles Dankgebet erfüllten meine
Seele.

II.

In Cavalla.

Bald nach Mittag waren wir vor Cavalla,
welches Thasos gegenüber liegt. Die Inseln hatten
sich in graue Nebel- und Regenschleier gehüllt, das
feste Gestade aber lag noch in glänzender Klarheit.
An ihrem Felsen über dem Meere gelagert stellte
sich die Stadt mit ihrer Hochburg bedeutend und
gefällig dar, das Ufergebirg dahinter wie eine entsetzlich kahle Steinwüste.

In dieser Stadt wollte ich für unsere Insel-
fahrt ein kleines Schiff nehmen und ausrüsten, und
mit einem Dragoman, der den Dolmetscher Koch
und Bedienten machen sollte, versehen. Cavalla treibt
einen lebhaften Handel, da es Ausfuhrhafen für
die feinsten türkischen Tabake ist. Dieses Kraut

gedeiht hier und im nahen Jenidscheh ganz vorzüglich. Schon die Genuesen hatten in Cavalla
eine Hauptstation.

Wir landeten und hatten durch tiefen Sand zu
waten, der die Strandbreite einnahm. Da kugelte
sich am Boden ein ganzes Rudel von nackten
Zigeunerkindern, standen walachische Bauern mit
Hämmeln zum Verkauf, und bulgarische Lastträger
schoben und drängten sich in die Boote, um mit
ihren Gütern an die Schiffe zu kommen. Gewiß
die halbe männliche Bevölkerung war am Hafen,
und ernste Barttürken saßen mit ihren langen Pfeifen
vor den Kaffeebuden. Unser Lloydschiff, welches
nach Saloniki und Griechenland ging, kreuzte sich
mit einem Dampfer, der von dort herkam, um nach
Konstantinopel zu fahren. Die Schiffe treffen sich
alle vierzehn Tage in Cavalla: dann eilt und haftet
Alles, um mit seinem Handel fertig zu werden, und
sind die Dampfer fort, senkt sich auf die Stadt
wieder die bleierne Stille, die nun seit vielen Jahrhunderten auf diesen Fluren lastet.

Die abdampfenden Schiffe sind aber noch in
Sicht, so prüfen die Damen schon ihre neuen Putzstücke. Denn so viel oder so wenig von Damen in
Cavalla wohnt, jede behauptet: ihr Anzug komme
geradenwegs aus Paris. Das ist überall so in der

Levante. Ein Hausvater klagte mir erbärmlich die ungeheuern Summen, die ihm der Putz von Frau und Töchtern koste. An Vergnügen und Freiheit ist ihr Leben arm, noch ärmer an Wissen und Arbeit: da dreht sich der Mutterwitz jahraus jahrein um die seidenen Fähnchen und Schminktöpfchen der hülfreichen Franzosen.

Da nun an diesem Tage an den Schiffshandel für uns nicht zu denken war, so besahen wir die Stadt. Am meisten fällt die genuesische Wasserleitung ins Auge, drei Bogenreihen übereinander, ein stattliches Werk. Wo die Reihen der Handelsläden sich hinziehen, ist die Straße von grünem Weinlaub überdacht, was sehr freundlich aussieht. Im Moscheenhofe steht noch eine halbe Säule und ein Steinbrunnen mit Verzierungen aus der Genueser Zeit. Den ganzen Hof überschattet eine prachtvolle Riesenplantane, deren Stamm zwölf Männer kaum umspannen. Der schattige Platz hat etwas Trauliches, wie ich das öfter in Moscheenhöfen bemerkte.

Draußen aber steckt Alles noch im alttürkischen Schmutz der Straßen, der Häuser, der Seelen. Als wir zur Oberstadt uns in den engen holperigen und übelriechenden Gassen emporarbeiteten, begegneten uns träge schlurrend in niedergetretenen Pantoffeln einige Frauen, so plump und tief verschleiert, daß man

gleich merkte, daß in einige Harems von Cavalla
noch kein Strählchen fränkischer Aufklärung einge-
blißt war. Eine Halbschwarze, die uns den Rücken
drehte, schrie laut auf, als sie unser plötzlich an-
sichtig wurde, und schlug wie wüthend alle ihre
Gewänder vors Gesicht. Ein Steinwurf, der vor-
überflog, belehrte die Giaurs, vorsichtiger zu sein.
Dieses Cavalla soll noch ein ächtes Brutnest von
alttürkischem Fanatismus sein.

Auf der Höhe der Stadt ist eine Kaserne eingerichtet und mit 44 Mann besetzt, die ein paar
alte eiserne Kanonen hüten. Als wir hier einen
freien Punkt erreichten, wo der Blick auf die ein-
geschlossene Bucht fiel, und in die Steinwüste dahinter, rief ein jedes: „Torbole, Torbole!" So ähnlich war die Gegend jenem idyllischen Ort am Garda-
See, an welchem wir gerade im Herbst vorher mit
unsern Kindern ein paar hübsche Wochen verlebt
hatten. Nur noch viel glänzender erschien hier die
Bläue des Himmels und der Gewässer. Was aber
vollständig fehlte, war das Grün der Wein- und
Obstgärten und der sanfte trauliche Schimmer der
Olivenhaine.

Wir traten auch in das Gymnasium ein. Was?
Hier ein Gymnasium? In der That, jedoch türkischer
Art. Mehemed Ali war in Cavalla aufgewachsen,

und wie jeder tüchtige Charakter, dachte er auch
in seiner Hoheit noch herzlich der alten Heimath.
Als er daher Vizekönig von Aegypten geworden,
ließ er sich vom Sultan die Insel Thasos schenken
und wollte seiner Vaterstadt Cavalla, die gegenüber
liegt, eine Güte thun. Eine Medresse, d. i. Lehr-
anstalt von Freistellen, wollte er gründen, damit es
in den Köpfen heller werde, und dazu einen schönen
Hafen bauen, damit der Handel aufblühe. Da
kamen die Männer von Cavalla zusammen und sagten:
„Zu was ist eine Medresse? Gab uns der Prophet
nicht unsern Koran? Darin steht Alles, was auf
Erden und im Himmel nöthig. Und was haben wir
vom schönen Hafen? Dann kommen viel Schiffe zusammen, und die guten Fische gehen in die Tiefe."
Also baten sie ihren großen Landsmann: seine Gnade
möge ihnen doch lieber ein Imaret, d. i. eine große
Speiseanstalt, schenken, die jedem Bedürftigen täglich Suppe Pillaw und Brod gebe und zweimal
in der Woche ein Stück Fleisch dazu. Der gute
Vizekönig that also, ließ sich aber die Akademie
nicht aus dem Sinne bringen. Imaret und Medresse
wurden gegründet, fast alle Einkünfte aus Thasos
ihnen zugewiesen und außerdem noch jährlich 8000
Piaster. Siehe, da schien in Cavalla auf einmal
Alles bedürftig, und Reich und Arm holte sich

feinen Mittagstisch aus dem freigebigen Imaret.
Die angeborene Trägheit wurde noch größer, und
wer jetzt ein Gericht Fische haben will, kann sie sich
selbst fangen; denn auch die Fischer leben vom
Imaret. An der hohen Schule aber wurden acht
Professoren angestellt und, damit sie Zuhörer hätten,
über hundert junge Leute aufgenommen, die in der
Anstalt Wohnung Kost und Lehre umsonst erhalten.
Nun werden die jungen Leute im bequemen Pen-
sionat alt und grau, sie wollen gar nicht wieder
heraus, sondern immer noch mehr lernen, und die
Professoren sollen sich ganz vortrefflich dabei befinden.

Die liebenswürdigste Aufnahme fanden wir bei
unserm Reisegefährten, einem jungen Kaufmann,
dem einzigen Deutschen in Cavalla, der mit einem
ritterlichen Polen sich Häuschen und Gärtchen gegründet hatte, die von Sauberkeit glänzten. Es war
die niedlichste Junggesellenwirthschaft, und da uns
allen die Seeluft Appetit gemacht, so wurde ein
fetter Truthahn unter Lachen und Gläserklingen rein
aufgezehrt. Der Pole hatte dazu einen so ausge-
suchten Salat gemacht, wie er in Cavalla vielleicht
noch auf keine Tafel gekommen. Nach Tisch be-
suchten wir den türkischen Oberarzt, einen Griechen.
Dieser schlug uns sein Photographie-Album auf,
und da blickten uns an: Nußbaum Pfeufer Scanzoni

und, siehe da, auch die liebliche Stehle als Gretchen im Faust und andere Bekannte aus München und Würzburg. Hier hatte der Doktor nämlich studirt, und noch hielt er sich eine deutsche Zeitschrift für Aerzte.

Bei den gemeinen Türken kam er freilich nicht häufig dazu, das Beste seiner Wissenschaft anzuwenden. Sie glauben einmal, der Arzt könne entweder nur den Tod erleichtern oder das Genesen nur etwas beschleunigen, sonst nichts. Als vor ein paar Jahren in Konstantinopel die Cholera ausbrach, sagten sie gleichmüthig: „Wenn Gott es will, werden wir sterben." Ein Arzt fragte sie: „Warum sterben denn hauptsächlich die Armen?" Da wußten sie wieder nichts zu sagen, als: „Gott will es." Wie soll dieses Volk in die Höhe kommen? Die Masse bleibt in ihrem Geiste für neue Ideen so undurchdringlich, als ein Kieselstein dem Lichte. Wenn eine Türkin in Todesgefahr, so wagt ihr Mann, auch wenn er sie zärtlich liebt, doch nicht den Arzt zu rufen, ohne daß er ihre Brüder und Vettern zu Rathe zieht, wie viel von ihr der Arzt solle zu sehen bekommen. Läßt man ihn endlich nach vielen und langen Verhandlungen zu, so liegt sie gewöhnlich wie ein Sack verschnürt und verschleiert, und er darf seine Hand blos an ihren Puls legen, und sie meinen: „Der

müsse auf europäischen Hochschulen schlecht studirt
haben, der im Pulsfühlen nicht einmal eines armen
Weibes Krankheit verstehe. Wenn der Doktor eine
kranke Kuh vor sich habe, die könne ihm ja auch
nicht sagen oder zeigen, was ihr fehle." Logik ist
darin, das läßt sich nicht leugnen, aber türkische.

Andern Tags begann der Schiffshandel, und die
halbe Stadt nahm daran Theil. Angebote und For-
derungen stiegen und sanken, die Preise aber blieben
unverschämt. Man rieth mir bereits, auf jeder Insel
ein Schiff zu miethen, aber da hätte ich täglich mit
neuen Füchsen anbinden müssen. Endlich verschaffte
mir der deutsche Konsularagent, ein Grieche mit
einem berühmten Dichternamen aus Italien, einen
kleinen Kutter mit fünf Mann Besatzung. Das
Schiff konnte zwei große und fünf schmale Segel
aufziehen, und führte ein kleines stumpfes Boot zum
Landen. Man rühmte es als trefflichen Segler. Die
Mannschaft war türkisch, der alte Kapitän sprach
etwas Italienisch, und die vier Matrosen waren
junge und dienstwillige Leute. Ich glaubte dabei
Diener und Dolmetscher ersparen zu können. Der
mittlere Schiffsraum wurde, soweit er verdeckt war
nothdürftig mit Segeltuch und Teppichen zu einem
Gemach ausgerüstet, und es kam uns recht zu stat-
ten, daß wir uns in Konstantinopel schöne türkische

Decken gekauft hatten. Das Schiffsgeld wurde bei
dem deutschen Konsul hinterlegt und ein Vertrag
allerseits unterschrieben: daß Kapitän Mustapha das
Geld bekomme, wenn er einen Brief zurückbringe,
daß ich mit ihm zufrieden gewesen. Vorläufig auf
12 Tage sollten Schiff und Besatzung mir und
meiner Reise- und Lebensgefährtin zur Verfügung
stehen, die Leute landen wo wir wollten und uns
ins Innere begleiten, und am letzten Tage uns in
Tenedos absetzen.

Angeheitert über unsere neue Reiseart bestiegen
wir das Schiff Nachmittags drei Uhr, und alle
unsere neuen Freunde gaben, wie es im Orient Sitte
ist, uns bis an Bord Geleit. Das Schiff führte
den Namen Huddah verdi, d. h. gute Hoffnung,
und hieß noch von den Spaniern her eine Alamana.
Beides schien mir eine gute Vorbedeutung, als wir
den Anker lichteten und langsam aus dem Hafen
segelten, wir zwei allein mit unsern Türken auf der
Fahrt nach einer unbekannten Inselwelt.

Der Hafen von Cavalla bildet eine tiefe Bucht,
und da der Wind uns entgegenstand, so steuerten
wir auf das äußerste Vorgebirge zur Rechten, um
durch Kreuzen das Kap zur Linken zu gewinnen, zu
welchem die Stadt emporklettert. Als wir nun fast heraustraten ins offene Gewässer und hineinschauten in

diese Unermeßlichkeit von Glanz und Bläue, o welch
ein Entzücken! Es hatte in der Nacht sich abgeregnet.
Nicht der leiseste Dunst schwebte im Luftmeer, wir
konnten jeden Stein und Felsen an der grünen und
braunen Küste zählen. Zu beiden Seiten der Bucht
schimmerte das hellgraue Vorgebirge, in ihrer Tiefe
die weiße Stadt mit den Festungszinnen darüber,
bei der Moschee die grüne Wölbung des Riesenbaums,
dahinter das nackte Steingebirge mit seinen alten
Wartthürmen. Ueber dem Meer aber war Alles
ein wonnig Glänzen und Leuchten, und darin ragte
lockend und glückverheißend blau und roth ein Inselberg neben dem andern empor. Dunkel auf grauem
Grunde zeichnete sich auf Thasos der Kamm der
Waldung.

Alles scheint hier in dieser hellen Luft so wunderbar nahe und vertraut, und immer weiter dringt der
Blick in die klaren Tiefen, und noch die fernsten
Gestade, die leisen Linien nur wie hingehaucht, winken lieb und traulich.

Unser Schiff glitt unterdessen zum linken Ufer
hin, blieb aber noch weit hinter seinem Vorgebirg.
Noch einmal wurde zur Rechten hinausgestrebt und
von dort zur Linken zurück, und siehe da, kaum eines
Steinwurfs Weite hatten wir gewonnen. So zog
das Schiff seinen Faden kreuz und quer über die

Bucht und vermochte nicht, die verwünschte Felsen=
nase zur Linken hinter sich zu bringen, gewiß zum
Gelächter oder auch zum Bedauern unserer Bekannten
in der Stadt.

Endlich schob uns ein günstig Lüftchen um die
scharfe Ecke. Wir schwebten zwischen dem Festlande
und Thasos, das uns gerade gegenüber in breiten
Felsrippen und Steinhalden emporstieg. Hernieder
floß das süße stille Behagen eines köstlichen Abends.
In der Ferne schimmerten Fluth und Inseln im glühen=
den Roth, hüllten sich dann in blaue luftige Schleier,
und entschwebten in silbergrauen verschwimmenden
Linien. Das hohe ernste Urgebirg aber von Samo=
thrake schaute mehr und mehr bleich und geisterhaft
herüber, und während die thrazischen Bergketten dunkel
dahinzogen, fing Thasos an leise sich zu röthen,
bis mehr und mehr die ganze gewaltige Masse wie
getränkt schien von eitel Rosengluth.

Langsam strebten wir darauf zu. Es wurde
Nacht und auf unserm Schiffe ganz häuslich. Der
alte Kapitän Mustapha breitete seinen Teppich aus
und kniete zum Gebet nieder, während der schwarze
Hassan auf dem Verdecke den kleinen Kochherd richtete
und Pillaw kochte. Auch wir öffneten unsern Wein=
und Speisekorb, und da die Insel immer noch nicht
näher kommen wollte, so versuchten wir zum ersten=

mal lachend unſer neues Lager. Bei einigem Reiſe-
muth ſchien es nicht ſo übel, unſere Türken hatten
es ſo gut und ſo artig, als ſie konnten, hergerichtet.
Wir brauchten den Vorhang nur etwas zu lüften, ſo
ſchauten wir in die funkelnden Sterne, ohne den
Kopf zu erheben.

III.

Auf der alten Thasosstätte.

Morgens gegen drei Uhr weckte uns das Rasseln des niederfallenden Ankers. Thasos, sei uns gegrüßt und geweiht! Nachtigallengesang schmetterte über die Wellen, Waldes- und Blumenduft wehte uns würzig entgegen. Fast die ganze Insel war grün bewaldet, ein erfrischender Anblick. Aus der Waldung erhob sich ein scharfer nackter Hochberg, gekrönt von stattlichen Burgruinen. Sechs kleine Fahrzeuge lagen im Hafen, dahinter ein paar Häuser, vor deren Thüren Bänke unter schattigen Bäumen. Unser Frühstück wurde bereitet, dann das kleine Boot abgehoben und ins Meer gelassen. Wir mußten jetzt das Hineinklettern lernen, denn eine Schiffsleiter war vergessen. Mit ein paar Schlägen waren wir

am Ufer und stiegen an einem Steindamm aus,
den man aus alten Stücken weißen Marmors ins
Meer hinausgebaut hatte.

Die gesammte männliche Bevölkerung stand bereits
versammelt, nur die beiden Türken, der Zollpächter
und ein Beamter, zeigten ihrer Würde gemäß Kopf
und Pfeife bloß am Fenster. Außer ihren waren
die andern fünf Häuser und Schuppen Magasias,
nämlich Kramläden mit Wein- und Kaffeeschank.
Am Strande zogen sich luftige Weinlauben mit
Tischen und Sitzen, die man sich aus alten Säulen-
stücken gemacht hatte. Der Platz heißt Limenas
oder der Hafen, und ist eigentlich der Insel Ein-
und Alles zum Versenden oder Empfangen von Gut
und Waare. Zwar hat jedes Dorf noch seine eigene
Rhede, aber das sind nur Ankerplätze, die gegen den
Wind keinen Schutz bieten.

Nachdem uns zweimal eine Tasse Kaffee dargeboten, mußten wir die dritte nehmen bei dem türkischen Oberbeamten, dem es räthlich schien Besuch
zu machen, während unser Schiffsvolk sich nach
Maulthieren für uns umsah. Die ungewohnte Ehre,
eine Dame ohne Schleier zu empfangen, setzte unsern
artigen Wirth nicht wenig in Verlegenheit. Er
wußte nicht recht, wo er die Blicke lassen sollte.
Endlich fand der Effendi eine hübsche Manier, mit

freundlicher Handbewegung die Fränkin einzuladen,
Platz zu nehmen. Wir wurden bald die besten
Freunde, und er staunte nicht wenig, als ich ihm
in Professor Conze's „Reise auf den Inseln des
thrazischen Meeres" die Inschriften und Abbildungen
aus der alten Stadt zeigte, auf deren Boden wir
standen. „Die Deutschen erforschen alles und machen
alles. Was sind die Franzosen?" In der Levante
denkt man noch hinter dem großen Krieg her, und
meint immer, die Franzosen müßten bald hin werden vor Zorn und Schwäche. „Was sind die Franzosen?" wiederholte der Herr und blies über seine
offene Hand hin, als wollte er sagen: „Nichts mehr."
Ich dachte in der Stille: erstens sind wir noch
lange nicht mit ihnen fertig, und zweitens haben
sie mehr Geld als wir, und sind uns noch in vielem
anderm voraus, was zum heitern und anmuthigen
Dasein gehört, auch in schöner klarer Prosa.

Mit den nöthigen Anweisungen von unserm türkischen Neufreunde versehen, schritt Kapitän Mustapha
mit der langen Pfeife voran, uns den Weg zu
zeigen.

Dieser führte am alten Hafen hin, dessen Dämme,
theilweise schon unter Wasser, jedoch überall noch
sichtbar, ein langes Viereck bildeten. Dahinter stand
ein verfallener Thurm, weiter zurück lag ein Acker-

gut, und hoch über Wiesen Wald und Saaten zog
sich in weiter Linie ein Bergrücken, auf dessen
Kamme sich höchst stattlich eine weite Ruine mit
Thürmen und Zinnen darstellte, und sah man
näher hin, so entdeckte man auch, wie über den
Bergrücken hin die alte Stadtmauer fortlief. Neben
dem geschlossenen Hafen, der wahrscheinlich die Kriegs-
schiffe aufnahm, lag etwas weiter und noch geräu-
miger der alte Handelshafen, blos durch einen
weit vorgebauten Molo gegen die Stürme geschützt,
die von der offenen See kamen. Hier, zwischen
Meer und Höhenzug, liegt eine leicht geneigte Ebene,
die in der Mitte mehr als eine Viertelstunde breit
ist und an ihrem Ende in ein weites Gebirgsthal
ausmündet. Hier dehnte sich einst machtvoll und
üppig die Stadt der Thasier aus, schwellend von
Volk, Künsten und Schätzen, eine Stadt, wie im
Alterthum Syrakus und Agrigent oder in unserer
Zeit Antwerpen und Hamburg. Griechen aus Paros,
an ihrer Spitze das Dichtergenie Archilochus und
sein Vater, hatten sich hier siebenhundert Jahre vor
Christus angesiedelt, und ihre Nachkommen wußten sich allmählich der natürlichen Reichthümer der
Insel, ihrer glücklichen Lage für Handel und
Schifffahrt, und der thrazischen Gegenküste zu be-
mächtigen.

Thasos, außer Kreta, noch jetzt die fruchtbarste unter den griechischen Inseln und wie keine andere durchzogen von Waldesrauschen und Bachgeplätscher, hieß im Alterthum „das Gestade der Ceres." Solche reichliche Fülle gab es hier an Getreide, Oel, Flachs, Honig, an Rindern und Pferden, und alles war von edelster Güte. Unerschöpflich lieferten die Wälder das beste Holz zum Haus- und Schiffbauen. Noch gesuchter war der herrliche Marmor von Thasos, und die Opale, die sich auf der Insel fanden, hatten das lieblichste Gefunkel. Nicht genug wußte noch Plinius von Thasos zu rühmen. Es hieß aber auch die „Goldinsel," denn hier waren reiche Gold- und Silbergruben geöffnet. Noch größere Schätze lieferte der Grubenwald der Gegenküste. Die Thasier hatten dort auf dem Festlande durch Gewalt und Güte das wilde thrazische Volk beschwichtigt, daß es ihre griechischen Ansiedelungen — denn griechisch war die Sprache und Sitte auf Thasos — aufnahm und es duldete, wenn sie Gold- und Silberschmelzen anlegten. Herodot erzählte: kein Thasier zahle Steuern, und wenn sie von ihren Minen den ganzen Haushalt ihrer Stadt bestritten hätten, so blieben jährlich noch zwischen zwei- und dreihundert Talente (nahe eine halbe Million Thaler) in der Kasse.

Aber nicht bloß in Bergwerken, im Feld und
Weingarten, im Schiffbau waren die alten Thasier
fleißig, ihre Frauen saßen auch emsig hinter Spinn-
rad und Webstuhl, und ihre Männer fuhren aus zu
weiten Seereisen. Die sicherste Handelsstraße von
Griechenland nach Asien ging in den drei Jahrhunderten vor den Perserkriegen, — dies war die
Zeit der größten Blüthe von Thasos, — noch die
macedonische und thrazische Küste entlang. Da lag
die Insel gerade in der Mitte, und das Schiffge-
werbe mußte von selbst in Aufnahme kommen.
Frische Kräfte flossen aber beständig den Flotten und
Werkstätten der Thasier von der thrazischen Küste
zu. Denn dort besaßen sie nicht bloß Datum,
welches wahrscheinlich später Neapolis war und
ebenso wahrscheinlich jetzt Cavalla ist, sondern auch
Oesima, Galepsus, Stryme, endlich das Hauptberg-
werk Scapta Hyla. Die Thrazier brachten hier das
Korn von ihren Feldern, die Wolle und Häute von
ihren Heerden, das Pelzwerk von ihren Jagden zu
Markte, verdingten sich als Arbeiter und gingen
auf die Werften nach Thasos. Im Arsenal, welches
hinter dem Hafen lag, erbaute man die ersten Schiffe
mit langem Verdeck, und so berühmt war die Nautik
der Thasier, daß Alexander der Große ihrem Mitbürger Androsthenes die Entdeckungsfahrt ins in-

difche Weltmeer anvertraute. Schade, daß wir
feinen Reifebericht nicht mehr befigen.

Denn weithin reichten die Blicke der kundigen
Thafier. Ihr Geograph Thrafyalus lehrte fchon
damals: die periodifchen Ueberfchwemmungen des
Nils könnten nur von einer Regehmenge herrühren,
die in` feinem obern Flußgebiete nieverfalle. Der
Thafier Gefchichtsfchreiber Stefimbrotos, der fich freilich meift zu Athen aufhielt, fchrieb die erften kunft-
und finnreichen Memoiren. Der Thafier Dichter
Hegemon verfaßte die erften Parodien; feine Mitbürger aber nannten ihn ihren Linferich (φακῆς),
und als er fie einmal gar zu fehr mit feinen Spott-
verfen ärgerte, bewarfen fie den Schmugdichter mit
gleichem Stoff. In aller Welt berühmt war auch
die Malerfchule des Thafiers Aglaophon und feiner
Söhne Ariftophon und Polygnot. Der Leßtere
wurde nach Athen und Delphi berufen, um mit
feiner Kunft die Tempel zu fchmücken, und man war
befonders entzückt von feinen Bildniffen, da er die
Frauen nicht in der hergebrachten Steifheit malte,
fondern wie fie die rofigen Lippen öffneten und
lachend die Zähne durchfchimmerten.

Kurz, ehe Athen und Korinth fich auszeichneten
durch Macht und Wig und Schönheit, war Thafos
bereits eine Großftadt, die berühmt war an allen

Küsten des Mittelmeers, und etwas von diesem
Glanze war ihr noch bis in die späte Römerzeit
geblieben.

Was ist jetzt von all der Pracht und Größe der
alten Stadt, von all dem edlen Streben ihrer Bewohner noch übrig? Eine nackte schweigende Stätte,
und die Erinnerung büchergelehrter Fremden.' Vergebens sucht man nach irgend einem Tempel · oder
nach einer Hochsäule, die halb gebrochen noch da-
stände. Die zerfallende Warte hier am Hafen, dort
oben die ragenden Trümmer der Hochburg sind
mittelalterliche Bauten. Von der tosenden, lebens-
erfüllten Hellenenstadt ist nichts, gar nichts übrig
geblieben, · als ein Thor und die weiten Linien der
Stadtmauern, die über den Bergrücken und dann
durch Feld und Wiese bis zur Meerestiefe ziehen,
die Hafendämme halb unter Wasser, niedrige Säulen-
stücke und einige herrliche Marmorsarkophage, die
halb zertrümmert zwischen Gebüsch und wilden
Blumen stehen. Die Größe dieser Grabmäler und
ihre weiße Marmorpracht wecken unter dem Insel-
volke, dessen Gedanken jetzt nicht weiter streifen,
· als bis zur Küste gegenüber, dunkle Sagen von
reichen Königen, die hier einst gethront hätten.

Doch was weiß die ewige Natur von Trauer
und Gräbern! In den blauen Lüften war alles ein

Blinken und Lächeln, ein Klingen und Singen,
zahllose Bienen und Käfer schwirrten, und die gelben
und bunten Schmetterlinge hingen an allen Blüthen.
Es war ein himmlischer Morgen und um jene schöne
Zeit des Jahres, wo der Frühling thau- und blü-
thenschwer dem Frühsommer leise in die Arme sinkt.
Und hier standen wir nun auf einer der wonnigsten
Stätten der Erde. Bei jedem Schritt Lockung zu
neuem Umschauen in dieser goldenen Helligkeit, neue
Ausrufe des Entzückens. Wir stiegen allmählich
zur Hochburg empor an der inneren Bergseite, die
mit Tannengrün Walderika Salbei und den mannig-
faltigsten Gesträuchen und Blumen bewachsen.
Ueberall Quellengeriesel, überall Vogelschlag und
melodisches Heerdengeläut; denn jede der hübschen
weißbraunen Ziegen, die durchs Gebüsch sprangen,
hatte ihr Glöckchen an. Dieser köstliche Wald- und
Blumengeruch, der immer reiner und würziger uns
entgegenströmte, wie that er so wohl, nachdem wir
lange Zeit so viele nackte Straßen Thürme und
Steinfelder gesehen, unterbrochen nur durch das
einförmige düstere Grün der Cypressen.

Der Bergrücken — man hat fast eine halbe
Stunde Wegs vom Strande bis auf seine Höhe —
erhebt sich in drei Absätzen. Auf dem ersten ragt
eine mittelalterliche Burgruine mit zwei viereckigen

Thürmen. Thore, eingestürzte Rundgewölbe, und
andere Gemächer lassen sich noch deutlich in den
Trümmern erkennen.

Der zweite Absatz, zu welchem ehemals eine fort-
laufende Reihe von Gebäuden führte, trug wahrscheinlich einen großen griechischen Tempel. Die
Grundmauern sind noch wie eingenietet in den
lebendigen Fels und bestehen aus mächtigen Marmorquadern. Sie erinnerten mich ganz an die unteren
Umfassungsmauern der herrlichen Tempel in Sizilien.

Dann folgt die letzte Höhe — eine gewaltige
Felsenklippe, die seltsam kahl und bleich aufstarrt
aus der grünen Umgebung. Eine glitzernde Schlange,
über zwei Fuß lang, schien den Anstieg zu wehren;
nur langsam verlor sich ihr Geringel zwischen dem
Gestein.

Herrlicher aber konnte auch auf dieser Höhe die
Aussicht nicht mehr werden. Welch hehre Andacht,
welch stille Wonne mußte die Gemüther durchziehen;
wenn die alten Griechen auf dieser Tempelhöhe den
Göttern opferten, ringsum diese allleuchtende Herrlichkeit des Meeres und der Landschaft. Nach der
einen Seite alles voll waldbedeckter Schluchten und
Thäler und Bergketten, die zum Meere niederziehen,
hoch darüber der zu vierthalb tausend Fuß auf-
steigende Felsberg des heiligen Elias. Auf der

andern Seite tiefer eingesenkt die Strandebene mit
Wiesen, goldenen Fluren, und dem bläulich schimmernden Grün der Olivenhaine. Diese Fruchtebene
umfaßt von der unermeßlichen blauen Meerespracht
hier zu unsern Füßen, dort außen in der See das
zierlich bebüschte Inselchen Thasopolus, das Thasos-
kindchen, mehr in der Ferne das braune Gebirge von
Imbros, die ungeheure bleiche Pyramide von Samothrake, und da drüben die Buchten und die niedrigen
Landzungen Thraziens, rings umgürtet von mächtigen Gebirgswällen, — allüberall ein Glänzen und
Leuchten, als wollten die Wälder noch grüner, die
Meeresfluthen noch blitzender werden.

Unten an der Felswand hatte man im Alterthum,
einige zwanzig Fuß über dem Boden, dem Pan eine
Grotte ausgehauen, in welcher der Leichtgehörnte
gemüthlich zwischen seinen Ziegen flötet. Auch die
athenische Akropolis hat ihre Pansgrotte. Die hellen
hellenischen Götter hatten die schwärzlichen behaarten
Naturgeister verjagt; doch in einem halbdunkeln Versteck am Burgberg baute man dem alten lustigen
Heerdengott noch eine kleine Grotte, — ein Rest
der alten Naturverehrung.

Ehe wir die Höhe verließen, ruhte mein Blick
lange auf dem graubleichen thrazischen Gebirge uns
gegenüber, dem viel umkämpften Pangäus, dessen

Goldgruben Völkern und Staatsmännern so be-
gehrenswerth.. An seinem Fuße drüben lag Philippi,
des Mazedoniers Stadt, welche er bei dem thrazischen
Bergort, den Creniden oder Quellgewässern, baute
und mit seinem eigenem Namen schmückte. Hier
gewann König Philipp das Gold, welches ihm die
Griechenstädte öffnete. Ich fragte in Cavalla den
jungen Polen, der Rumelien in Handelsgeschäften
durchzog: er hatte weder auf der Stätte von Philippi, noch sonst an der thrazischen Küste von all
den Städten, die hier vor Zeiten so dicht und herrlich blühten, irgend andere Trümmer gefunden, als
unkenntliches Mauerwerk. Es macht doch einen
Unterschied, ob Slaven und Turanier irgendwo
hausen oder andere Völker. In Sizilien und
Unteritalien, wo Byzantiner, Araber, Romanen,
Spanier und wiederholt Deutsche in der Herrschaft
abwechselten; wo aus altromanischem Volke mit
germanischer und arabischer Beimischung sich die
jetzigen Süditaliener bildeten, stehen noch so prächtige
Tempel aus der alten Griechen- und Römerzeit:
hier im ganzen weiten Orient, so weit slavische und
altaische Stämme sich niedergelassen, ist der Erdboden
beinahe wie abgeschoren. Es sind eben Völker,
deren niedriger praktischer Sinn sich auf das nächst
Nothwendige richtet. Sie wollen warm und häus-

lich wohnen und zerschlagen das schönste Bild- und
Säulenwerk, um Steine für ihr kleines Haus- und
Gartengemäuer zu bekommen.

Bei Philippi war es auch, wo man den Göttern
der Unterwelt die letzten Hekatomben republikanischer
Römerherzen opferte. All die altrömisch Gesinnten,
viele viele Tausende mußten erst bluten in den
Bürgerkriegen, ehe das Cäsarenthum Raum und
Ruhe fand. Nach der Doppelschlacht bei Philippi
rannte der grimmige Cassius in sein Schwert, weil
er alles verloren glaubte. Brutus ließ den Leichnam
nach Thasos bringen und richtete dem Freunde hier
den Holzstoß und die Todtenfeier. Zwanzig Tage
später, nach der zweiten Schlacht auch verzweifelnd,
gab sich Brutus ebenfalls den Tod. „Bei Philippi
sehen wir uns wieder!" hatte ihm das Todesgespenst
zugerufen, das des Mannes gequälter überange-
strengter Geist zu sehen glaubte. Ach, daß bei dem
Einläuten jeder neuen Epoche jedesmal erst so viele
brave Herzen brechen müssen! Im ungeheuren Zeit-
raume verschlingt die eine Geschichtswelle ewig die
andere. Wie Unzählige der edelsten Deutschen, deren
Brust für des Vaterlandes Einheit und Erhebung
heiß geschlagen hatte, traf ich gebrochen und er-
niedrigt von gemeiner Arbeit in den Wäldern und
Wildnissen der neuen Welt, wo sie untergingen ohne

viel beſſere Frucht und Folge ihres Daſeins, als ſie
jeder Ackersknecht auch hatte.   Doch ihre langſam
erbleichenden Wangen friſchte wenigſtens der Morgen-
wind der neuen Zeit, — ganz unſelig ſind nur
Diejenigen, die für ſtürzende Ideale kämpfen, für
welche die Zeit keinen Raum mehr hat und kein
Mitleiden, wie die letzten Römer dort auf der bleich-
grauen Bühne des großen Trauerſpiels von Philippi.

Unſer Weg abwärts führte durch eine Art kleinen
Myrtenhain, wir mußten uns in dem gründunkeln
Gewölbe mühſam durchwinden.   Wenn die wilden
Myrten groß werden, ſtrecken ſie auch Dornen und
Knorren aus.   Dann beſuchten wir noch ein Land-
gut, deſſen Beſitzer eine ſchöne Anzahl Säulenſtücke
zuſammengeſchleppt hatte.   In der Scheune hatte er
eine ganze Reihe großer Denkſteine von den Marmor-
gräbern liegen.   Hinter dem Hauſe ſtand eine kleine
Kirche mit alten Gemälden, die nicht ohne Intereſſe
waren.   Jetzt verehrt man hier den heiligen Nikolaus: auf den Thaſier Münzen erſchienen als die
göttlichen Mächte der Heimath Herkules und Bacchus
vereint, im einen der Griechen helle durchdringende
Kraft, die Kulturſchöpferin, im andern das voll-
blühende ſelige Naturleben; Ceres, die fruchttragende
Erde, war die dritte Gottheit des alten Thaſos.

Herkules Bacchus Ceres — offenbar verwandte Nachklänge, ein Dreiakkord aus dem alten Naturdienst. Wenn aber die Völker in ihren Gottheiten ihre innerlichsten Ideale ausprägen, so hatten die alten Thasier, von deren Sitten und Charakter wir so wenig wissen, sicherlich große Achtung vor einem Leben aus dem Großen und Vollen, das mit kräftiger Sinnlichkeit gesättigt war.

IV.

Ritt in's Innere.

Vor den Magasias fanden wir unsere Pferde gesattelt, und der türkische Herr kam mit Empfehlungsschreiben an alle Vorsteher und Subaschis auf der Insel.

Wir ritten zuerst zu den griechischen Sarkophagen. Riesigen · Umfangs glänzen sie noch im weißesten Marmor in den Wiesen und an den Berglehnen, wo sich ehemals die Straßen ins Innere zogen. Es sind Prachtsärge, ganz so wie auf dem Friedhofe der Gothenkönige zu Arles in der Provence, oder wie die Grabmäler der Hohenstaufen von rothem Porphyr im Dome zu Palermo. Jedoch sind diese alten Griechensärge mit schönem Bildwerk geschmückt, und es ist unsäglich traurig, wie sie von räuberischen

Händen, die nach Schätzen im Innern gierten, zertrümmert worden. Einige Inschriften bezeugen, daß
es in Thasos noch zur Römerzeit Familien gab, die
an die Grabmäler ihrer Todten große Summen
wendeten.

Ich wüßte in der That kein schöneres Grab,
als ein solcher hellweißer Marmorsarg in edlen
Formen und mit schönem gedankenvollen Bilder-
schmuck, stehend und dauernd mitten im Grün unter
der ewigen Himmelsbläue.

Aus den Nächten und Wettern von mehr als
zweitausend Jahren sind diese schönen Griechensärge
uns überliefert, und jetzt soll unsere Zeit einen nach
dem andern verschlingen! An vielen Stellen, wo
sie noch vor Kurzem gestanden, zeigten sich nur noch
Trümmer, Stücke von Bildwerk und kleinen Säulen,
halb überdeckt vom blühenden Gesträuch, ein unsäglich trauriger Anblick. Vor 47 Jahren fand Pro-
kesch-Osten noch über fünfzig dieser Marmorsärge,
vor 17 Jahren Conze kaum noch die Hälfte, und
mir schien auch dieser Rest wiederum zur Hälfte
vermindert. Bald wird kaum noch ein oder der
andere übrig sein. Denn ohne Zweifel müssen in
unseren Tagen die alten guten Landungsplätze, wo
im Alterthum die Griechenstädte blüheten, sich wieder
beleben. Die Menschen, die einst in das Innere

flüchteten, um dem Meer, der Heimstätte der Seeräuber, zu entgehen, und ihre Dörfer in verborgenen
Schluchten und auf steilen Berghöhen bauten, werden
wieder die bequeme Küste besiedeln. Dann werden
auch am alten Thasos-Hafen gute Bausteine gesucht
sein und die letzten Denkmäler des altgriechischen
Meißels in kürzester Zeit verschwinden.

Als ich später ein paar Tage in Cairo ver-
weilte, ließ mich der Vizekönig rufen. Er hatte
von diesen Reiseskizzen, welche größtentheils zuerst
in der Allgemeinen Zeitung erschienen, gehört und sie
in's Französische sich übersetzen lassen, und ich mußte
nun noch mehr von Thasos erzählen, das sein erb-
liches Eigenthum. In dieser Audienz wagte ich nur
Maßregeln zu bitten, daß jene Marmorsärge nicht
weiter zerschlagen würden, und Seine Königliche
Hoheit nahm meine Bitte gnädig auf. Bald darauf
wurde auf einem ägyptischen Kriegsdampfer eine
Commission nach Thasos geschickt, welche die Insel
näher untersuchen sollte. Hoffentlich ist jetzt durch
die Huld und Fürsorge des Vizekönigs der Zerstö-
rung der letzten schönen Denkmäler der Hellenenzeit
vorgebeugt: wird das aber auch nach einigen Jahrzehnten noch der Fall sein?

Zurückgekehrt von den Grabmälern ritten wir in
einem blühenden Thale aufwärts. Die alten Tha-

sier hatten ihren Wohnsitz wahrlich gut gewählt: in
den Häfen das Schiffsgewühl, auf den Höhen der
Burgenschutz, und gleich daneben für die Frucht-
gärten eine üppige Thalebene, die sich tief hinein in
die Berge zieht. Die Luft athmete in Wohlgerüchen,
und an den Waldgehängen über uns sang und
schmetterte es, als hätte jeder Baum sein Nest voll
Singvögel. Als wir, auf der Höhe angelangt, uns
zum Meere umwandten, erschien Samothrake wie eine
ungeheuere Pinie auf leuchtender Fläche. Denn um
die Spitze des Felsberges hatten sich jetzt Wolken gesammelt und breiteten sich darüber aus, wie über
einen Baumstamm ein breit gewaltiges Laubdach.

Keiner war froher, als unser alter Mustapha. Da
sein Italienisch sich immer schätzenswerther entwickelte,
hatte ich ihn vor seinem verehrten Effendi feierlich
zu unserem Dragoman ernannt und für ihn ebenfalls ein Pferd satteln lassen. Das freute den Alten
höchlich, er schloß den Zug, immer seine lange gerade Pfeife vor sich hinhaltend, und sprach lustig
alle Leute an, die uns begegneten. Als wir in
Panagia ankamen, schien Mustapha bereits weges-
müde; vielleicht spürte er auch den Bratengeruch im
Hause des Proëdros, des vornehmsten Griechen auf
der Insel. Der Hausherr selbst war leider verreist,
von der Frau aber und ihren hübschen Töchtern,

Athene und Helene, wurden wir auf das Liebenswürdigste aufgenommen. Da auch meine Gefährtin
an dem ersten dreistündigen Ritt genug hatte, ich
aber nach dem Mittagessen weiter wollte, so ließ ich
Mustapha zu ihrem Schutze zurück. Da glänzte des
Alten Gesicht und weißer Bart noch mehr, und er
schwur hoch und theuer: die Korkuna (Herrin) solle
auf Rosen wandeln.

Mit Jorris, dem Agogiaten (Pferd- und Reise-
führer), ritt ich Nachmittags ab, um noch vier
Stunden weiter nach Theologos zu kommen, der
größten Ortschaft auf Thasos. Der Weg führte an
einer Bergwand nieder, die mit Blumen und würzigen Gesträuchen besäet war. Unten lag wie vergraben unter Bäumen Potamia, die ganze Ortschaft
noch mehr als Panagia durchplätschert von kristall-
klarem Gewässer: unter allen Steinen brach es silberhell hervor. Von hier bis zum stahlblauen Meere
lag breit gesenkt eine Thalebene in goldigem Glanze,
bedeckt mit Oel- und Maulbeerbäumen, umragt von
hohen Bergen und grünprangendem Waldschmuck.
Hoch auf felsbleichen Schultern standen darüber die
beiden Gipfel des Ypsarion, der gegen 5000 Fuß
hoch, und des schon genannten Elias. Teutsches
Alpengebirg schaute nieder auf des Südens Frucht-
gärten an sonnbeglänzter See.

Als ich nun am gegenüber liegenden Berghang
wieder heraufritt, kam ich tief hinein in wunder-
volles Waldleben. Niemals, auch nicht in den
üppigen Flußniederungen am Mississippi, sah ich so
kräftige Laubfülle von Platanen und hoch aufge-
schossenen Farrenkräutern. Das saftgrüne Kräuticht
zog eine dichte kaum entwirrbare Decke über die zahllosen Bäche, die allwärts niederrauschten, plätscher-
ten, flüsterten, und hier und da aus dem Grün
hervorblißten. An den hohen nackten Steilseiten
des Gebirgs aber zogen sich hellglänzend bis tief
zwischen das Tannendunkel Marmoradern, die Gies-
bäche hatten sie weiß ausgeschliffen: es sah gerade
so aus, als wenn diese bei uns schäumend von den
höchsten Alpenmatten stürzen.

Als es nun Abend wurde und der ganze Wald
grüngoldig schimmerte, da schlugen die Drosseln und
Finken und Nachtigallen des Waldes und schmetter-
ten, als wollten sie das Wasserrauschen übertönen.
Mir aber jubelte es in der Seele, — das war wirklich noch altgriechische Landschaft. In solcher klangen
die waldfrischen Lieder des Alcäus, und jene Chöre
des Sophokles, die von Kolonos Nachtigallengetön
noch melodisch widerhallen. Eine Strophe nach
der andern fiel mir ein, als ich ein köstliches Halb-
stündchen am Bache verträumte, und ich brachte dem

Andenken der großen Dichter einen Becher purpurnen
Weins.

Vor Allem aber dachte ich Deiner, gluthäugiger
Archilochos, du nie fehlender Schütz mit fliegendem
Jambenpfeil, der du einst diese Thasospfade wan-
deltest. Wein und Liebe schufen dir, wie schon
manchem braven Mann, gar viele Noth. „Ich
weiß," sagtest du, „das schöne Lied des Herrschers
Dionysos anzustimmen, den Dithyrambos, wenn der
Blitz des Weines die Sinne durchzuckt." Hättest
du doch nie Neobule gesehen, des Lykambes reizende
Tochter! Unter allen Sterblichen war dir der Loose
schwerstes gefallen, du warst ja nur ein armer Ade-
liger, und nachdem sie Beide dir lange Zeit Hoff-
nung gemacht, stach dich gänzlich aus ein reicherer
Bräutigam. Da lagst du nun wie ein angeschossener
Eber, „die Seele fort, von Sehnsucht verzehrt, bis
auf die Knochen von grimmem Weh durchbohrt."
Aber endlich erhobest du dein Haupt und schütteltest
den klirrenden Köcher, und zischend flogen deine
Jamben und schlugen, wie scharfer Hagel pfeifend,
Vater und Tochter ins Angesicht. Was sagtest und
was logest du da nicht vor aller Welt von ihren
Heimlichkeiten und, o du Schändlicher, auch von
Neobule's Gürtel! Wohin die Unseligen kamen,
empfing sie unauslöschliches Gelächter, Lykambes

konnte es nicht mehr ertragen und hängte sich auf, und das arme Mädchen that ebenso.

Es war das eine rechte Schandgeschichte, und den Dichter litt es nicht mehr in der parischen Heimath. Er stellte sich mit seinem Vater Telesikles an die Spitze einer kühnen Schaar von Auswanderern und sie befragten das delphische Orakel, wohin sie gehen sollten? Der Gott gebot ihnen, auf der Insel Ceria eine prangende Stadt zu bauen. Aber wo lag diese Insel? Kein Seefahrer hatte sie gesehen. Das Wort Cerion bedeutet etwas, das in dämmernder Frühe oder vom Morgennebel verhüllt erscheint: man rieth also auf eine dunkle Insel, und dunkler war keine als Thasos, weil sie ganz mit Fichtenwald bedeckt war. Es zeichnete sich also schon damals Thasos durch einen Waldreichthum aus: schon damals gab es auf den anderen Inseln so viele nackte Blößen. Aber das blieb eben das Peinliche, ob die Auswanderer recht gerathen? Denn über sie kam alles Elend neuer Ansiedelungen, wie ich es öfter auf meinen Reisen erblickte: mühselige Arbeit, Fieber und Krankheiten, das traurige Gefühl der Oede und Verlassenheit, des Heimwehs allnächtliche Qual, und Hunger und Kummer aller Art. Jedes neue Frühjahr, jeden neuen Herbst hoffen die Ansiedler ungeduldig auf ihrer Arbeit Früchte, und immer weicht vor ihren Augen der goldene Segen zurück. „Der Tantalus-Stein ist über Thasos aufgehängt, der ganze Jammer von Hellas strömt hier zusammen." So klagte Archilochos. Auch mit den wilden Thraziern auf der Insel und an der Küste setzte es blutige Kämpfe. „In der Lanze ist mein Brod geknetet, in der Lanze ist mir ismarischer Wein, an die Lanze gelehnt trinke ich."

Daß auch heute noch der Wein von des Ismaros Gefilden, der da drüben an der thrazischen Küste wächst, den Ruhm verdient, welchen schon Homer ihm zollt, kann ich ehrlich bezeugen.

Den Weg, den ich aus den Niederungen von Potamia aufwärts machte, hat Archilochos gewiß hundertmal verwünscht. Denn es ging scharf in die Höhe, um einem steilen Ausläufer des Ypsarion-Berges auf den Nacken zu kommen. Der Weg war halsbrechend, und ich möchte wohl wissen, ob die alten Griechen außer den bekannten Straßen von Athen nach Korinth und Theben noch viele andere Fahrwege gehabt? Ich glaube, sie machten gerade so, wie es noch heute in diesen Ländern geschieht, ihre Reisen entweder zu Schiff oder zu Pferd; denn sonst müßte man mehr Wegspuren finden. Gewiß hatten sie auch vom heutigen Reiseleben kaum eine

Ahnung, weil sie gar so neugierig ihre Gaſtfreunde ausfragten.

In der Höhe erinnerte der Weg faſt an canariſche Bergſteige. Endlich hatten wir den ſcharfen Bergrücken erklommen und ſahen tiefer unter uns die Fruchtebene von Potamia, die ſich wie ein gelb und grüner See zwiſchen den Bergen ergoß, und dann fortſetzte am weißen Strande der Meerbucht, auf welcher jetzt ein ſtilles azurnes Glänzen lag. Auf der anderen Seite ſchaute man über ein weites Thalgeſenke nach den thraziſchen Bergen drüben, vor denen ſich die niedrigen Mündungsflächen des Rerafu (des alten Neſtus) ausbreiteten. Zur Seite durch einen Einſchnitt der Küſtenhöhen ſtellte ſich der Athos dar wie die reinſte blaue Pyramide. Zahlloſe ſchweifende Rinder und Pferde ließen ihre Glöckchen klingen und hallen, allerſeits kamen ſie hervor, und verſchwanden wieder zwiſchen Gebüſch und Felsgehängen. Niemals habe ich ſo viel und ſo wohllautend Heerdengeläute gehört. Das klingt und tönt und hüpft melodiſch vom Berghang herüber durchs Waldthal und wieder die Höhen hinauf. Jede Ziege, ja ſelbſt jedes Schaf hat ſein Glöckchen an, und die Unterhaltung, die ſich die Thiere im Gebirge machen, geſchieht alſo wenn auch ohne Sang, doch mit Klang. Der Waldung aber thut dieſes ruhlos

schweifende Vieh unendlichen Schaden: junger Wald
kommt an sonnigen Stellen kaum noch auf.

Der Weg abwärts zog sich am Ypsarion hin,
dessen Wände sich hier in fürchterlich bleicher Nacktheit schroff niederstürzten. Hirtenbuben, die an den
Zacken hingen, ahmten jeden Geierschrei nach, und
zwar mit ausgelerntem Geschick. Baumhohe Ginster-
sträuche, ganz bedeckt mit gelben Blüthen, schmückten
auch hier das einsame Gebirge.

V.

Nach Theologos.

Abends spät hielt ich in Theologos, — so heißt
das große dem heiligen Johannes dem Theologen
geweihte Dorf, — vor dem Hause des Vorstehers.
Nachdem er meinen Empfehlungsbrief gelesen, kam
er vor die Thür und empfing mich bei dem Absteigen, indem er die Arme um mich schlug, mit
„Sei gegrüßt!" und Freundeskuß. Dann führte er
mich mit einer gewissen Feierlichkeit ins Haus und
auf den Ehrensitz. Dieser bestand aus einem Kissen,
das auf einen Teppich gelegt war, in einer Art
offener Halle, in die man von der Straße hinein-
trat. Auf der einen Langseite waren Nebenge-
mächer, zwei zum Schlafen, zwei für Seidenwürmer.
Die andere Seite hatte sechs große Fenster, die aber

weder Glas noch Rahmen noch Laden hatten. Als
mir des Abends der Wind gar zu scharf hereinzog,
wurden sie einfach verhängt. Von Sesseln oder
Tischen war nichts zu sehen, der Thür gegenüber
aber ein Haufen bunter Teppiche hoch aufgeschichtet,
der Beweis der Wohlhabenheit des Hauses.

Nun führte mein Gastfreund mir Frau und
Tochter vor. Die letztere hieß Soterion, wenn man
den Namen altgriechisch schreiben will. Auf Thasos
hört man nur Sotiro, oder schmeichlerisch Sotirouda
(Σωτηρούδα) d. i. kleine Sotiro. Sie war ein
sechszehnjähriges bildschönes Mädchen, von der Archilochos vielleicht auch gesungen hätte, wie von seiner
Neobule: „Sie hat den frischen Wuchs der Myrte,
die Schönblüthe der Rose, ihr Haar beschattet ihr
Schultern und Nacken.“ Reizend stand ihr die Landestracht, prachtvolles Schwarzhaar, aber reine Natur,
hing in langen Zöpfen nieder.

Nicht lange dauerte es, so kamen auch Verwandte
und Freunde des Hauses, und Einer nach dem Andern trat vor den Fremdling, ihn mit Gruß und
Handschlag willkommen zu heißen. Unter ihnen war
Einer, der als Matrose oder Händler auf englischen
Schiffen gefahren, und das war ein rechtes Glück,
da es mit meinem Neugriechischen gar nicht fort-
wollte. Denn Neugriechisch ist hundertmal leichter

zu lesen, als zu sprechen. Mein Wirth und Andere
trugen blauleinene Pumphosen, mit weißen Strümpfen,
rothem Gürtel und dunkelblauer Jacke. Jedoch schien
es auch im entlegenen Thasos bereits Mode, daß
sich, was vornehm sein wollte, in fränkische Kleidung steckte. Nur ist der Rock fast immer nach
türkischer Art lang, dunkel und mit schmalem Steh-
kragen und einer Reihe Knöpfe. Auf dem Haupte
tragen die Männer immer den rothen Feß.

Soterion brachte einen kleinen runden Tisch,
dessen Beine keinen Schuh hoch. Unserer Vier lagerten sich darum und „streckten die Hände aus zum
lecker bereiteten Mahl." Frischer Fisch, Eier mit
jungem Käse hart verbacken, ein Viertel Hammel,
und vortrefflicher Salat; auch war Jedem mit seinem
Brod eine Knolle Knoblauch zum Teller gelegt. Dazu
tranken wir einen Rothwein, der mir anfangs
schrecklich nach Harz schmeckte. Indessen ich zwang
mich dazu, und kostete gar bald edlere Eigenschaften
heraus. Man verführt den Wein hier noch wie im
Alterthum in Ziegenfellen. Die innere Haut einer
Ziege wird abgeschabt, geharzt, Hals- und Bein-
Enden werden zugebunden, und das Weinfaß ist
fertig. Aber wie viel besser war doch dieser Thasier
eingerichtet, als jener reiche Bauer in la Paz, bei
dem ich jüngst auf der canarischen Insel Palma

übernachtete. Unsere Unterhaltung drehte der Matrose stets wieder auf die Schätze zurück, die man auf der Insel noch immer verborgen glaubt. Wie schon am Limenas erregte auch hier das, was Professor Conße an Abbildungen und Inschriften aus der Insel geliefert, das höchste Staunen. Diese „Epigrammata" wanderten aus einer Hand in die andere. Die Leute glaubten steif und fest daran, daß die vielen Flüchtlinge, welche von Türken oder Seeräubern verjagt die Insel verließen, geheime Schriften und Zeichen mitgenommen, um die Orte wieder zu erkennen, wo sie ihre Reichthümer vergruben, und daß die Gelehrten, die sich auf irgend eine Weise jener Kennzeichen bemächtigt, bloß kämen, um nach Schätzen zu graben. Es sei gewißlich wahr, erzählte der Matrose, daß sich vor sieben Jahren ein deutscher Professor in der alten Ritterburg am Limenas, wo er acht Tage umhergespürt, in einer Mauer ein großes Kreuz mit echten Diamanten gefunden, und ein anderer, ein Franzose, habe dort vor drei Jahren aus einem Sarkophag einen ganzen Eimer voll Gold- und Silbermünzen hervorgezogen. Wenn's wahr sein könnte, möchte ich es Beiden wohl wünschen.

Als mir endlich von all dem Geträtsch die Augen zufielen, richteten die Frauen das Lager von Teppichen und Kissen auf dem Bretterboden des Zim-

mers, das meinige neben dem des Hausherrn. Andern Morgens früh aber ging es ins Dorf, und
ich sah mir die Leute näher an. Wenn es nun
auch keinen thasischen Theagenes mehr gab, der
einst als herkulischer Sieger von den olympischen
und anderen Festspielen zahllose Kränze nach Hause
brachte, geehrt wie ein großer Fürst, so sah ich doch
viele schlanke Männer und hübsche kräftige Frauen
und Mädchen, die mit den großen Schwarzaugen
und gelbbraunen Gesichtern neugierig den Fremdling
anblickten.

Die Häuser haben meist zwei Stockwerke, das
untere ist aus grauem Marmor, der nothdürftig behauen, gemauert, das obere zimmert man von roth-
braunem Fichtenholz; unten werden die Vorräthe
bewahrt, oben wohnt man. Das Dach besteht aus
Schindeln und ist mit Steinen beschwert. Da der
Sommer heiß und lang, so ist am obern Stockwerk
gewöhnlich eine Art offener luftiger Vorhalle ange-
bracht. Das Wohnzimmer hat regelmäßig eine Holz-
decke, die mit Leistenwerk getäfelt ist. Niemals fehlen der große hölzerne Wandschrank, das Heiligenbild mit Lämpchen, und das oben∙umher laufende
Brett, auf welchem allerlei Geschirr ausgestellt wird.
In den ärmeren Häusern hängen auch die Festkleider
zur Schau auf einer Leine. Die ganze Einrichtung

verräth kleinbäuerlichen Geschmack, aber ebenso entschieden das Streben nach Nettigkeit und Bildung.
Alles das erinnert an die Dörfer in unsern Alpen.
In der That, denkt man sich aus unsern Gebirgs-
dörfern die großen Bauernhäuser Sägmühlen Kirche
und Wirthshaus weg und lauter Kleinhäuser hin,
so hat man eine thasische Ortschaft vor sich, in die
Häuser aber muß man sich kleine Herde und äußerst
trockene und schmale Küche hinein denken. Es paßt
ganz dazu das Hochgebirge mit Nadelholz, und im
Winter der Schnee, der in Theologos öfter ein paar
Fuß hoch fällt. Es sei vorgekommen, so erzählte
man, daß sie starken Schneefalls wegen hätten aus
den Fenstern springen müssen, um mit Wurfschaufeln
die Hausthür frei zu machen, die vom Schnee ver-
schüttet worden.

Auch wurde ich in ein Haus eingeladen, in
welchem es ein Empfangzimmer mit Divan nach
türkischer Art und schöne alte Möbel gab. An den
Sohn des Hauses bekam ich eine Menge Grüße,
er war in München auf der Universität. Hier so-
wie bei meinem Gastfreunde studirte ich einigermaßen
gründlich die alte Landestracht der Frauen; denn ich
hatte schon in Konstantinopel, wo Thasos übrigens
eine unbekannte kleine Welt schien, gehört: auf dieser
Insel sei noch Alles altgriechisch, besonders aber die

Frauenkleidung. Zum Besten der Alterthumsforscher
will ich Einiges darüber vermerken.

Auf dem Kopfe, wo sich ja immer das na-
tionalste Stück der Frauentrachten befindet, tragen
die Thasierinnen, gleichwie ihre russischen Schwestern,
eine Art hoher Krone von rothem goldgesticktem Woll-
stoff. An den obern Theil heftet man in Reihen
einige Goldstückchen von gleicher Form, jedoch keine
Münzen. Diese Goldstückchen heißen, wohl im Gegensatz zu den gemünzten, ἔργα d. h. gemachte.
Der Kronendeckel hält sich auf dem Kopfe durch eine
goldgewebte Schnur, die von der Schläfe rings um
das Kinn zur andern Seite hinaufläuft. Ueber diesen
Kopfputz wird noch ein weißes seidenes Tuch geworfen, das an seinen Rändern reichlich befranzt
ist und frei herabfällt, wenn man es nicht unter
dem Kinne zubindet.

Die Kleidung zwischen Kopf und Fuß besteht aus
fünf oder sechs Stücken. Ein weißes oder auch tief-
rothes Unterhemde geht bis an die Waden, meist
von Baumwolle, noch lieber von Seide, wenn die
Mittel reichen. Darüber aber bis tief herunter auf
die Füße kommt ein schwarzes Hemde, das allemal
baumwollen, jedoch am Saume der Brustspalte und
an den Aermelenden, und noch breiter unten um
die Füße Ränder hat, die mit bunter Seide ausge-

näht sind und die zierlichsten Figuren zeigen. In
dieser Art von Stickerei haben die Frauen und Mädchen
auf Thasos ein vorzügliches Geschick. Ueber das
Hembe ziehen sie einen farbigen Rock aus feinem
Stoffe, roth oder blau oder geblümt, bei den meisten
von Seide, bei den Reichsten aus goldgewebtem Zeug,
wie es die griechischen und russischen Priester in der
Kirche tragen. Dieser Rock läßt die schöne Hemb-
stickerei überall zur Geltung kommen und hat deßhalb auch keine Aermel. Das dunkle Oberhembe
zeigt am Hals ein helles Knöpfchen zum Schließen.
Das Knöpfchen wird aber wohl nur benützt, wenn
es kalt wird, sonst läßt es den blank gewölbten
Busen sehen. Während meiner Anwesenheit war
immer schön Wetter.

Durch einen Gürtel wird nun der Rock so gefaßt, daß er an den Hüften Falten wirft, vielleicht
auch ein wenig nach vorn, aber um des Himmels
willen nicht auf der Kehrseite, wo Alles glatt und
rund bleiben muß. Der Gürtel selbst verdient seiner
alterthümlichen Form wegen nähere Betrachtung. Es
gibt zwei Arten, beide von Silber oder auch wohl
vergoldet. Die Einlage ist bei beiden ein wollenes
Tuch, das die Engländer aus Indien bringen und
man auf Thasos Laschur nennt. Der metallene
Gürtel darüber aber besteht bei der einen Art aus

viereckigen Stücken mit allerlei Figuren und mit
kleinen Schlingen an den Rändern, so daß die
Schlingen in einander passen und von einer durch-
gesteckten Nadel zusammengehalten werden. Eine
große Nadel, die an einem Kettchen hängt, heftet
vorn den Gürtel zusammen. An seinem vordern
Theil aber schlingt sich von einem Viereck zum andern eine Kette, an welcher eine Menge kleiner Gold-
und Silbermünzen herabhängen. Die zweite Art
Gürtel ist ähnlich, wie die Priester ihn am Altare
tragen. Ein breites seidengewebtes und buntverziertes
Band wird vorn durch zwei breitglänzende Gold-
oder Silberplatten, die in der Regel auch mit Steinen
besetzt sind, zusammengehalt.

Soll nun die Kleidung vollständig sein, so wird
noch ein offenes Jäckchen übergezogen, das aber nur
bis zur Mitte des Gürtels geht und an seinen Rändern auf das Reichste mit allerlei Blumen und
Vögeln in Goldfäden gestickt ist. Die Aermel sind
geschlitzt, und man schlägt sie gern zurück, damit
das feine Pelz- oder Sammetfutter zum Vorschein
komme. Und selbst darüber wird noch ein Ober-
jäckchen angezogen, das noch breitere Goldstickereien
hat, natürlich aber überall so weit verkürzt ist, daß
der Schmuck der andern Stücke niemals verhüllt
werde.

Nun müssen auch die langen Zöpfe ihre Zierde
bekommen. Man hängt kleine hohle Halbkugeln
daran, deren Rand durchlöchert ist, und aus den
kleinen Löchern der blinkenden Halbkugel hängen
noch Franzen herunter und an den Enden der Franzen-
sitzen vielerlei Metallstückchen. Da all diese Dinge
aus Gold oder Silber bestehen, so hört die Thasierin, wenn sie geht oder springt, stets hinter sich
ein leises Geklingel. Im fünfzehnten Jahrhundert
gingen Ritter und Damen nicht zum Reigen, ohne
daß ihnen die angehängten kleinen Silberglöckchen
beständig ein liebliches Schellengeklingel machten: für
unsre Ohren wäre es unerträglich. Wenn die Thasierin aber die Zöpfe nicht will hängen lassen, so
schlingt sie die Stränge um die Stirn, und dann
müssen Gold- und Silbermünzen daran blitzen.

Natürlich wäre es gefehlt, wenn der Hals nicht
auch sein Putzstück hätte. Dazu dient eine ganz
ähnliche Vorrichtung, wie der Gürtel der ersteren
Art, nur sind die Gold- und Silberglöckchen viel
kleiner. Und da dies Alles noch nicht genug scheint,
so bedeckt die Thasierin bei großer Gala auch die
Brust noch mit einem goldenen und silbernen Ketten-
werke, an welchem allerlei kleine Metallstückchen blinken.

So, nun bin ich zu Ende mit dieser Beschreibung,
und die Hellenisten mögen herausfinden, was alt-

griechisch ist. Mir scheint Manches eher walachischer oder bulgarischer Abstammung. Das Beste ist, daß solche weiblichen Putzstücke auch auf Thasos allmählich in Abgang kommen, und bei ihrer Besichtigung fällt angenehm wenigstens die Abwesenheit einer Indianersitte auf, die auch im feinfühligen Deutschland noch immer nicht aufhören will, nämlich des abscheulichen Brauchs, sich die Ohrläppchen zu durchbohren und allerlei blinkerndes Zeug darin aufzuhängen.

Alles was ich sonst auf Thasos vom Volk und seinem Wesen sah und erfuhr, heimelte mich an. Es war uralte Sitte, veredelt durch christliche Grundsätze und ein wenig moderne Bildung. Schlichte ernste Sittlichkeit hält jede Familie zusammen, und wenn auch das dritte Wort immer Geld und Handel ist, so klingt doch ein schöner Zug von Ehrenhaftigkeit durch. Schwerlich aber möchte man ein Völkchen finden, das in solcher Abgeschiedenheit so neu- und lernbegierig. Wie alle Neugriechen sprechen die Thasier stets in fliegender Hast, unglaublich schnell springt die Wechselrede vom einem zum andern, und ich glaube, wenn's sein müßte, würden sie lieber noch weniger essen, um noch mehr zu sprechen. Wenn aber die Gedanken der Thasier gern nach fernen Küsten und Städten schweifen, in ihrer Heimath begnügen sie sich ebenso gern mit einem netten Häuschen und den kleinen sauberen Geschäften der Besorgung des Seidenwurmes, der Bienenstöcke, der Rebe, des Korns und der Olive.

Auf einer Berghöhe, etwa drei Viertelstunden vom Ort, erblickte ich eine Burgruine, und während ich mit meinem Gastfreunde den Weg dorthin einschlug, gesellte sich ein Matrose zu uns. Wohin ich auch steigen und klettern mochte, folgten mir seine scharfen Augen: er wollte von den verborgenen Schätzen nun einmal seinen Theil haben. Die kleine Burg, auf einem gewaltigen Steinblock fest aufgemauert, ist rein mittelalterlich. Hatten sie darin Wasser genug, so konnte man ihren Vertheidigern schwer etwas anhaben. Die Aussicht war nicht sehr lohnend, das jenseitige Gestade hinter einem bewaldeten Bergzug verborgen. Von dem Innern der Insel sieht man hier ein ansehnliches Stück. Drüben auf kahlem Berggipfel hängt Kastro, ein steiniges Nest; unten in der Tiefe, wo die bleiche Bergmasse beginnt, breitet sich Theologos aus, und trotz seiner Gärten und Bäume behält die ganze Landschaft einen etwas rauhen und düsteren Charakter.

Bei der Rückkehr fiel mir eine Menge von Haustrümmern auf, und man erzählte Folgendes.

Vor hundert Jahren sei Theologos halb türkisch
gewesen, da hätten Türken ein griechisches Mädchen
geraubt. Ihre Brüder, zu schwach zur Rache, holten
sich Malteser Seeräuber, landeten in der Nacht, überfielen das türkische Dorf und mordeten es gänzlich
aus. Einige Türken hatten sich auf jene Burg-
und Felshöhe gerettet; man hielt sie so fest um-
schlossen, daß sie alle verschmachteten. Dann warfen
die Frevler Feuer auf die Dächer und schleppten den
Raub in ihre Schiffe. Kaum aber waren sie von
dannen, so kamen die Türken von Cavalla und
vergalten den Gräuel gründlich. Jetzt wurde das
ganze Christendorf vertilgt. Menschenalter hindurch
war die Unglücksstätte von allen gemieden, dann
kamen neue Ansiedler, und da die Aecker fruchtbar
und für ein Spottgeld zu haben waren, so kamen
immer mehr, und Theologos wurde die größte Ortschaft auf der Insel.

Blutige Türkengräuel, tückische Griechenrache,
wilde Seeräuber, jammernde Gespenster nächtlich zwischen zerfallenden Burgtrümmern und Seewarten, —
das sind die traurigen Stoffe all der dunkeln Sagen,
die nun seit vierhundert Jahren, seitdem des Halb-
mondes versengende Strahlen auf diese herrlichen
Küsten und Inseln fallen, sich überall in schauriger
Einförmigkeit wiederholen. Gold, schöne Weiber,

und glühende blitzende Leidenschaft bilden stets die Glanzpunkte dieser Erzählungen. Es gibt keine Küste, an welcher nicht noch grau und düster alte Wartthürme hängen. Gegenwärtig wohnt auf Thasos kein Türke mehr, außer dem Subaschi, der in jedem Dorf eine Art von Gensdarmen macht, und den paar Beamten des Vizekönigs.

Auf dem Rückwege hätte ich leicht ein Unglück haben können. Als wir aus den letzten Häusern von Potamia herauskamen, wurde mein Agogiat von einer Frau gestellt. Sie schalt ihn laut und heftig, und wahrscheinlich weil er ihr nichts Rechtes zu erwiedern wußte, gab er, als ich vorbeiritt, meinem Maulthier einen schmerzhaften Hieb oder Stich. Da machte das Thier einen Satz aus dem Weg über eine niedrige Mauer in einen tiefer liegenden Garten, und flog stürmend unter den niedrigen Feigen- und Maulbeerbäumen hin, daß ich mich schon in Absaloms Schicksal ergab. Jedesmal wenn es Jorris' Stimme hörte, ging das tolle Springen und Rennen wieder an, und ich weiß nicht, über wie viel Mauern und Zäune ich noch geflogen bin, bis es mir endlich gelang, aus dem Sattel zu kommen und das schweißbedeckte zitternde Thier zum Stehen zu bringen. Die Neugriechen nennen das Maulthier Alogon, das Unvernünftige: das soll nur so viel

heißen, als wenn wir sagen „das Thier." Weil es
aber unter ihren unvernünftigen Hausthieren das
vornehmste ist, so trägt es vorzugsweise die Bezeich-
nung „das Thier." Zum Reiten hat man außerdem
noch Esel, ein Pferd gibt es wahrscheinlich auf der
ganzen Insel nicht.

Als nun draußen vor Potamia der Weg an der
Berglehne wieder in die Höhe ging, begegnete uns
ein Landmann, der mir sagte: die Korkuna warte
schon oben mit Athene und Mustapha. Richtig
erkannte ich bald den rothen Turban bei dem weißen
Sonnenschirm. Dem Alten hatte unser Konsul in
Cavalla auf die Seele gebunden, zu wachen, daß
meiner Frau nichts widerfahre. Dieses konsularische
Gebot hatte Mustapha wörtlich genommen, und war
ihr beständig auf Schritt und Tritt gefolgt, natürlich immer seine lange Pfeife rauchend vor sich hin-
streckend. Selbst durch den Erzbischof von Maronäa
hatte er sich dies nicht wehren lassen.

Dieser hohe Prälat war inzwischen mit seinem
Kaplan im Hause des Proëdros angekommen, angethan mit einem lilaseidenen Talar, der mit Pelz
verbrämt war. Alle Kinder küßten ihm die Hand,
und kein Erwachsener kam in die Nähe, ohne daß
er sich dreimal tief zur Erde neigte, indem er jene
orientalische Grußgebärde machte, welche da sagt:

„Ich nehme Staub von der Erde und streue ihn auf mein Haupt." Erzbischof und Kaplan machten sich viel mit einem Register zu schaffen. Wahrscheinlich war es die Zehntenrolle; denn was sollte einen griechischen Prälaten noch etwa sonst auf der Welt interessiren? Bei der Tafel hatte ich nun die Ehre, zwischen dem hochwürdigsten Herrn und einer hübschen Thasierin zu sitzen, die ihr Kindchen an der offenen Brust hatte. Die Landessitte ist einfach menschlich, wie bei den alten Griechen auch.

VI.

Ein Thasosabend.

~~~~~

Zu Mustaphas größtem Leidwesen verließen wir am Spätnachmittag das gastliche Panagia, wo auch der einzige Arzt auf der Insel, zugleich ihr einziger des Französischen kundiger Mann, sich unserer auf das Liebenswürdigste angenommen hatte. Frau und Töchter des Proëdros gaben das Geleit bis an das letzte Häuschen, aus welchem der Subaschi, ein riesiger Türke, hervorrasselte und sich darstellte in seiner malerischen Tracht und mit einem kleinen Arsenal von alten Dolchen und Pistolen im breiten Ledergürtel, — der schönste Arnaut, wie aus einem Bilde herausgeschnitten.

Als wir nun den Waldhängen entlang ritten, mochte keines ein Wort reden: so schön sangen die

Nachtigallen. Es war wie eine lange klingende Tonkette den Waldsaum entlang: wenn eine Nachtigall ganz wundervoll geflötet und geschluchzt hatte, gleich konnte es eine andere noch besser. Nie habe ich so viele Nachtigallen gehört, und diese griechischen haben noch viel mehr Melodie und Tiefe in der Stimme, als ihre Schwestern in Deutschland.

Am Limenas angekommen, ritten wir etwas an der alten Stadtmauer hin und zu einigen Sarkophagen, die in der Wiese und an einem Hügel glänzten. Der Effendi saß bereits unserer wartend unter der Weinlaube, und kam uns zum Abendessen einzuladen. Wir benützten aber noch die letzte Helligkeit, um Bildwerke aufzusuchen.

An den beiden Häusern, wo sich der Bach ergießt, war mehreres eingemauert: ein schöner weiblicher Kopf oberhalb der Thür, dann ein feiner Widderkopf, ein kleines Stück mit Trägern, ein Knabe mit einer Guirlande, dazu ein Inschriftstein neben einer Thür. Auch an der neuen Hafenmauer, die vor den Häusern ins Meer geht, entdeckte ich jetzt drei alte Bildwerke. Das erste stellte zwei Ringer dar, sehr schön und ausdrucksvoll; das zweite einen Mann in einer Art Muschel; das dritte den untern Theil eines Kämpfers, der mit der Hand hinter sein linkes Bein greift. Jetzt hatte Jeder in

seinem Hause etwas zu zeigen: es waren Grabsteine
mit den gewöhnlichen Inschriften. Das Schönste
aber fanden wir in einem Zimmer im obern Stockwerk eines Schuppens neben dem letzten Kramladen,
wohin wir mit einer Laterne in der Hand aufstiegen.
Es waren vier kleine Stücke, die einst den Schmuck
von Grabmälern gebildet; der Bach hatte sie vor
einem Jahr ausgewaschen. Das eine Stück zeigte
einen kleinen nackten Fackelträger, ein wahrhaft
köstliches Werk, leider nicht zu kaufen, weil Eigenthum des abwesenden Proëdros. Schön gearbeitet
erschien auch ein Mann in einer Toga, und eines
der gewöhnlichen Grabbilder, auf welchem vor der
Frau auf dem Lager der Mann sitzend und neben
ihm die zwei Jünglinge viel lebensvoller dargestellt
waren, als ich es auf den Abbildungen ähnlicher
altthasischer Bildwerke jemals gesehen. Neben dem
Bach, etwas hinter den Häusern, wo ein frischer
Brunnen quillt, steht eine uralte mächtige Platane,
umgeben von einem ringsumlaufenden Steinsitz, in
welchem man Marmorstücke aus einem Architrav
verbaut hat. Davor lagen eine cannelirte Säulen-
trommel und ein kleiner Weihaltar. Mehrere
Säulentrümmer zeigten sich hier und da hinter den
Häusern, und in einer neuen Gartenmauer bemerkte
ich die jüngst zerschlagenen Stücke eines Sarkophag-

Denksteines, der fein bearbeitet gewesen; die Bruch-
flächen glänzten noch hellweiß.

Es war zum Verzweifeln, all diese weißen Trümmer untergegangener Herrlichkeit so umher liegen zu
sehen, preisgegeben dem nächsten Räuber. Wenn man
Zeit und Mittel hätte, ließe sich in dem weichen
Boden, über welchen der Bach fließt, gewiß noch
viel Schönes ausgraben. Man dürfte nur nichts
da lassen; denn nicht genug, daß die Thasier selbst
die alten Marmorstücke, die sie ihrer Schönheit und
Größe wegen Kirchensteine nennen, zerschlagen und
verbrauchen, holt auch jedes Schiff, das hier landet,
sich einen Haufen alter Marmorstücke zum Ballast.
Auch unsere Türken hatten sich, als wir wieder in
die Alamana kamen, die gute Gelegenheit nicht entgehen lassen. Es wurde mir ein türkischer Kapitän
genannt, der 1866 mit einer Corvette hier ankerte
und eine Menge großer Marmorquadern, unter denen
einige Inschriften und Bildwerke hatten, als Ballast
in sein Schiff bringen ließ. Am meisten wurde
darunter ein Herkules mit dem Löwenfell bedauert.
Dieses Stück sei eine sehr feine Arbeit und schon
von den Alten mit einer Art weißer Dammerde überzogen gewesen. Man habe es entdeckt, als die großen
Quadern bei dem Thore, welches nach Panagia führt,
umgekehrt wurden: auf vieles Bitten habe der räu-

berifche Kapitän verfprochen, das herrliche Bildwerk
am Orte zu laffen, aber bei der Abfahrt es dennoch
plötzlich fortgeholt. Alle Nachfrage danach in Kon-
ftantinopel fei umfonft angeftellt worden.

Unfern türkifchen Freund trafen wir wieder auf
feinem Diwan am Fenfter hockend, mit Schlafrock
und Pfeife angethan. Kaum war die unvermeidliche
Kaffeetaffe dargeboten, fo klatfchte er in die Hände,
und es erfchienen zwei Knaben, welche ein Tifchchen
mit Zinntellerchen und ganz kleinen Holzlöffeln brachten. Das Abendeffen beftand aus Pillaw, Hammel-
fleifch in Brühe, gebackenem Fifch, fehr gutem Salat, einem feltfamen Eierkuchen, und Früchten. Für
uns waren die Zinntellerchen mit Befteck gelegt,
dazu als Servietten eine Art Handtücher mit roth
eingewirkten Kanten, wie fie auf Thafos gewebt werden. Der Effendi aber aß mit Muftapha aus der
großen Schüffel. Die Brühe fchlürften fie mit den
Holzlöffelchen, alle übrige Speife, felbft den Salat,
nahmen fie äußerft zierlich mit drei Fingern und
einem Brodplättchen, und Jeder arbeitete von feiner
Seite eine Höhlung in die Schüffel hinein. Uns
wurde auch Wein kredenzt, unfere Freunde tranken
nur Waffer. Jedoch ließ auch der Hausherr fich
einen Becher reichen, und ftieß wenigftens mit uns
an. Ich erlaube mir dergleichen zu erzählen, weil

es einen Begriff gibt von der Lebensweise, die an
diesen entlegenen Orten durch fränkische Art und
Weise noch wenig verändert wurde. An der Wand
hingen zwei geladene Flinten, eine ein Hinterlader.
Meine Frau machte auch hier zum ersten Male die
Wahrnehmung, daß ihr unter Türken immer zuletzt
dargeboten wurde, selbst nach Mustapha, der doch
in unsern Diensten stand. Er war freilich ein Mann
und sie nicht.

Nun sollten wir auch durchaus zur Nacht da
bleiben, und Mustapha wandte äußerste Beredtsam-
keit in Wort Blick und Mienen auf, daß ich durch
Weigerung die Gastfreundschaft nicht kränken dürfe.
Dann wären wir aber, soweit kannte ich Landesart
und Sitte schon, nicht vor dem andern Mittag fort-
gekommen. Denn der ächte Türke hält immer nur
zurück, Zeit ist für ihn ein wesenloses, nichts kosten-
des Ding, und nichts ist ihm unbegreiflicher, nichts
mehr zuwider, als das ruhelose Vorwärtsstreben des
Franken.

Als wir endlich wieder zum Hafendamm gelangten,
stand da schon lange im Dunkeln unser ehrlicher
Jorris mit einer großen Flasche Wein. Er ließ
uns hochleben, und wir kamen nicht fort, ohne erst
mit ihm zu trinken, und sollten gar noch die ganze
Flasche voll mitnehmen. Niemals ist mir bei einem

Griechen aus dem untern Volk ein solcher Zug von Dankbarkeit begegnet.

Obgleich herzlich müde, konnten wir uns kaum entschließen, die Vorhänge unserer Kajüte niederzulassen, so himmlisch war die Nacht. Vom Lande her schlugen die Nachtigallen, und ihr Tönen und Seufzen mischte sich mit dem melodischen Murmeln der Wogen. Die Gestirne blitzten und funkelten mit unsäglicher Gewalt. Weil die Luft so rein ist, so völlig frei von Dünsten und Dämpfen, erscheint das ganze Himmelsgewölbe breit aufgethan in unendlicher Tiefe. Die nächsten Sterne hängen gleichsam näher als bei uns, und noch die fernsten funkeln im wunderbaren Schimmer.

Ich konnte noch lange nicht einschlafen. Wo jetzt die Nachtigallen einsam schlugen, welch ein Leben wogte da ehemals auf und ab! Wie Vielerlei und Wunderbares hat diese thrazische Küste schon gesehen! Erst die Phönizier, die auf ihren kleinen Schiffen vorsichtig an dem Küstensaum weiter tasteten, und als sie Goldspangen sahen bei dem wilden Volke, forschten sie nach den Fundorten des glänzenden Metalls und errichteten dort Faktoreien. Dann kamen Griechen, vertrieben aus der Heimath oder auf der Fahrt nach Schätzen und Abenteuern. Bald schmückte ein blühender Städtekranz die ganze Küste vom Athos bis zum Bosphorus. Aber so reich sie wurden, so wenig vermochten sie zu stolzen freien Staaten sich zu entwickeln. Denn wer im griechischen Meere herrschte, griff zuerst hierher, und wiederholt entschied der Griff nach den thrazischen Städten die Hegemonie.

Von ihnen besaß Thasos allein Anspruch auf große freie Entwicklung und auf Seeherrschaft. Diese Stadt hatte dem persischen Andrang nicht widerstehen können, allein sie zuerst faßte den Entschluß, sich wieder loszureißen. Die Thrazier aber schickten heimlich zum Großkönig: Thasos wurde plötzlich von den Persern überfallen und erstürmt, seine Mauer niedergerissen, seine Flotte nach Abdera geführt. Abdera sollte, von den Persern begünstigt, die Nebenbuhlerin werden, und Thasos mußte Xerxes 300 Talente Kriegskosten zahlen.

Die Schlacht von Salamis bringt auch den Thasiern Befreiung, sie treten in den delischen Seebund ein, und stellen Schiffe und Mannschaften zur Griechenflotte, welche die Athener befehligen. Diese aber äugeln nach der thrazischen Goldküste und schicken Ansiedlerheere, sich dort festzusetzen. Da verbinden sich die Thasier mit Mazedoniern und Spartanern, nur ein Erdbeben in Lazedämon rettet die Athener. Jetzt müssen die Thasier deren Macht allein bestehen:

der große Cimon nimmt ihnen in der Seeschlacht 33 Schiffe und belagert sie drei Jahre lang; da erst kann er ihre Mauern niederreißen. Sie verlieren alle ihre thrazischen Besitzungen, und Perikles beeilt sich, in Amphipolis am Strymon ein Trutz-Thasos zu erbauen.

Vor dessen Mauern erschien im peloponnesischen Kriege plötzlich der spartanische Feldherr Brasidas. Nach waghalsigem Zug durch Griechenland Thessalien und Mazedonien überfiel er in einer Winternacht die Brücke vor Amphipolis. Die bestürzten Einwohner unterhandelten. Der athenische Feldherr Thukydides, der mit der Flotte Thasos bewachte, eilte herbei: allein es war drei Stunden zu spät, die Stadt hatte sich schon ergeben. Höchst ärgerlich, daß er zu spät gekommen, verurtheilten ihn die Athener zur Verbannung. Was sonst sein Ruhm und Ansehen in Thrazien war, seine Abkunft von einem thrazischen Fürstengeschlechte, seine Heirath mit einem thrazischen Goldmädchen, das ihm reiche Bergwerke zugebracht, das wurde ihm jetzt in Athen vorgeworfen: er mußte in die Verbannung und die Festhallen von Athen meiden, wo allein das Leben edel und würdig erschien. Das Exil des Thukydides ward der Welt Vortheil. Er ging auf sein Goldbergwerk bei Skapta Hyla, und schrieb dort das große Geschichtswerk.

Die deutschen Gelehrten aber streiten noch heute heftig, ob Thukydides schuldig war oder nicht?

Noch einmal empörten sich die Thasier gegen Athen; Thrasybul belagert ihre Stadt, der Hunger nöthigt sie zur Uebergabe; wiederum muß sie das Härteste über sich ergehen lassen. Doch nun ist's bald vorbei mit der Athener Herrschaft, der Mazedonier löst sie darin ab, und nach dem Mazedonier der Römer, und nach diesem der Byzantiner. Als die lateinischen Ritter 1204 Konstantinopel erobern, lassen sie Dandolos sich sogleich Thasos als Erbfürstenthum zusichern. Diese Venetianer kannten seinen Werth, von ihnen rühren her die stattlichen Burgen und Thürme am Limenas. Später gewinnen die Gateluzzen zu ihrem lesbischen Fürstenthum Thasos hinzu.

Ein paar Jahre nach dem Falle Konstantinopels fiel auch Thasos den Türken anheim. Seitdem verschwindet die Insel aus der Menschen Gedächtniß. Schweigen und Oede legt sich über die thrazischen Gefilde.

Doch wunderbar! Thasos lächelt noch heute grün und frisch, seine Bevölkerung hat noch alten Frohsinn und Wohlstand, ja noch Altgriechisches in Tracht und Sitte. Selbst im griechischen Freiheitskriege blieb diese Insel, auf welcher es freilich kaum Tür-

ken gab, verschont, während Samothrake gräßlich
verwüstet wurde. Unsere Zeit lächelt ihm noch freundlicher: die Eisenbahn kommt nach der Gegenküste.
Wird Thasos nun bald wieder etwas Bedeutung gewinnen? Wird von den thrazischen Küsten, die einst
so lebensvoll, der Fluch genommen werden?

Ich mußte des Mannes gedenken, der allein es
gekonnt hätte, des größten Genies, welches der Orient
seit Jahrhunderten hervorgebracht. In Theologos hatte
man mir wie ein Geheimniß zugeflüstert, Mehmed
Ali sei eigentlich dort geboren und in Cavalla nur
erzogen. Dieses einen Großen möchten sich die Thasier gar gerne als ihres Landsmannes rühmen. Würde
aber der Agasohn später wohl diesen großartigen Blick,
diesen kühnen Schwung der Seele, diese zermalmende
Thatkraft entfaltet haben, wäre er in einem Städtchen im Innern Kleinasiens aufgewachsen und nicht
zwischen den Städteruinen von Thasos und Philippi,
an dieser Küste, die welthistorische Geschicke sich ent-
scheiden, große Reiche gründen und stürzen sah?
Wenn bei den Russen oder Magyaren oder gar den
Nordamerikanern der eine dem andern in Gedanken
und Werken so ähnlich sieht, wie ein Spaß dem
andern, so liegt die Ursache nicht zum wenigsten
darin, daß ihr Land und Boden in Geschichte wie
in Natur dem Gesetze der nackten Einförmigkeit folgt.

Gewiß, es giebt unsichtbare Ortsgeister, die insgeheim mit ihren Adern und Ideen hineinwachsen in die junge Menschenseele.

Ich hoffe sogar, es werde in ferner Zukunft von diesen thrazischen Küsten, wenn die europäische Verkehrsströmung sie wieder beleben wird, noch einmal Künstler und Dichter hervorgehen. Die Nachtigallen schlagen ja noch so voll und lustig, wie in alten Zeiten. Auf unserm Kajütenlager lauschten wir noch lange in stiller heiliger Nacht ihrem Konzert. Wenn wir den Vorhang lüfteten, um den erfrischenden duftbeladenen Landwind einzulassen, zog ein wahrer Liederstrom mit hinein. Noch in unsere Träume zogen sich die seelenvollen hallenden Lieder der Waldsängerinnen.

VII.

Auf Kinira.

In erster Morgenfrühe, als noch Nacht und Stille Meer und Land bedeckte, wurde der Anker aufgewunden, und langsam begann erst das eine, dann das andere Segel zu schwellen. Leise glitt das Schiff vom Lande, leise plätscherte die Fluth um den Kiel, aber mit gewaltigem Rauschen hallte sie wider das ganze Ufer entlang.

Der Mond hing in leuchtender Klarheit über dem dunkeln Gebirge, und dicht unter dem Gestade glitzerte und blitzte das Meer wie eine Linie von Silberfeuer. Ein Berghaupt um das andere hob sich vom Mondlicht umflossen, bleiche Felsen glänzten von den Höhen nieder, und das Schiff schwebte wie von unsichtbarer Kraft gezogen am Ufer hin.

Allmählich röthete es sich sanft im Osten. Nach
und nach flogen mächtigere Lichter durch das Zwielicht, hier und da blickte in der Ferne schon ein
schwärzliches Inselstück über den Horizont. Das Meer
wurde immer purpurner, zuletzt reine Feuergluth, bis
der blitzende Sonnenball aus der Tiefe emportauchte
und allüberall die Lichteswogen sich ergossen in goldener Klarheit.

Ich wollte Thasos noch von der Seeseite sehen, dort,
wo es am waldigsten und schönsten ist. Da erschien
das Ganze natürlich bedeutender, das Einzelne kleinlicher, der Wald nur wie niedriges Moos am Gestein. In seiner Ansiedler-Mühsal schmähte einst
Archilochos die Insel: „Wie ein Eselsrücken steht sie
da, mit wildem Wald gekrönt, ohne milde und be-
gehrenswerthe Flur." Jetzt giebt es der goldenen
Fruchtebenen auf Thasos mehrere. Von dem hohen
Eselsrücken, dessen Hals der Ypsarion bildet, gehen
nach der Ostseite die Bergrücken ins Meer und umfassen schöne Fluren. Wir schifften um das Kap
Pyrgos, und es kam ein Kap nach dem andern,
und die schönsten Buchten thaten sich auf, und die
Vorgebirge setzten sich fort in Inselchen und Fels-
brocken, welche die Brandung weiß umkränzte.

Thasos ist eine Insel des Marmors. Unter dem
grünen Waldteppich blickt des Gesteines Weiße her-

vor hoch oben an den Berggipfeln, wo der Sturz-
bach, und tief unten am Meere, wo die Welle ihn
bloßlegt. Auch jedes seiner Küsteninselchen hebt sich
zierlich auf schneeigen Marmorfüßen.

Als wir zwischen die Küste und die größte Insel
kamen, welche die Insel von Kinira von der weiter
oben liegenden ölbaumbedeckten Thalebene gleichen
Namens heißt, umragte uns rings hochprangend eine
grüne Gebirgswelt; auch die gewaltigen Felsmassen,
die sich hier ins Meer stürzten, waren noch bekränzt
mit Waldgrün, das sich in der hellen Fluth wieder-
spiegelte. Die Insel lag mitten vor einer großen
stillen Bucht, und Alles ragte da und grünte und
glänzte in wundervoller Einsamkeit, wie am ersten
Schöpfungsmorgen. Ich hieß die Segel fallen, das
Boot aussetzen und meine Frau und mich nach Kinira hinüber rudern.

Diese Insel mag eine Viertelstunde lang sein,
und besteht gleich Thasos aus einem grünbewachsenen
Marmorblock, der aus dem Meer emporsteigt. Wir
mußten erst lange suchen, bis wir zwischen den fluth-
umschäumten Felsen eine ruhige Lücke fanden, in
welche sich das Boot hineintreiben ließ. Mit dem
Fuß aus dem Boot aber traten wir gleichwie in
einen sonnigen Treibgarten voll Duft und Würzge-
ruch; denn alles Gesträuch hing voll Blüthen, und

zwischen dem Gebüsch und den Steinen schimmerten
wilde Rosen, Erika, und zahllose Blumen roth gelb
und blau. Nachdem wir noch eine Weile zwischen
den Uferblöcken umhergeklettert, zeigte sich ein schmaler
Steig, der durch Gestein und Buschwald in die Höhe
führte. Wir Beide stiegen empor, und die Matrosen
vertheilten sich unten am Felsgestade, um Treibholz
zu suchen und dürre Aeste auszuhauen. In kaum
zehn Minuten waren wir oben auf der Höhe der
Insel, und wir fanden auch in der eselsrückigen Gestalt die kleine ganz der großen nachgeformt. Wir
verfolgten unsern Weg auf dem Grat hin und kamen
wiederholt an scharfen Klippen vorbei. Das Eiland
ist ganz unbewohnt, von Anbau keine Spur, außer
Vögeln Käfern und Schildkröten kein lebendes Wesen
zu entdecken.

Auf dem höchsten Rücken, wo sich die Insel
schroff abstürzt, war der Buschwald dichter und höher,
so daß es schattige Plätzchen im Grünen gab. Dort
lagerten wir uns. Stunden verflogen wie Minuten.
Ueber uns strahlend im reinsten Licht die unermeßliche Aetherbläue — unter uns im endlosen Glanz
eine zweite blaue Aethertiefe — gegenüber das prangende Hochgebirg, von dessen bleichen Schultern sich
allwärts Ströme von Fichtengrün niedergossen, sich
kräuselten an den Bergabhängen, und dichter dunkel-

ten in schattenbedeckten Schluchten, Alles einsam,
einsam — Alles wie von weihevoller Stille um-
weht.

Ich erzählte — der herragende heilige Berg von
Samothrake erinnerte von selbst daran — meiner
Gefährtin von den Naturgottheiten der alten Pelasger, die meiner Meinung nach nichts anderes gewesen, als das Krieger- und Bauernvolk, aus welchem
sich an den Küsten das städtische Hellenenvolk entwickelte, um sich allmählich seiner feineren Bildung
wegen im Gegensatze zu den Pelasgern zu finden,
den roheren Anhängern des Alten. Ohne Zweifel
aber haben Diese eben so schöne und tiefsinnige
Hymnen gehabt, wie die alten Inder in ihren Ve-
das: nur trübe harte Reste hat uns davon ein
böotischer Gelehrter überliefert. Jene religiöse Grund-
anschauung aber bildete sich weiter und weiter aus
bis zu den lichten Göttergebilden, die eben so vielen
Kräften in Geist und Natur entsprachen, göttliche
Ideale, jedoch klar und faßlich wie die menschliche
Gegenwart. Als dann die homerischen Gesänge diese
ideale Götterwelt zum Gemeingut aller Griechen ge-
macht, folgten sich in langen Reihen ernste Denker
Dichter und Künstler, grundgescheidte Redner, und
Staatsmänner und Kriegshelden. Denn die alten
Griechen hatten vor ihren arischen Vettern zweierlei

Großes voraus: ein schönheiterfülltes Land und heiteren Himmel, mit der glücklichsten Abwechslung von Fruchtebenen Bergen und Seegestade, von Sommer und Winter, Mittagsgluth und Morgen- und Abendfrische, — sodann aber auch Jahrhunderte lang ruhige Zeit, wo sie bloß unter einander zu thun hatten und gehörig aufblühen konnten. In beiden Hauptstücken haben Inder Perser und Germanen es längst nicht so gut gehabt.

Und während wir so plauderten, zog die Sonne still ihren goldenen Bogen durch die unermeßliche Aetherbläue, und wir dachten an keine Zeit und Stunde mehr in dieser seligen Einsamkeit.

Ich stand auf und suchte umher, ob ich irgend noch ein Säulenstück fände; denn gewiß glänzte einst von dieser freien Höhe ein lichter Tempel. Und von welch anderer göttlichen Macht hätte er das Bildniß hier umhegen dürfen, als von der Meerschaumgebornen? Dieses Eiland hoch auf weißem Marmorfelsen, bedeckt mit Myrtengrün und Wildrosen, war ja in Meeresbläue aufgeschichtet wie ein Brautbett der Liebesgöttin im weiten Göttersaal. Als ich hier hinabblickte und immer wieder sah, wie die kosende Welle am Gestade blinkte und schäumte, wie das Meer so geheimnißvoll leuchtete, das Blüthenufer so grüngolden glänzte, da ging mir der Sinn des

reizenden Märchens auf von der Schaumgebornen. .
Alles ist so unsäglich schön, so einsam, so voll
tiefen Naturzaubers, daß man den Athem anhält
und lugt und lauscht, ob nicht hier noch ein wun-
dervolleres Geheimniß der Schönheit sich erschließe,
als müßte hier aus dem stillverklärten Meeresblau
ein göttliches Gebilde im schneeigen Glanz empor-
steigen.

Und wie wir da selig träumten und plauderten
und in die glänzenden Lüfte schauten, auf einmal
waren unsere Gedanken weit weg bei einer Festung
im fernen Rheingau, wo geliebte Geschwister an
diesem Tage ihre silberne Hochzeit feierten. Uns
hing der Silberkranz noch eine gute Zahl Jahre
weiter, aber wir dachten daran, wenn uns Gott die
blühenden Kinder heranwachsen ließe, ob man ihnen
nicht frühzeitig das große Glück einer solchen Reise
durch Italien nach Athen und dem Bosphorus gönnen
dürfe? Ob denn ein klein wenig künftigen Erbtheils
mehr so großen Gewinn fürs ganze Leben aufwiege?
Man soll die Jugend ja nicht bloß befähigen, eine
Stelle in der Welt zu erringen, sondern vor Allem
sie auch zu daseinsfrohen Menschen erziehen. Welch
goldenen Hintergrund aber, welche Helligkeit müßte
eine solche Reise in den jungen Seelen zurück-
lassen!

Unterdessen stieg die Sonne höher, das schroffe Felsgesenke uns gegenüber trat hell in Mittag und spiegelte sich mit dem grünen Waldgestade bis zum tiefsten Meeresgrund. Im weiten Halbkreise lag Thasos hier vor uns aufgethan, an beiden Enden lief die Küste fort, ausgezackt in vielen kleinen Buchten: rechts schlossen zwei scharfe Vorgebirge, links ein anderes die Fernsicht ab, vor beiden umschäumte Inselbrocken.

In dem Nadelholzgebirg da vor uns lagen einst die Goldbergwerke. Herodot erzählt: „Das phönizische Bergwerk das ist auf Thasos zwischen der Ortschaft Aïnüra und Koinüra, gegenüber Samothrake, ein großer Berg umgeackert von den Schürfen." Das ist Alles, was wir davon wissen. War's nun der Bergzug rechts oder links? Beide sind längst vollständig vom Wald überwachsen. Vielleicht war es der zur Linken, weil er Samothrake gerade gegenüber liegt. Auch Koinüra hätten wir, die ganze Strandgegend heißt noch Kinira. Aber wo lag Aïnüra? Das wissen die Götter, wir nur, daß es nicht weit entfernt liegen konnte. Vielleicht wollte Herodot nur sagen, daß Aïnüra auch Koinüra genannt werde.*)

---

*) Τὰ δὲ μέταλλα τὰ φοινικικὰ ταῦτα ἐστὶ τῆς Θάσου μεταξὺ Αἰνύρων τε, χώρου καλεομένου καὶ Κοινύρων.

Die thrazischen Berge streckten noch immer ihre
Gipfel im weiten Bogen einer über den andern
empor, als die fernen Küsten und Inseln leise in
jene bläuliche Dämmerung zurücktraten, die Homer
so naturwahr „Luftschleier" nennt. Nur zwischen
Samothrake und dem Festlande schien freies Meer
zu sein. Dorthin ging jetzt unsere Fahrt. Denn
es hatte sich ein frischer Landwind erhoben, und ich
durfte nicht länger zögern, ihn zu benutzen. Als
unser Boot sich dem Schiffe wieder näherte, stieß
der Steuermann Mehmed einen Jubelruf aus, und
alle Leute sprangen eilig zu den Segeln, sie rasch
zu hissen. Denn einem Seemann zittert es vor Un-
geduld in allen Gliedern, wenn er noch eine Fahrt
vor sich hat und es kommt ein guter Wind.

Nun lebe wohl, schönes Thasos, und du un-
vergeßliche Kinira-Höhe, Höhe des Lebensglücks, lebe
wohl! Nie werden wir euch wieder sehen, denn
das Leben ist so kurz, und Berufsgeschäfte und eigene
Thorheiten haben lange Schlingen, in denen man
gleich wieder festsitzt.

Während wir mit frischem Winde Samothrake
zusteuerten und unser Kiel scharf durch die rauschenden Fluthen schnitt, tauschten wir Bemerkungen
aus über das verschiedene Wesen und Benehmen
unserer Schiffsleute. Der Steuermann Mehmed war

ein schlanker junger Mann, der sich gern mit rother
Festtrodbel und bunten Gürtelfranzen putzte, schwarzbraun wie das schönste alte Bronzebild. Sein wür-
diger Vater, unser Kapitän Mustapha, an dessen
weißem Gesicht und Bart nichts Dunkles haftete,
mußte sich einst irgendwo ein hübsches Zigeuner-
mädchen gekauft haben. Nach diesen Beiden war
der wichtigste Mann am Bord der Koch Hassan,
schwarz wie die Nacht, mit weißblitzendem Gebiß
und Auge. Die Andern stichelten wohl einmal auf
seine Negerfarbe, dann warf er sich stolz in die
Brust und schritt auf und ab in stummer beleidigter
Manneswürde, und nur seine Blicke sprachen Ver-
achtung. Ohne Frage war er wirklich klüger und
behender, als die beiden andern jungen Männer,
von denen der eine Hussein, der andere wieder Hassan
hieß. Alle diese fünf Türken waren aus dem gottes-
fürchtigen Cavalla, aber nur der eine Mustapha ver-
richtete die vorgeschriebenen Gebete, die Anderen huldigten, soweit ich es erkundigen konnte, freigeisteri-
schen Ansichten. So tief sind Ideen dieser Art bereits unter das Türkenvolk eingedrungen. Wenn der
Alte seinen Teppich ausbreitete und niederkniete, ver-
hielten sich die Vier zwar achtungsvoll, doch ihre
Mienen verriethen deutlich, wie höchst überflüssig
ihnen dergleichen vorkam.

Uebrigens waren sie von früh bis spät froh ge-
launt, verträglich und aufgeweckt zu jeder Arbeit,
und wenn sie bei ihrer erbärmlichen Kost zusammen-
saßen, konnten sie Stunden lang lachen und spaßen.
Ihr ewiges Singen wurde uns manchmal zu viel,
weil es gar so eintönig war. Ihre Morgentafel bestand aus Brod Wasser und Knoblauch, die Abend-
tafel aus Brod Wasser und Knoblauch nebst Pillaw
d. i. Reis mit Hammelfett, den einen Tag gab's
Pillaw mit Erbsen, den andern Pillaw mit Bohnen.
Von Knoblauch hatten sie einen ungeheuren Vorrath
mitgenommen, allein er minderte sich zusehends, und
ich muß gestehen, wenn ich auch bei uns diese Zwie-
belknolle nicht ausstehen kann, sie sei denn versteckt im
leckeren Hammelsbraten, so hat uns doch im Orient der
Knoblauch wohl geschmeckt, fast wie frische süße Nuß.
Kaffee tranken nur Mustapha und Sohn, und wenn
wir einem Andern, der uns gerade etwas brachte,
eine Tasse von dem unsrigen reichten, so bot er ihn
jedesmal erst dem Alten an. Gab ich aber von
meinem feinen türkischen Tabak etwas ab, so schlich
Jeder sich damit auf die Seite, und rauchte mit
einem Behagen, als koste er Himmelssüßigkeit.

Stets blieben sie Alle die gutherzigsten redlichsten
Bursche von der Welt, dankbar für jedes freundliche Wort, und thaten uns zu Gefallen, was sie

nur an den Augen abſahen. Mancher vornehme
Türke, ſobald er fränkiſche Luft geathmet, fränki-
ſches Wiſſen aufgenommen, wird gar leicht der aus-
bündigſte Hallunke, der über die Erde läuft. Unter
ſeinem glatten verbindlichſten Weſen birgt ſich dann
nichts als rohe Raubſucht und Wohlluſt. Sein
ganzes Innere iſt rein und hell, nicht ein leiſer
Dunſt ſchwimmt mehr darin von Gewiſſen, von
Ehre, von Mitgefühl. Ganz anders der gemeine
Türke, ſoweit er noch in ſeinem alten Glauben und
Volksthum verharrt. Er iſt offen und ritterlich,
ohne Falſch, und von Herzen gütig und wohlthätig.
Daß das türkiſche Reich ſo lange fortdauert, iſt
außer dem kirchlichen Zuſammenhalt nicht zum Wenigſten den tüchtigen Eigenſchaften des gemeinen
Volks zuzuſchreiben, aus welchem für den Staat
immer wieder friſche und kräftige Talente empor-
wachſen.

Als ich dieſe Türken zuerſt kennen lernte, war
es mir räthſelhaft, wie dieſes Volk es gleichſam in
der Gewohnheit hatte, ſeine chriſtlichen Unterthanen
wie die Ratten todt zu ſchlagen. Da fielen mir —
ich mußte lachen — meine guten Freunde, die
Magyaren, ein. Wie hatten ſie geeifert und ge-
ſcholten über unſere alten deutſchen Chroniſten, die
einſt ſo Abſcheuliches von ihrem Volke berichteten,

damals als seine raub- und mordlustigen Reiter-
schaaren sich über die Christenländer ergossen in
jenen sieben Jahrzehnten, die ohne Zweifel Europas
größte historische Schande bleiben. Zum Beweise,
daß das Alles nur Lügen und gehässige Uebertreibung,
fragten die edlen Magyaren: ob denn irgendwo auf
der Welt mehr kindlicher Frohsinn, mehr Redlichkeit
und Gutherzigkeit anzutreffen, als in den magyari-
schen Dörfern? Je mehr ich die Türken verstehen
lernte, desto mehr schien es mir, als seien die
Magyaren ihre rechten Blutsvettern, und bestände
der ganze Unterschied darin, daß Jene längere Zeit
in bessere Gesellschaft gekommen. Vgl. Seite 162
—163 meines Buchs: „Die Magyaren und andere
Ungarn," wegen dessen die Ersteren mich für ihren
Nationalfeind erklärten, und „die Andern" mich mit
so viel freundlichen Zuschriften überschütteten, daß
es, nebenbei gesagt, des Guten fast zu viel wurde.

VIII.

Thaſiſche Ausſichten.

Der Wind lag voll in unſern Segeln, und
Thaſos ſchon in duftiger Ferne. Ehe wir von ihm
ſcheiden, will ich noch etwas von ſeinen Zuſtänden
erzählen, und zwar zunächſt von ſeiner merkwürdigen
Verfaſſung.

Der Sultan iſt noch Obereigenthümer der Inſel,
und bezieht außer der Summe, welche der Zollpächter
zahlt, noch die Askerieh, ein kleines Ehrengeld,
welches ſtatt des Kriegsdienſtes gegeben wird. Herr
und Gebieter iſt aber der Vizekönig von Aegypten.
Ihm allein gehören all die Waldgründe, ein höchſt
werthvoller Beſitz für den Flottenbau.

Obgleich die Waldungen groß und dicht ſind,
macht ſich die Verwüſtung doch auch ſchon in ihnen

bemerklich. Die Thasier haben das Recht, Pferde und Rinder, Schafe und Ziegen zur Weide in alle Forsten zu treiben, wie und wann sie wollen: darunter muß natürlich der junge Wald schwer leiden. Außerdem ist es allen Einwohnern freigestellt, Holz zur Feuerung zu schlagen und zu verkaufen. Von Zeit zu Zeit, wenn sich herausstellt, daß sie dringend Geld bedürfen, gibt der Statthalter des Vizekönigs auch die Erlaubniß, daß man Holz zum Schiffbauen schlagen und gegen einen Zehnten des Erlöses verkaufen dürfe. Dann gehen die schönsten Stämme auf den Schiffen von Cavalla nach Syra oder Smyrna und andern Schiffswerften.

Von Steuerdruck ist auf Thasos keine Rede. Dem Vizekönig wird von jedem Stück Vieh und jedem Bienenkorb nur eine kleine Abgabe gezahlt. Größer ist sein Einkommen aus dem Zehnten der Oelernte. Dieser Zehnten wird auf folgende Weise ermittelt. Die Oliven werden in hohen viereckigen Behältern gesammelt und dürfen nicht eher ausgepreßt werden, als bis ein dazu bestellter Beamter ihre Menge ausgemessen hat. Im Februar geht er mit zwei Schreibern in jedes Dorf und mißt in jedem Hause durch eine Meßstange den Kubikinhalt des Behälters und wie hoch darin die Früchte aufgeschüttet sind. Haben die Schreiber das Zehntenregiſter zuſammengeſtellt, ſo wird es dem Proëſtos, dem Ortsvorſteher, übergeben. Dieſer ſammelt, ſobald das Oel ausgepreßt iſt, von jeder Haushaltung den auf ſie treffenden Zehnten davon, und hat zu ſorgen, daß die ganze Maſſe richtig auf das Oelſchiff geliefert wird, welches zum Abholen von Aegypten heranſegelt. Zu Zeiten rechnet man auch zuſammen, was die ganze Inſel an Oel zu ſteuern hat, und der Statthalter des Vizekönigs beſtimmt, welche Geldſumme dafür zu zahlen, die alsdann auf die Dörfer und Familien vertheilt wird.

Dieſer oberſte Beamte heißt der Mudir und hat zwei Lieutenants, und außerdem drei Sekretäre, einen für die türkiſche, einen für die arabiſche, und einen für die griechiſche Korreſpondenz. Meiſt wohnen ſie alle ſieben bis auf einen Sekretär in Cavalla, und kommen nur von Zeit zu Zeit herüber. Jedes der zehn Dörfer hat neben dem türkiſchen Subaſchi einen chriſtlichen Vorſteher, den Proëſtos. Freigewähltes Haupt aber der ganzen chriſtlichen Bevölkerung iſt der Proëdros in Panagia, welcher ſich mit den Vorſtehern und den türkiſchen Beamten jedes Jahr zu einer Rathsverſammlung vereinigt.

Vom Geſammteinkommen aus der Inſel gibt der Vizekönig großmüthig faſt die Hälfte allein ſeinen Inſelbeamten, und das Andere den Stiftungen in Cavalla, zu deren Unterhalt es aber niemals hinreicht.

Wer nun jemals etwas von Griechenland und seinen Inseln hörte, hat sich schon den Schluß gemacht, daß Thasos unter ihnen ein smaragdenes Juwel. Es besitzt grünen rauschenden Urwald, stürzende Schaumbäche, erhabenes Hochgebirg. Und die Thasier? Der jetzige Statthalter, ein Grieche von Candia, dessen guten Willen man rühmte, fragte einen Herrn, der die Bevölkerung zu kennen schien: was er zu ihrem Besten thun solle? „Lassen Sie die Leute mehr Steuern zahlen, damit sie mehr arbeiten, und gründen Sie mit dem Gelde in jeder Ortschaft eine Schule, damit sie ihre Geschäfte besser verstehen."

Ich kenne Land und Leute doch zu wenig, um die Richtigkeit der Schlußfolge im ersten Theil dieser Antwort bestätigen zu können. Der zweite Theil spricht für sich selbst in aller Welt. Jetzt gibt es nur vier Schulen, in Panagia, Theologos, Kassarwit und Kakirachi, und die eine soll elender sein als die andere. Man müßte vor allem eine Musterschule gründen, um Lehrer zu bilden. Die Thasier baten schon im Jahre 1866 den Vizekönig darum. Seine Beamten und ein Ingenieur arbeiteten auch den Grundriß und Kostenplan aus, die Insel gab

ihren unterthänigen Dank zu erkennen, und damit
war nach orientalischer Amtsweise der Sache genug
gethan. Die Thasier aber ruhten nicht. Vor ein
paar Jahren setzten sie eine zweite Bittschrift auf
und übergaben sie dem Erzbischof von Maronäa,
daß er sie an den Vizekönig beförderte. Man fürchtet
aber, die Bittschrift liege noch ruhig in des Prälaten Kasten, weil er sich überhaupt wenig um
Volksschulen kümmere.

Was könnte nicht eine tüchtige und thätige Verwaltung leisten, die planmäßig vorginge! Thasos
könnte eine Kulturstätte, ein heller Lichtpunkt werden
im thrazischen Meere. Hier sind, wie kaum an
einer anderen Stelle, die Vorbedingungen vorhanden.

Der erste Vorzug der Insel ist ihre gesunde Luft.
Das Hochgebirg, das viele Laub- und Nadelholz,
die Menge der Quellen und Bäche, dazu ringsum
ein vielbewegtes Meer — das zusammen gibt der
Luft beständig Frische und läßt das Lähmende und
Erdrückende nicht aufkommen, das in der heißen
Jahreszeit sich unheilvoll niedersenkt auf Griechenlands nackte Inseln und Küsten. Auch Winterkälte
frischt die Thasier aus, und ich begreife nicht, wie
die Leute in ihren luftigen Wohnungen den Frost
ertragen. Leichte Fieber kommen vor, besonders in
der Niederung am Limenas; im Uebrigen aber

könnte man die ganze Küste von Nauplia bis Konstantinopel absuchen, und würde keinen gesündern Ort finden als Thasos.

Die Insel wurde weniger, als irgend eine im griechischen Meer von slavischer bulgarischer und türkischer Verwüstung heimgesucht. Ihre Bevölkerung beträgt etwa 12,000 Köpfe und befindet sich in gedeihlicher Vermehrung. Wenn irgendwo, hat sich hier etwas von altgriechischer Natur und Sitte erhalten. Die Lage der Insel oben im thrazischen Meer schützte sie vor den Strömen fremder Einwanderung. Diese flossen ab nach Griechenland auf der einen, nach Byzanz und Kleinasien auf der andern Seite. Von den zehn Ortschaften, — die mit Accenten lauten wie folgt: Panagiá, Potamó, Theologós, Mariáes, Kakiráchi, Sotíro, Agios Geórgios, Kástro, Wulgáro, Kassarwíst, — deuten höchstens die letzten drei Namen auf Nichtgriechen. Kastro ist der überall auf den griechischen Inseln vorkommende Name für die Burgfestung, in welcher im Mittelalter die herrschende Familie wohnte: das Kastro auf Thasos, dessen Einwohner bei den Andern gerade keines schönen Rufs genießen, führt auch einen türkischen Namen, Jenissár. Kassarwíst besteht aus zwei Theilen, der eine heißt Papasmachalás (Pfaffenort), der andere lautet slavisch Tzingára.

Wulgáro aber erinnert an Bulgaren, obwohl die
vier Abtheilungen dieser Ortschaft griechische Namen
führen. Jedenfalls spricht gegenwärtig die ganze In-
selbevölkerung nur Neugriechisch und herbergt einen
durchweg gleichartigen Menschenschlag.

Diese Thasier haben ein schönes und sittliches
Familienleben bewahrt, sie besitzen Mutterwitz und
Geschick zu allen Dingen, sind fröhlichen Herzens,
gutwillig und hörsam. Nur muß man ihnen unter
die Arme greifen: für sich allein kommen sie aus
ihrer Kleinwirthschaft, aus ihrem engen Ideenkreise
nicht heraus. Jedes Mannes Besitzthum ist klein
beisammen: wer zehn bis zwölf Hektaren Landes
besitzt, hat schon ein großes Gut. Sein ganzer
Ehrgeiz beschränkt sich darauf, mit Frau und Kindern sich schön zu kleiden, und wenn's hoch kommt,
gibt er Freunden · und Nachbarn ein Gelage, ·das
Geld kostet.

Derselbe Herr, welcher dem Statthalter rieth,
mehr Steuern zu nehmen und damit Arbeit und
Schulen zu unterstützen, sagte mir auch: die jetzige
Verwaltung der Insel sei ein reiner Luxus. Da
sie bedeutende Summen kostet, wird es mir schwer
zu glauben, daß sie so unnütz sei. Gewiß aber,
würde man ein paar gescheidte Franken heranziehen — Ingenieure Forstmänner Schiffsbauer, — in

kürzester Zeit würde das dunkle Thasos ein helleres
Ansehen gewinnen. Seine Bevölkerung würde nicht,
wie Neugriechen und Türken es gewohnt sind, den
Verbesserungen Haß und Widerwillen oder zähe un-
besiegliche Antipathie entgegensetzen, sondern rasch
ihren Vortheil absehen. Schlimmsten Falls ließen
sich vortreffliche bulgarische Arbeitskräfte heranziehen.
Widerstand wäre nur vom hohen Klerus zu befürchten, doch ließe sich gerade hier damit wohl
fertig werden.

Warum spielte Thasos im Alterthum eine so
bedeutende Rolle? Weßhalb sammelte es in seinen
Häfen eine meerbeherrschende Flotte, in seinen Truhen ungeheure Schätze?

Die Ursachen liegen klar vor. Seine glückliche
Lage spielte ihm den Zwischenhandel zwischen Griechenland Mazedonien Thrazien und dem Bosphorus
und Kleinasien in die Hände. Die thrazische Goldküste öffnete ihre Bergwerke, aber sie lieferte auch
etwas, was besser als Gold, nämlich Matrosen und
kraftvolle Arbeiter. Die Insel selbst aber hatte
Naturschätze von unversieglicher Fülle und Güte.
Jetzt wird die Eisenbahn bald alle die Küstenstädte
wieder in Verbindung, in die reichen Ebenen der
rumelischen Flüsse wieder Schwung und Leben bringen. Könnte Thasos von seiner Lage nicht wieder

Vortheil ziehen? Seine Naturschätze sind ihm geblieben, — könnte es sie nicht wieder verwerthen?

Nur auf Einiges sei hier hingedeutet.

Da ist zuerst das Schiffsbauholz. Mit jedem
Jahre wird es gesuchter und kostbarer. Thasos ist
reich daran, dieser Reichthum kann bei forstmäßiger
Bewirthschaftung noch lange Zeit vorhalten. Das
Holz läßt sich auch leicht von den Bergen zum Ver-
schiffen ans Meer bringen.

Aber sollen die Thasier denn selbst ewig nur
elende Barken besitzen? Sollen sie nicht einmal ihre
Erzeugnisse auf eigenen Schiffen verführen? Jetzt
haben sie nur kleine Segel- und Ruderkähne, die
kaum bis zur nächsten Küste Fracht halten. Auch
die Thasier müssen aufs Meer, sie haben ohne Zweifel
dasselbe Geschick für Schifffahrt, wie die anderen
Inselgriechen. Blieben sie vom Handel, der sich
schon in den nächsten Jahren unzweifelhaft auch in
diesen Gegenden vervielfachen wird, ausgeschlossen,
so würde dies ärgere Folgen haben, als Gewinn-
entgehung. Hat Griechenland eine Zukunft, so liegt
sie lockend und glänzend nur auf dem Meere. Nur
der Seehandel kann seine Küsten und Häfen mit
neuem Leben, seine Bevölkerung mit neuer Zuver-
sicht erfüllen. Das Griechenvolk ist gerettet, sobald
seine Kräfte dorthin zu strömen beginnen. Jetzt ver-

zehrt es sie in kleinlicher Thätigkeit, oder, was noch schlimmer, vergräbt sie wie ein unseliger Geizhals. Wer auf Thasos Macht und Einfluß besitzt, kann nicht früh genug daran denken, ihm einen Antheil am Seehandel zu verschaffen. Die erste Schiffswerfte, welche das erste Thasier Seeschiff, und wäre es auch nicht größer als eine türkische Alamana, vom Stapel läßt, wird für die Insel eine Quelle des Segens werden.

Ob die Goldbergwerke wieder ergiebig zu machen, weiß ich nicht. Gewiß ist die neuere Berg- und Hüttenkunde mit besseren Mitteln versehen als die antike. Man hat freilich die alten Schachte noch nicht wieder gefunden: allein hat denn schon ein wissenschaftlicher Bergmann gründlich danach gesucht?

Thasos hat aber noch ein anderes werthvolles Mineral — das ist sein grobkörniger dauerhafter prachtvoller Marmor. Frisch gebrochen glänzt er in hellster Weise. Die Bruchstelle überzieht sich zwar allmählich mit einem dunklen Grau, geglättet aber geht sie in schönes Hellgelb über, das nicht zu zerstören ist. Um das stärkste Zeichen römischer Ueppigkeit zu geben, sagte Seneca: „Ehemals habe man thasischen Marmor selten einmal in einem Tempel gesehen, jetzt umziehe man Fischteiche damit." Aber nicht blos für Prachtgebäude, auch zum Bildhauen

war der thasische Marmor im Alterthum sehr gesucht. Es gab auch einen fleckigen Marmor auf
Thasos, der noch kostbarer. Die alten Marmor-
brüche sind noch unerschöpflich da, der Zugang vom
Meer ist leicht herzustellen. Jetzt führen die Schiffe
von der Insel alte Marmorstücke als Ballast fort:
würden sie den Stein nicht lieber mitnehmen, wenn
er schon behauen und geglättet wäre, in den viel-
förmigen Gebilden, die sich überall für Bau und
Einrichtung von Kirchen und Häusern verwerthen
lassen?

Zur Zeit bilden Baumöl Honig und Wachs die
Ausfuhr, durch welche die Thasier ihre Bedürfnisse
decken. Der Honig, der noch in größerer Menge zu
erzeugen stände, war schon im Alterthum berühmt.
Die Thasier müssen jetzt dafür nehmen, was man
ihnen in Cavalla geben will: nach Smyrna und
Konstantinopel gebracht kostet er das Zehnfache.

Oel ist die Hauptwaare. Wenn man im Sommer überschlagen kann, wie groß die vorjährige
Ernte ist, kommen die fremden Kaufleute und ver-
handeln lange mit dem Proëdros über den Preis.
Wird der Kauf abgeschlossen, so leisten sie Anzah-
lung und bestimmen den Tag, an welchem sie die
Waare von Limenas abholen. Der Proëdros vertheilt nun die Oel-Lieferung unter die verschiedenen

Haushaltungen, und wenn der bestimmte Tag kommt, muß Jeder zusehen, wie er eilends seine kleine Last nach dem Hafen bringt. Das ist gewiß Alles schön und patriarchalisch, aber rationell ist es nicht: den besten Gewinn stecken die Kaufleute in die Tasche.

Die Cocons von Thasos sind sehr gesucht, und die Seidenzucht steigert sich zusehends. Allein hundertmal mehr Maulbeerbäume könnten an den sonnigen Halden, die jetzt nur unfruchtbarer Buschwald überzieht, millionenmal mehr Seidenwürmern die Nahrung geben. Die häuslichen Frauen und Mädchen auf Thasos spinnen und weben fleißig rothberänderte Handtücher und grobe Leinwand: lohnender wäre, wenn mnn ihnen Gelegenheit gäbe, ihre Cocons selbst abzuwickeln.

Im Alterthum war der Thasier Wein weit berühmt. Es gab zwei Sorten: die eine brachte den Schlaf, die andere verscheuchte ihn. Als Lucian einen festlichen Abend schildern wollte, sagte er: „In die Mitte setzend den Freundestisch laben wir uns an gedeihlicher Kost, nicht einsam trinkend thasischen Wein, wenn's uns so gut wird, noch für uns allein uns sättigend an vielartigen Gerichten." Jetzt liegt der Weinbau ganz darnieder, und trotzdem liefert er noch immer köstliches Gewächs. Nur ein wenig Sorgfalt mehr, und dem Thasier Wein würde vielleicht etwas von seinem ehemaligen Ruhm wieder erblühen.

Allein was soll man erst sagen, wenn man nicht bloß im Innern der Insel rings um Theologos, nein selbst auf schönen Strandebenen, die von Fruchtbarkeit strotzen, nur lässigen Anbau sieht? Da begreift sich, daß der Thasier Ackerland kaum so viel Korn trägt, als sie im halben Jahr brauchen. Ja die quellen- und kräuterreiche Insel läßt sich sogar all ihr Zugvieh vom festen Lande zuführen. Auf ihren grünen Triften springt kein Füllen und kein Kalb. Es ist einmal so hergebracht, und die Thasier kommen aus alter Gewohnheit nimmer heraus.

In Theologos erzählt man auch, wie das ganze Thal hinauf bis zu dem Kamm, wo sich der Weg nach Potamia wendet, einst hochstämmige Fichten grünten. Seitdem sie ein unglückseliger Waldbrand weggezehrt, seitdem, heißt es, wehe in der Ortschaft nicht mehr die heilsame Luft, und nehme das Bach- und Quellwasser zusehends ab. Ich fragte: „Warum pflanzt Ihr denn den Wald nicht wieder an?" Da seufzten die Männer und sagten: „Das ist ein großes Unternehmen: wer hat Zeit und Geld dazu?"

Hier kann nur ein nachdrückliches und fortgesetztes Eingreifen der Regierung helfen. Die Thasier nehmen gern guten Rath an, bedürfen aber, daß man sie weckt und anweist; denn das Maß ihres Geistes wie ihres Muthes ist gar kurz gespannt.

Das Erste müßte sein, eine Bank zu gründen; denn jetzt fehlt überall das baare Geld, nur auf Monate leiht man es aus, und gegen Zinsen von 25, ja 50 Prozent ist's öfter nicht zu haben.

Dann müßte man durch Gewährung von Vortheilen erst Einige bewegen, sich wieder in den Strandebenen anzusiedeln, und allmählich die meisten Ortschaften dort wieder hinausziehen, damit an ihre Flur wieder das belebende Meer stoße, und sie inmitten ihrer Aecker und Gärten wohnen. Jetzt verliert jeder Haushalt unsägliche Mühe und Zeit, weil der beste Fruchtacker am Meere, die Ortschaft aber mehr als stundenweit im Innern liegt.

Sodann wäre der Lauf der Flüsse und Bäche zu regeln, damit die Bewässerung allwärts hinkomme und in der dürren Zeit nirgends fehle.

Eine und die andere Musterwirthschaft aber müßte den Thasiern auch vortreffliche Viehzucht vor Augen stellen.

Doch wohin bin ich gerathen? Der Anblick des prangenden Waldgebirgs, der grüngoldenen Fruchtebenen entführte mir den Geist in die gesegneten Länder der Arbeit und ihr Sorgen und Schaffen.

Unsere Alamana segelt ja im griechischen Meer, und in dieser Weltgegend macht vielen Leuten schon das Plänemachen Kopfweh, wie viel mehr das Ausführen! Was aber Thasos helfen kann, liegt ebenso deutlich auf seinem Boden vorgezeichnet, wie seine köstlichen und unerschöpflichen Naturschätze. Es wäre doch ein herrlicher Gedanke, Thasos zu einem Kulturjuwel zu machen, das Aller Blicke auf sich zöge und segensreich weckend und anregend über die Wogen hinglänzen würde nach all den Inseln und Gestaden des alten Griechenmeers.

IX.

Nach Samothrake.

Eine schönere Seefahrt, als nach Samothrake,
habe ich kaum auf irgend einem Meere gemacht.
Das ist so trefflich im griechischen Archipel, daß zu
bestimmten Zeiten man auf bestimmte Luftströmungen
rechnen darf, gerade wie auf der Jagd im Hochgebirg. Ungemein wurde dadurch der Verkehr der
alten Griechen gefördert: ihre Küsten und Inseln
empfingen ja nach Jahreszeit und Tagesstunde so
regelmäßig Wind und Segel, als unsere Städte ihre
Posten.

Als wir das gesegnete Thasos verließen, erfreuten
wir uns eines steifen Nordwesters. Alle fünf Segel
lagen voll Wind, wir flogen nur so dahin. Wie
eine sausende Pflugschar schnitt der Kiel durch die

Wogen, und rauschend hochaufschäumend schlug die
See an beiden Borden empor. Mehmed, des Steuer-
manns Augen blitzten vor Wonne, und der alte
Mustapha klopfte an die Schiffsplanken, wie man
einem Roß auf den Rücken klopft, und sagte „gute
Alamana, gute Alamana!"

Zur Seite hob der Athos hoch in den blauen
Aether seine dunkeln Hörner, seine Mitte aber um-
zog ein hellweißer Wolkengürtel. Vor uns in der
Ferne schwebten über der blauen Fluth wie leise
Dunstgebilde Imbros, Tenedos, Lemnos. Samothrake
aber, dem wir uns eilends näherten, erschien wider
alles Erwarten nicht voll bewaldet, sondern fast wie
ein bleicher gewaltiger Steinsarg, der hoch über den
Wogen schwimmt und oben mit Krone und Zierrath
besetzt ist.

Unsre Blicke wanderten beständig zwischen dieser
seltsamen Insel vor uns und dem blau aufragenden
Prachtbau des Athos hinter uns. Beide fallen auf
durch etwas Ungewöhnliches, ja Fabelhaftes, wie
ihre furchtbare Masse da so trotzig über den schimmernden Fluthen empor starrt. Jetzt liegt der Athos
den Völkerschaften in der Runde stets im Sinn und
Gedanken. Nach diesem Heiligthum, das mit Wald-
klöstern und Einsiedeleien besäet ist, wenden sich die
Blicke aus der ganzen griechischen Christenheit. In

der alten Welt war Samothrake dieser Augenpunkt.
Damals wohnten auf Samothrake die ehrwürdigen
und gefürchteten Priester, die Bewahrer von Segen-
sprüchen, Bannformeln und allerlei mystischen Geschichten.

Noch weit ungeheuerlicher, als das Athos-Vor-
gebirg, erschien den Seefahrern diese Insel. In
Griechenland und Kleinasien sieht man fast überall
nur Gebirge, die in wagerechten oder rundlichen
Massen sich aufthürmen. Samothrake aber streckt
sich mit seinen finsteren Zinnen himmelan, gerade
als wäre ein nordisches spitzzackiges Alpengebirg von
blauer See umflossen.

Wir hatten am Abend die ganze Meeresbreite,
die zwischen Thasos und Samothrake liegt, schon
durchflogen, und hielten jetzt auf ein grünes Vorgebirge zu, auf dessen Rücken weit sichtbar sich hell-
graues Gethürm erhob. Dort hatte einst die heilige
Tempelstadt gelegen, und war jetzt gerade eine öster-
reichische Expedition mit Ausgrabungen beschäftigt.
Wenn man in Wien ein solches Unternehmen aus-
rüstet, geschieht es auf eine kaiserliche Art. Führer
war Professor Conze, der über diese thrazischen Inseln schon früher höchst sorgfältige Aufzeichnungen
gemacht; mit ihm kamen ein Architekt, ein Ingenieur und noch ein Gelehrter: zu ihren Diensten

hatten sie den Dampfer Zriny, den wir bei den Dardanellen gesehen hatten. Ich überbrachte einen Brief vom österreichischen Gesandten in Konstantinopel, der mir auch genau den Punkt beschrieben hatte, wo an einem Bache bei der Paläopolis die Zelte standen. Ich hätte sie vom Meere aus deutlich sehen müssen: wir fuhren langsam am Gestade hin, aber vergebens suchte ich im Zwielicht mit dem Fernglas auf und ab, die Zelte wollten nirgends im Gebüsche sich zeigen. Es war Schade: auf einen deutschen Abend hatte ich mich nicht wenig gefreut.

Mustapha behauptete, die Paläopolis müsse weiter westlich liegen, nahe am Ende der Insel; dort wo man allein landen könne, stehe auch ein Haus und eine Kirche, so habe er öfter gehört. Ich hielt Umfrage: keiner von unsern Türken war jemals auf Semendrek, wie sie Samothrake nennen, gewesen, obwohl sie es ihr Leben lang vor Augen gehabt. „Wer geht denn nach Semendrek?" fragten sie unwillig. Dort wohne nur wildes Hirtenvolk, arm wie Kirchenmäuse, und habe nichts als süßen Ziegenkäse. Dieser Käse sei aber butterweich und reiner Honig, sagte Mustapha und strich sich den Bart, er habe ihn schon gegessen. Wir fuhren nun im Mondlicht lange Zeit am Ufer hin, es blieb wild und leblos. Allmählich schlief jedes Lüftchen ein, wir hatten Windstille und mußten auf halbem Wege beilegen.

Unvergeßlich bleibt mir diese Nacht vor Samo-thrake. Der Mond hing wie eine glänzende Silber-fackel in den reinen Lüften, und sein bleiches Licht floß nieder an des Berges Gesteinseiten auf die stillen dunkeln Wälder und Hügel und Schwellungen unten im Vordergrunde. Die Sterne aber hingen in dia-mantenem Licht über den scharfen Rissen da oben, und an den Schultern des Gebirgs, und ringsum bis in die Tiefe in das dunkle Meer hinein. Ueber-all wohin man sah, war ein ernstes heiliges Fun-keln, alles wandellose hehre Stille. Nur zu Zeiten kam ein Windstoß vom Gebirge, dann rauschte es in den Wäldern, ein dumpfer Hall in den Klüf-ten, anrollendes Wellenklatschen — und alles war wieder gebannt wie von Todesstille. Die Insel schien ganz unbewohnt, von Licht und Leben nicht das Ge-ringste wahrzunehmen. Geisterbleich starrte das Ge-birge mit der ehernen Zackenkrone in den nächtlichen Himmel empor. Wie? War Samothrake von den alten guten Göttern verlassen, nun eine Insel der Geister und Dämonen?

Hier stand ich auf einem Punkte der Erde, wo die Menschen in den ältesten Zeiten viele hundert Jahre hindurch voll Ehrfurcht landeten, um die hei-

ligste Offenbarung göttlicher Wesen zu vernehmen.
Wen in allen Ländern des Mittelmeers faßte nicht
ehemals ein heiliger Schauer an, wenn er von den
samothrakischen Geheimnissen hörte? Gerade die
Edelsten und Gebildetsten in den antiken Zeiten
waren es, die nach diesem Mekka hinstrebten. Ihre
Pilgerflotten brachten kostbare Weihgeschenke den Altären dunkler unbekannter Götter, und wenn sie,
eingeweiht in die Geheimnisse, von diesem Strand
wieder abstießen, um die ferne Heimath hinter den
Meeren aufzusuchen, brachten sie dann wirklich irgend
eine lichte Wahrheit, ja brachten sie nur eine wirklich dauernde Erhebung der Seele mit sich?

Es überkam mich ein tiefes zuckendes Weh, ein
Erbarmen mit all den Kläglichkeiten unserer Menschennatur. Wir Unseligen! In unserm ganzen
Wesen liegt die Sehnsucht, liegt ein unruhiges
Drängen, offenbar ein Vermögen, Uebersinnliches zu
vernehmen, zu glauben, zu schauen. Etwas Ewiges,
etwas Geheimnißvolles, das kommt und geht, wogt
ruhelos durch unsere Seele und zieht uns zu sich
hinan. Und o wie winzig, wie kläglich ist meist
das ganze Ergebniß! Die Einen erheben die heiligen
Genies, in deren Anschauung und Sprüchen sich
dieses Ewige, dieses Göttliche unserer Natur am
reinsten und gewaltigsten offenbarte, zu Gottwesen,

und gleich verdammen und zerschmettern sie alles,
was ihren Glauben nicht theilt. Die Anderen erblicken im Weltenraum nur todte Gesetze ohne Geist
und Seele, und sagen: diese Weltgesetze sind ewig
dieselben, sie sind starr und ehern, sie können kein
Wunder und keine Offenbarung geben. Die armen
Thoren, als wäre die menschliche Vernunft durch
ein ewig dauerndes Weltgesetz nur gerade so eingerichtet, daß sie ein Jahrtausend um das andere sich
immer eitle Vorspiegelungen machen müßte von Gott
und dem Uebersinnlichen! Und wir, die wir ehrlich
denken und forschen wollen, und frommen Herzens,
aber klaren Blicks den Weg der Wissenschaft wandeln, durch welche dunkle, qualvolle, endlose Schluchten, über welche weit ausgedehnte, trostlose, dürre
Steppen führt dieser Weg! Der Zweifel sitzt wie
ein Wolf am Wege, und über jeden himmlischen
Lichtblick wälzt sich gleich wieder dumpfe Gleich-
gültigkeit, Geschäftsöde, bange Seelentrauer. Und
doch, es gibt auf Erden kein anderes Glück, keine
andere Hoffnung, als dieses ewig zerstückte Ahnen,
dieses allzeit lastende, nie weichende Dämmerung im
Vernehmen von Gott und Unsterblichkeit. Selig, wer
eine Beda-Hymne in frommer Andacht zum Unendlichen singt, selig, wer das Haupt empor gerichtet
zum majestätischen Zeus in die glänzenden blauen

Lüfte schauet, am seligsten, dem Christi Heilslehre,
die allerlösende Lehre der Gotteskindschaft, tief im
entzückten Innern anklingt und leise widerhallt wie
ferner Glockenton. —

Mustapha kam, uns vom Verdeck zu scheuchen,
der Nachtthau könne gar schädlich werden. Wir
suchten unsere Lagerstätte, und meine Gefährtin
fragte, ob unser Jüngster daheim im fernen Deutschland jetzt wohl händefaltend sein Nachtlied singe,
das schöne Kinderlied:

> Müde bin ich, geh zur Ruh,
> Schließe beide Aeuglein zu.
> Vater, laß die Augen dein
> Ueber meinem Bette sein.

In erster Frühe setzten wir unseren Weg längs
der Küste fort und entdeckten nach einer Weile ein
Haus mit einer großen Umzäunung. Davor lagen
auf den Strand gezogen sieben ganz kleine Segelschiffe, bei denen sich Leute bewegten. Als wir aber
ans Ufer stießen, ergab sich, dies sei die Kamariotissa,
der Hauptlandeplatz der Insel. Die Paläopolis lag
richtig da oben bei den mittelalterlichen Burgthürmen,
die wir gestern Abend gesehen. Meine erste Frage
war nach den Oesterreichern. „Vor zwei Tagen auf
dem Zriny abgereist," war die Antwort. Das kam
mir doch etwas seltsam vor: keine Nachricht, die

von Samothrake nach Konstantinopel gekommen, ließ
ein so rasches Abbrechen der Arbeiten vermuthen.

Unser Schiff war das einzige auf dem Waſſer.
Ich erkundigte mich daher nach dem Grunde: warum
man sich die große Mühe mache, die andern alle
aufs Trockene zu ziehen, da doch Jahreszeit und
Wetter so gut seien? Da streckte ein Schiffer die
Hand aus gegen die Hochschluchten im Gebirge.
Unſer Mehmed erklärte mir: der Mann fürchte die
Stürme, die plötzlich von dort herniederbrächen. In
der That soll, dies wurde mir später bestätigt, sich
öfter und ganz unversehens eine Windsbraut aus
dem Gebirge hervorstürzen, die gleich wie mit schweren
eisernen Tatzen die Schifflein auf die Seite wirft,
daß sie versinken.

An dem Häuschen am Strande war ein ärmliches uraltes Kirchlein angebaut, in dessen Halb-
dunkel bei vielem Lichterglanz und bunten Lämpchen
ein alter Pope Hochamt hielt. Vor der Kirchthür
loderte ein Feuer, in den Töpfen schmorten für den
geistlichen Herrn Hammelsrippen und Trockenfiſch.
Für uns gab es nichts, als Brod und Wasser, vergebens hatten wir uns auf einen guten Kaffee gefreut, und mochten nun nicht gern, um ihn selbst
zu kochen, zu unſerem Schiff wieder hinaus fahren.
Hinter dem Hause glaubte ich ein Lager gefüllter

Weinschläuche zu entdecken, es war aber nur Olivenöl darin, Wein wird auf Samothrake nicht gebaut.

Die Familie, welcher das Anwesen gehörte — Mann, Frau mit Säugling, und noch ein paar Kinder — ging festtäglich gekleidet ab und zu, bald waren sie bei dem Feuer, bald in der Kirche, und der Mann machte gelegentlich den Messediener und sang die Responsorien. Das griechische Schiffs- oder Fischervolk aber lungerte draußen am Strand umher, kaum daß der ein und andere eine Minute lang in die Kirche kam, und dann führten sie drinnen ihre Gespräche fort. Auch gebildete Griechen, das habe ich öfter bemerkt, benehmen sich mitein- ander in ihren Kirchen ohne alle Scheu und An- dacht, etwa wie wir in einem Konzert. Offenbar haftet bei ihnen noch ein Nachklang vom antiken Tempeldienst. Wenn der Geistliche am Altar das Opfer verrichtet und dazu seinen Singsang macht, so ist damit genug geschehen, — warum sollen sich die Andern dabei bemühen? Gott und die Heiligen bekommen das ihrige, das ist die Hauptsache, — so denken sie.

Während unsere Matrosen ausgingen, um irgend- wo in den Feldern Pferde und Maulthiere aufzu- treiben, strich ich in dem Ackergefilde umher und suchte eine Anhöhe zum Weitblick. Es war die

erste köstliche Morgenfrühe, in den Lüften Lerchen-
gesang, heilige Stille ringsum, in der Ferne Heerdengeläute. Unter dem blauen Luftmeer glänzte die
See wie ein goldener Spiegel, und in breiten Hügelwellen, sanft sich abrundend, lief das Land gleichsam dürstend und sehnsüchtig in die Fluthen hinein.
Insbesondere fesselte mich eine sandige Halbinsel, die
weit unten ins Meer hineinschnitt wie ein scharfes
spitzes Dreieck, dem noch eine Landzunge angesetzt
war. Der Doppelglanz von zwei kleinen Seen stand
darauf, beide von weißlichem Strand umzogen, der
eine fast ausgetrocknet. Bloß dieses westlichste gelb-
sandige Inselende, das Akrotiri genannt, ausgenommen, war ringsum alles ein einziges Grünen
und Blühen, ganz wie ein längst verwildertes Saat-
und Ackerland.

Drehte man sich aber vom Meere ab nach dem
Gebirge zu, so schrumpfte plötzlich all das Frucht-
gefilde ein zu einem Saum am Meere. Das Land
schien sich scheu zu verkriechen, und nur leise vom
ebenen Strandsaum an hügelwellig und bergig sich
der gewaltigen finsteren Felsmajestät anzuschmie-
gen. Noch nicht 6000 Fuß hoch macht die Berg-
pyramide den Eindruck von 12,000, weil sie auf
der alleebenen Seefläche so hoch und düster auf-
steht.

Die Berggeſtalt der Inſel iſt völlig ſo, wie die
Bergſtöcke in unſeren bayeriſchen und Salzburger
Alpen. Strabo nennt dieſe Geſtalt „hoch gehoben
und gleich einem Weiberbuſen." Es hat ſich gleichſam ein ungeheures Fels-Ei gegen den Himmel em-
porgerichtet und iſt nach der einen Seite von der
Spitze hernieder eingebrochen. Die Ecken und Zacken
des Bruches ſtarren in die Höhe. Während auf
der anderen Seite die alte Rundung ſich glatt nie-
derſenkt, entſtanden auf der Einbruchsſeite dunkles
Felsgeklüft und gähnende Schluchten, in welchen der
Wald und dann noch höher die Grashalde zu dem
Steingeröll heraufkriecht. Der Dachſtein am Goſau-
und der Watzmann am Königsſee bieten einen ähnlichen Anblick. Jedoch umſtehen die ſamothrakiſche
Kammhöhe vier Hauptſpitzen. Die eine heißt Phen-
gari, die anderen tragen drei Heiligennamen: Sophie,
Elias, Georg. Die ſcharfen Ränder der Pyramide
ſind links und rechts mit einer Reihe einzelner
Bäume beſetzt: mit dem Fernglas verfolgt man ſie
bis hoch oben und ſchaut zwiſchen ihren luftigen
Stämmen durch. In ſo fern wäre noch immer „der
höchſte Gipfel Samothrake's hoch umwaldet," wie
einſt bei Homer, als ſich der Erderſchütterer Poſeidon
darauf ſetzte, und in der Ferne mit ſeinem Götter-
blick ärgerlich erſchauete, wie in Troja's Gefilden

sich die Schlacht zum Nachtheil seiner Achäer
wendete.

Eines einzigen Pferdes war man habhaft geworden, und rasch wurde es, — gesattelt kann man
nicht sagen, auf all den Inseln habe ich keinen
Sattel gesehen, — es wurde vielmehr für meine
Frau nothdürftig angeschirrt. Ein hölzern Gestell
zum Lasttragen findet sich überall, dies wird aufge-
legt und so viele Decken und Tücher hinten und
vorn, bis man halbwegs bequem sitzt. Ein Steig-
bügel ist gleich fertig, nämlich eine Strickschleife
leicht angehängt. Man ist schon herzlich froh, wenn
sich nur ein fester Zügel findet, einerlei ob er aus
Lederriemen oder aus zusammengedrehtem Hanf besteht. Nur die germanischen Völker und die Reit-
mogolen nebst ihren europäischen Verwandten, den
Türken und Magyaren, halten auf ordentliche An-
schirrung der Pferde: in allen andern Ländern ist's
ein ewiges Behelfen.

Unser Zug, — außer Mustapha nahm ich noch
zwei Matrosen mit, — ging kärglich bebüschte Anhöhen hinauf, und dahinter, steil vor uns, hingen
drohend und finster herein die kahlen Steinwände
und Geklüfte. Thasos erschien auf der See in der
Klarheit des Morgens deutlich als ein langer Rücken
mit zwei Spitzen, von welchen nach beiden Seiten

Bergrippen ausgehen und Thäler einfassen, die sich nach dem Meere zu ausbreiten. Als ich dort hinblickend weiter schritt, wäre ich im Gestrüpp beinahe auf eine armdicke Schlange getreten. Etwas weiter belustigten sich unsere Türken, eine unbeholfene große Schildkröte umzuwenden. Ich warnte sie vor dem scharfen Gebiß des Thieres, denn es schnappt Finger und Knochen weg. Auf halbem Weg kamen uns noch zwei Pferde entgegen: es hatte sich in der Ortschaft verbreitet, daß nicht nur ein Mylordos, — so heißt jeder Franke, der nicht Handelsmann, — sondern auch eine wirkliche Mylorda mit Hut und Schleier gelandet sei. Schon kamen Frauen hie und da aus den Feldern, und standen am Wege um eine europäische Dame zu sehen. Denn dergleichen Anblick hatte keine Sterbliche auf der Insel genossen, und wahrscheinlich ihre Mütter und Großmütter auch nicht.

X.

Burg und Ortschaft der Gateluzzen.

Es ist ganz unglaublich, wie sehr Samothrake von aller Welt abgeschlossen ist. Läge die Insel einsam im weiten Stillen Ozean, so könnte sie nicht verlassener sein. Die „hafenloseste" nannte sie schon Plinius: vielleicht ist sie es gegenwärtig am meisten von allen Inseln auf dem Erdenrund. Dazu von Stürmen umbraust. Diese dunkeln Stürme kommen plötzlich aus dem Innern und kommen plötzlich von der thrazischen Küste. Samothrake liegt gerade in der Richtung der heftigen Luftströme, die aus dem Schwarzen und dem Marmorameer über die Landenge bei Gallipoli einher fahren, und sich brechen an der Insel hohen Zinnen und Ecken. Denn das ungeheure Breitgestein von Samothrake ist recht wie ein Sturmbrecher ins Meer gestellt.

Die eine Hälfte des Jahres ist das Gestade ganz unzugänglich, jedes kleine Schiff hoch auf den Strand gezogen: die Wellen geißeln ihn, daß der Schaum weit ins Land weht. Und die andere Hälfte des Jahres — wer soll da landen? Höchstens die Schwammfischer, diese verrufenen Nomaden des griechischen Meeres. Außer ihnen legt vielleicht einmal ein Schiffer an, welcher Holz und Kohlen braucht, oder ein wenig Obst oder Jungvieh oder einen Topf Honig mitnehmen will; außerdem haben die Samothrakier ja nichts zu bieten. Sie selbst aber sind selige Leute; denn sie sind bedürfnißlos, sie brauchen nichts von draußen, gar nichts als höchstens ein bißchen Kaffee. Die Frauen weben das Gewand, und die Männer züchten Korn und Vieh. Freilich, wenn Mißwachs eintritt, sind sie alle übel daran, und die ärmeren müssen sich schon so jeden Winter erbärmlich durchschlagen.

Nur eine einzige Ortschaft hegt die Insel: diese hat auch keinen anderen Namen als die Chora d. h. die Ortschaft, und liegt anderthalb Stunden vom Meer entfernt. Darin wohnen etwa 2000 Menschen. In der schönen Jahreszeit ziehen und wandern die Männer mit ihren Ziegen und Schafen und ein paar Pferden oder Maulthieren auf der ganzen Insel umher, und wo sie nächtigen wollen, flechten

sie sich eine Zweighütte. Jene Ortschaft selbst liegt
in einer tiefen kahlen Schlucht. Auf dem Grunde
fließt ein Bach. An den beiden Schluchtwänden
bauen sich die erdgrauen Häuschen mit platten Erd-
dächern auf, gerade wie Mauerreihen übereinander,
in denen sich dunkle Thür- und Fensterlöcher befinden. Auf dem höchsten Punkt trauert eine zerrissene
altersgraue Ritterburg. Gleich dahinter klüftet und
gipfelt sich breitaufsteigend das bleichgraue Steinge-
birg. Man kann sich keinen traurigern Anblick
vorstellen.

Schon als wir die halsbrecherischen Steigen in
der Ortschaft heraufritten, kamen die Leute an die
Thüren und auf die Dächer, um die Fremdlinge zu
sehen, und kaum waren wir oben im Orte vor dem
Kramladen abgestiegen, so waren auch schon der Aga,
der Pope, der Ortsvorsteher, und eine Menge Männer da, uns zu begrüßen, zitternd vor Neugier.
Frauen und Kinder hielten sich noch scheu an den
Häuserecken. Mustapha fühlte sich in seiner Glorie.
Er wurde mit Fragen bestürmt, schüttelte aber öfter
mit dem Kopf und sagte mir: er könne die Leute
nicht recht verstehen. Aber siehe, da war neben
dem Krämer noch ein Zweiter, der die Lingua franca
kannte, und nun wollten sie vom Bismarkios und
vom großen Kaiser Guilielmos hören. Während

9 *

ich sitzend auf des Krämers Bettstatt ihnen Bescheid
gab, hielt der alte Pope sein Kinn mit langem Bart
auf den Stab gestützt, mir kaum eine Handbreit
vom Gesicht, und links und rechts und über ihn
hatte ich glühende Gesichter vor mir. Und wenn
ich von einer Schlacht erzählt hatte, wie viel da
gekämpft und todt geblieben, dann ward es laut
verdolmetscht, und wurden die Augen noch blitzender
und die Mienen noch brennender. Aber beständig
geriethen sie alle mit einander in rasende Wortge-
fechte, jeder wollte es am besten wissen. Seit Mos-
kau's Brand hat keine Kunde den Orient so erschüttert, wie der Sturz der Franzosen. Ich glaube,
wenn die deutsche Völkerwanderung daher zöge und
wollte alle diese Küsten und Inseln unter ihre Obhut und Neubesiedelung nehmen, meinen Zuhörern
in Samothrake würde es als das Natürlichste von
der Welt erscheinen.

Bestürmt mit Einladungen nahmen wir endlich
eine an, zu der, wie es schien, vornehmsten Frau
im Dorfe, um ihre Einrichtung zu sehen. Auch
sie bewohnte ein Häuschen mit einem Erdgeschoß
unten, das zu Scheune und Keller diente, und oben
waren zwei Stübchen und ein Raum für den Feuer-
herd, zu welchem von außen eine hölzerne Treppe
hinaufführte. In dem besten Stübchen war der

Fußboden mit einer Matte bedeckt, und lief an zwei Wandseiten ein Divan von rothem Zeug, behangen mit weißem Ueberzug, und in der Höhe darüber ein Bord, auf welchem allerlei Geschirr glänzte. Auf der einen Wandseite war die kleine Nische mit dem Heiligenbild und dem Lämpchen davor, auf der andern ein alter hübscher Wandschrank, in welchem sich ein Krug vortrefflichen Weins mit kleinen Bechern befand. Es war eine Wittwe mit zwei Töchtern: die eine kochte, die andere, welche sehr schön war, nähte Weißzeug. Nachdem die Frau uns bewirthet und meine Gefährtin auf Divan und Kissen wohlgebettet hatte, kauerte sie sich auf den Fußboden vor sie hin und starrte sie an. Als sie bemerkte, daß meiner Frau die Sonnenhitze zugesetzt hatte, holte sie frische Blätter und feuchte Tücher, ihr den Kopf zu kühlen. Alles geschah mit einer natürlichen Anmuth, und die ganze Einrichtung des Häuschens erschien sauber und behaglich.

Ich stieg derweilen zur Burgruine hinauf, die sich mit ihren Thürmen und Mauern noch immer mächtig darstellt. Mit Interesse sah ich zwei eingemauerte Wappen- und Inschriftsteine. Die eine Inschrift war lateinisch, und besagte: »MCCCCXXXIIII . . . Palamides Paleologus Gatilusius dominus Eneureti edificari fecit hanc turrim die XXVI

Marcii.« Die Langbalken dieser Inschriften ver-
knüpfen fränkisches und byzantinisches Wappenwerk.
Von Helm und Helmzierde kommt nichts vor, dagegen um so mehr Inschrift. Der Stein mit der
lateinischen hat drei Felder; einen Adler, ein Her-
melinwappen mit dem Paläologenkreuz darüber, und
ein Monogramm, welches wiederum Paläologus bedeutet: ringsum läuft die lateinische, und zwischen
den Feldern zeigt sich griechische Inschrift. Der andere
Steinbalken zeigt sogar sechs viereckige Felder nach
der Reihe: erst eines mit griechischer Inschrift, dann
einen einfachen Adler, dann das Hauswappen mit
dem Paläologenkreuz, dann den Doppeladler des
byzantinischen Kaisers, darauf das Monogramm,
endlich wieder griechische Inschrift. Der Gateluzzen
Hauswappen aber war dasselbe, das im Mittelalter
so häufig vorkommt und von den Heraldikern mit
„wolkig" oder „gewässert" oder „eisenhütig" oder dergleichen bezeichnet wurde, bis Fürst Hohenlohe-Kupfer-
zell es als Pelzwappen (Feh oder Hermelin) auf-
deckte, wofür sich noch unwiderlegliche Beweise bringen
ließen. Dieses alte Geschlechtswappen behielten die
Gateluzzen zwar bei, aber sie besteckten und umgaben
es mit dem Prunk kaiserlicher und byzantinischer
Zeichen. Offenbar bildeten sie sich nicht wenig darauf
ein, daß sie zur Paläologen-Familie gehörten.

Die Geschichte dieser Genuesen ist ein Spiegel-
bild der letzten mittelalterlichen Vorgänge im nord-
östlichen Theile des Mittelmeers. Der Ahnherr,
Franz Gateluzzi, hatte sich als Seeoffizier in Kon-
stantinopel ausgezeichnet, das Meer von spanischen
Seeräubern gereinigt, und dem Kaiser Johann geholfen, daß er zum Throne kam. Zum Danke, und
um sich der Dienste des Admirals zu versichern, gab
ihm der Paläolog 1355 die Hand seiner Schwester
Marie, und als Aussteuer der Prinzessin die herrliche
Insel Lesbos. In Mitylene richteten sich nun die
Gateluzzen einen schönen Fürstensitz ein, und das
Glück wollte ihnen wohl, so daß sie auch die vier
Inseln, welche sie auf der nördlichen Küste von Lesbos
stets vor Augen hatten, — Lemnos, Imbros, Samothrake, Thasos, — nebst der Stadt Ainos gewannen.
Das Jahr 1434, in welchem sie auf den beiden
äußersten Inseln, in der Chora auf Samothrake
und im Kastro auf Thasos, den Burgbau beendigten,
scheint ihnen besonders hold gewesen zu sein.

Sie hatten viele Schätze zusammengebracht; denn
als Genuesen schlossen sie schwerlich ihre Truhen vor
dem Goldsegen des Handels zu. Welcher Italiener,
und wäre er der Höchste und Heiligste, oder hätte
Methusalems Alter erreicht, machte nicht noch gern
sein Handelsgeschäftchen? Kurz, die Gateluzzen konnten

in Herrlichkeit und in Freuden leben, hätte nur Eines nicht beständig bittere Galle hineingeträpfelt. Das war die Besetzung Rumeliens wie Kleinasiens durch türkische, zur Abwechslung auch durch mogolische Horden. Der Fürst von Lesbos mußte ein über das anderemal vor den Sultanen erscheinen, Körbe voll Gold bringen, und sich demüthigen bis zur Erde.

Die letzte Freude des lesbischen Fürstenhauses war die Hochzeit des edlen Kaisers Konstantin, der mit purpurnen Segeln nach Mitylene kam, seine Braut, Katharina Gateluzzi, abzuholen. Als er und Konstantinopel gefallen, mußten die Gateluzzen dem Sultan erst Thasos abtreten, dann Lemnos, dann höheren Tribut bezahlen. Den samothrakischen Felsenberg hätte man ihnen wohl gelassen, nach dem großen herrlichen Lesbos und seinen schönen Menschen gierte jeder Pascha. Die Gateluzzi sahen ihr Ende vor sich, und in der Verzweiflung neigten sie sich zu demselben Verbrechen, durch dessen Verfolgung ihr Ahnherr groß geworden.

Dem griechischen Meer, auf dem tausend Häfen, Inseln und Vorgebirge Verstecke bieten, hunderttausend Hände an den Küsten sich nach Raub ausstrecken, war es von jeher eigenthümlich, daß Krieg und Handel Hand in Hand gingen mit Seeraub. Nun

schickte im Jahre 1457 der Papst eilf Galeeren,
den Türken Abbruch zu thun, und den Lesbiern wo
es nöthig zu helfen. Die Besatzung eroberte die
drei Inseln Lemnos, Samothrake und Thasos, ließ
wieder die Flagge der Gateluzzen wehen, und errich-
tete hier einen flotten Seeräuberstaat. Die Fürsten
von Lesbos zogen reichen Gewinn davon; denn das
Geschäft wurde blühend und kam immer mehr in
Aufschwung. Die raschen Galeeren landeten hier
und dort, wo man sich dessen am wenigsten versah,
überfielen die Ortschaften, schlugen die Männer
nieder, plünderten mit raschem Geschick und schleppten
eilig den Raub auf die Schiffe. Am meisten war
es auf Mädchen und junge Frauen, auf Knaben
und Jünglinge abgesehen. Dafür war in allen
Häfen gutes Geld zu lösen; denn bei den Janitscharen und in den Harems der türkischen Großen
fand ein großer Menschenverbrauch statt.

Der gereizte Sultan schickte gegen Mitylene eine
Flotte, die ein Heer landete. Ein lesbisches Mädchen
aber, gottbegeistert und redegewaltig, feuerte ihre
Landsleute an, und das Türkenheer wurde in Stücke
zerschlagen und völlig vernichtet. Groß war der Jubel
in der ganzen Christenheit; man sprach schon von
Rache an den Türken, man träumte schon von Wieder-
eroberung Konstantinopels.

Der Sultan wartete fünf Jahre. Dann legte
sich plötzlich eine gewaltige türkische Flotte vor den
Hafen von Mitylene, von Asien her marschirten die
Janitscharen heran, zahllos waren ihre Geschütze.
Die Beschießung begann. Sie dauerte vier Wochen
Tag für Tag. Ein Theil der Stadt wurde in Asche
gelegt. Hochauf flogen die Steine und Trümmer
unter den krachenden Bomben. Die Besatzung aber
war stark und tapfer: 5000 Soldaten und 20,000
Einwohner schlugen jeden Sturm zurück. Der Türke
verzweifelte. Da spielte ihm Verrath in die Hände,
was seine Waffen nicht erwarben. Fürst Nikolaus
Gateluzzi hatte früher, um sich der Alleinherrschaft
zu bemächtigen, seinen Bruder erdrosseln lassen. Er
selbst befehligte auf der Burg, sein Neffe Luzio in
der Stadt. Die Türken versprachen dem Neffen, er
solle Fürst werden, sie würden ihn schützen, nur ge-
ringen Tribut solle er zahlen. Lange hatte Luzio
die Rache gegen den Oheim im tiefsten Busen verschlossen, jetzt öffnete er den Türken die Stadtthore.
Nikolaus, in äußerster Bedrängniß, nahm des Sie-
gers Bedingungen an. Man ließ ihn auf Lesbos
fürstlich wohnen, er mußte aber Ortschaft für Ortschaft persönlich übergeben. Dieses Unglücksjahr von
Lesbos war 1462. Die beiden Gateluzzi waren frei,
wurden aber scharf bewacht. Luzio ward angeschul-

digt, ein türkisches Kind zum Christenthum bekehrt
zu haben: auf dergleichen Bekehrungseifer setzt der
Islam den Tod. In der Angst ließ er sich lieber
gleich selbst beschneiden. Auch Nikolaus nahm den
Islam an. Der Sultan aber fand gar bald einen
andern Vorwand, und nahm beiden die Köpfe.

Was nun unter der Türkenherrschaft aus Samothrake wurde, ist leicht erzählt. Es verwilderte,
ward entvölkert, sank in Oede und Vergessenheit.
Einige wohlhabende Städtchen blieben übrig, sie
schleifte der letzte griechische Freiheitskrieg vom Erdboden weg. Denn auch die Samothraker waren zu-
sammengelaufen und hatten auf ein besseres Loos
gehofft; schon die Hoffnung vergalten die Türken
mit unmenschlichen Gräueln. Nur die eine armselige
Ortschaft blieb übrig.

Die Insel ist Wakuf, d. h. Moscheengut; ihre
Einkünfte dienen mit zum Unterhalt der großen
Mehmedje oder Mahmud-Moschee in Konstantinopel.
Bekanntlich ist aber, was in der Türkei Wakuf ist
und frommen Anstalten angehört, noch viel mehr,
als anderes öffentliches Eigenthum, der Willkür und
Aussaugung der Beamten überlassen.

Auch in Samothrake gibt es bereits Alterthümler.
Einer hatte mich erspäht und kam herauf, alte
Kupfermünzen anzubieten. Sein Gespräch oder viel-

mehr, da ich es nicht verstand, seine Gebärdensprache
zog aus den historisch-politischen Betrachtungen den
Blick wieder herab auf die Ortschaft zu meinen
Füßen, die so grau und ärmlich an den kahlen Berg-
wänden hing. Es ist ein seltsames Bild von hier
oben herab, weil man nur auf Reihen von Dach-
platten blickt. Auf jedem dieser flachen Erd- und
Lehmdächer lag eine kleine Marmorsäule, um von
Zeit zu Zeit die Erde wieder fest zu rollen. Man
kann dazu trefflich die Marmorstücke aus der antiken
Stadt benutzen, und im Orte ist ein Steinmetz, der
das schönste Stück altgriechischer Bildnerei gleich
jedermann zu einer glatten runden Säule zusammen-
haut.

Als wir wieder zum Kramladen kamen, war das
ganze Dorf versammelt. Die Frauen mit den großen
neugierigen Augen kauerten in langen Reihen auf
dem Erdboden, die Männer standen in lauten Ge-
sprächsgruppen, und zahllose Kinder sprangen umher. Weil es Sonnabend war, schlachtete man Ziegen und Schafe, die Leute standen dabei und feilsch-
ten um die besten Stücke, für wenige Piaster erhielt
man schon ein großes. Ich schickte auch einen halben
Hammel auf unser Schiff, den Pillaw aufzubessern.

Dieses Samothrakier-Volk war durchgehends ein
schöner und kräftiger Menschenschlag, wahre Götter-

buben dabei, und kleine Mädchen von einem Glanz
und Spiel und Ebenmaß der Glieder, daß man sich
nicht satt sehen konnte. Blickte man in die scharf
geschnittenen Gesichtszüge der Frauen mit ihren großen
Feueraugen und den langdunkeln Wimpern und
Brauen darüber, wie schön würden die meisten sein,
wenn nur nicht die offenbare Noth sie entstellte!
Die Männer hatten griechische Tracht, jedoch mit
einfachen Pumphosen und ohne einen Schimmer
bunter Farben. Die Frauen trugen sich, wie die
ärmeren in Norddeutschland, wo sie in schlichten
blaugrauen Stoff sich kleiden. Dieses Volk lebte
jahraus jahrein abgeschnitten von allem Verkehr nach
außen, und doch, wie benahmen sich alle so anständig, bei etwas Scheu doch so zutraulich und fein
neugierig, — keine Spur von blödem unbeholfenem
Wesen, ebensowenig als sich rohes Gelächter hören
ließ.

Das war nun Griechenvolk, dem alten im
Aeußern vielleicht noch so ähnlich wie kaum irgendwo
in einem Erdwinkel. Offenbar hatten diese Gesichtszüge etwas Slavisches: aber wo erblickte man jemals
unter Slaven diesen Feuerblick, dieses Aufgeweckte,
diese rasch lebendige Redelust? Slavische Natur ist
weich, anschmiegend, aufnehmend, beständig durchflogen von Tücken und Einfällen, kurz, weiblicher

Art: in diesen Neugriechen aber steckt eine Schärfe
und Lauge, blitzt so viel herbe Selbstsucht durch,
leuchtet so kräftiges Denken, daß man leicht die
Verschiedenheit von allem inne wird, was derart im
slavischen Wesen enthalten ist.

XI.

Die Pelasgerstadt.

Endlich standen bessere Pferde gesattelt, als
die uns bis nach der samothrakischen Ortschaft getragen. Sobald wir abritten, flog alles Frauenvolk
auf die Dächer, um die Mylorda noch einmal zu
sehen. Noch auf den letzten Häusern standen Gruppen
die sich lebhaft unterhielten. Wenn wir vorbeikamen,
rissen sie die Augen auf, und kaum drehten wir den
Rücken, so ging das Schwätzen wieder los.

Wir begaben uns zuerst zu den Ruinen der alten
Stadt, ein Weg von etwa anderthalb Stunden. Die
Gegend war ganz öde. Kleine Berge auf und ab,
halb kahl, halb mit Gebüsch von Eichen, Myrten
und Lorbeer besetzt. Weil es aber Frühling war,
so hatte sich jede Berghalde mit Blumen geschmückt,

und jeder Windhauch brachte eine neue Welle von
Wohlgerüchen. Zum erstenmal erblickten wir hier
den hellrothen Festglanz, mit welchem der Oleander
die griechische Frühlingsnatur so köstlich ziert.
Ringsum sind braungrüne Anhöhen, von oben winden sich hernieder schimmernde Feuerstreifen, die
immer kräftiger werden, bis sie im Thalgrunde zu
kleinen röthlichen Seen sich ausweiten. Das sind
die Bachrinnen, die herniederziehen und besetzt und
überdacht sind von vollblühendem hohen Oleandergebüsch.

In einer Schlucht hielt eine Gruppe Weiber ihr
Waschfest, gerade wie man es in Sizilien sieht.
Sie liefen zusammen, als sie uns erblickten, und
wußten offenbar nicht, was sie aus der fremdartigen
Erscheinung machen sollten. Zwei waren darunter,
die auf dem Haupt eine Art russischen rothen Kopfputz trugen und darüber das weiße Tuch. Dies ist
auch auf Samothrake die Nationaltracht für Fest-
tage. Wir ließen uns hier Tücher mit Wasser an-
feuchten, die wir auf den Kopf legten; denn die
Sonne brannte herunter mit höchst empfindlicher
Gluth. Das hörte aber gleich auf, als wir zu den
Ruinen kamen, wo uns wieder Meerluft faßte.

Zuerst zeigten sich die Grundmauern eines viereckigen Baues. In der Nähe hafteten im Boden

noch im Kreise die Zeltpflöcke, wo die deutschen Forscher wochenlang Herberge genommen. Auch eine Laube entdeckten wir unter dichtem Eichen- und Lorbeergebüsch, und darin war ein Naturheerd, vor welchem ein Säulenstück als Tisch gedient hatte. Das war nicht wenig anmuthend in dieser Wildniß, und ich beklagte aufs neue, daß wir nicht drei Tage früher gekommen. Jetzt war alles wieder schweigende Oede, aber voll wilder Blüthen und die Luft belebt von Bienengesumm und Vögelgezwitscher.

Wir gingen über einen Bach, der voll Säulen und alten Baugesteins lag, und kamen zu den Trümmern eines Rundbaues. Die Umfassungs-mauern waren jetzt ganz bloß gelegt und alle Zier- und Inschriftsteine sorgfältig zur Schau gestellt. Die Menge Marmorstücke, deren Weiße durch das grüne Gras und Kraut schimmerte, bezeugte, welch ein Prachttempel einst sich hier erhoben hatte. Wird aber der Kalkofen in der Nähe wieder in Thätigkeit gesetzt, so wandern zahllose Marmorstücke in seinen Rachen, und das geschieht sicherlich, sobald man irgendwo auf der Insel wieder ein besseres Haus brauchen wird. Gleich über diesem Rundbau befand sich ein anderer Tempel, dessen ganzer Unterbau, Dank der deutschen Arbeit, jetzt von Erde und Trümmern befreit war: man konnte selbst in die kleine Höhlung unter dem Altar hinein gehen. Den größten Inschriftstein, eine runde Altarsäule, wollte unser Agogiat Dimitri einige Schritte dahinter aus der Erde ausgegraben haben: sie war dem Hadrian, „dem Sohn des Gottes Trajan" gewidmet. Sicherlich war dieser große kaiserliche Reisende, der alle Länder Europas durchzogen, auch auf Samothrake gewesen und hatte hier sich durch einen Prachttempel verewigt. Es wüßte aber kein Mensch mehr ein Sterbenswort davon, hätte nicht die Nachgrabung eines deutschen Forschers die Säule mit Hadrians Namen ans Licht gezogen.

An beiden Seiten des Baches höher hinauf standen einst noch andere heilige Gebäude. Was ich aber nur von Bildwerk in den Marmortrümmern entdecken konnte, schien mir auch hier aus spätgriechischer oder römischer Zeit zu sein. Wenigstens zeigte sich nirgends etwas von jenem feinen weichen Formgefühl, dessen Glanz und Glätte noch am letzten kleinen Trümmerstück aus der schönen griechischen Blüthezeit haftet.

Alle diese Tempel und zugehörigen Gebäude standen nicht gerade innerhalb der alten Stadt, sondern vor ihr in einer kleinen Thalsenkung. Drüben, wenn man noch über eine andere dünne Bachrinne schritt, kam man vor eine Stadtmauer,

in welcher die Thore noch erkennbar. In dunkler
Linie zog sie sich auf dem grünen Anger links nieder an den Strand, und rechts in starker Steigung
zu dem bedeutenden Höhenzug, der von den Berggipfeln hier zur See herniederläuft. Auf der Ecke
am Meere, wo der Fels abbricht, ragen die Thürme
einer zerfallenen mittelalterlichen Burg. Die ganze
Höhenlinie aber ist mit einer starrenden finstern
Klippenmauer besetzt, und stürzt nach der einen
Seite schroff ab, während nach der andern, wo die
alte Stadt lag, sich eine leicht geneigte Fläche an-
schließt. Das weite grüne Stadtfeld innerhalb der
alten Mauer liegt jetzt vollkommen nackt und leer,
nur einiges Gestein und spärlich ein paar Oelbäume
sind darüber hin verstreut.

Im höchsten Grade merkwürdig ist die alte
Stadtmauer, ein wahres Cyklopenwerk. Ungeheure
rohe Felsblöcke sind in langen dunkeln Linien zu
Mauern aufgeschichtet. Wo die Klippenreihe eine
Oeffnung ließ, war sie durch die Blockmauer geschlossen. An einigen Stellen war sie eingestürzt,
und lagen die Felsstücke in malerischer Unordnung
über einander oder waren den Abhang niedergerollt.

Ein gewaltiges Thor war noch beinahe erhalten.
An anderen Stellen verlor sich die Mauerlinie in
Wald und Buschwerk. Das Ganze erinnerte mich

10*

lebhaft an die räthselhaften Riesenmauern auf dem Odilienberg im Elsaß, die ich gerade sieben Monate früher untersucht hatte, wohl das bedeutendste aller cyklopischen Werke.

Ich kehrte zurück zu der Höhe über den Tempeltrümmern, wo wir im Schatten eines verwilderten Oelbaums unser Mahl verzehrten. Der Wein, den wir in der Chora gekauft, war voll Kraft und Würze, und der berühmte samothrakische Schafkäse schmeckte mild und süß, ein Mittelding zwischen Butter und Käse. Man kann darauf rechnen: wo uraltes Hirtenleben ist, findet sich auch eine besondere Art Käse. Das traf ich, wie in den Karpathen und auf der canarischen Insel Las Palmas, auch hier wieder bestätigt.

Wo wir saßen, war die Erde voll Duft und Grün und Blumen, und der schöne griechische Himmel blickte mit seiner unvergänglichen Lichtstärke, mit seiner energischen und doch so heitern Bläue aus unermeßlichen Höhen nieder in unser Schattengebüsch. Ließen wir aber die Augen wandern da vor uns über das kahle Stadtfeld, die dunkel ragende Klippenmauer entlang, auf Meer und Hochgebirg, so ergriff uns tiefer schwerer Ernst. Denn diese ganze Landschaft, so unendlich erhaben sie war, trug doch einen düstern Charakter. Wenn im Alterthum die Fremden von allen Küsten des Mittelmeeres an dieser Stelle landeten, den unbekannten „großen Göttern" zu opfern, mußten heilige Schauer ihr Gemüth überwehen. Am Strande rollte und leuchtete unheimlich die unendliche Meeresfluth, die Heimstätte dunkler rasender Stürme; in der Ferne stand mit bleichem Schimmer Thasos, dessen Waldungen von hier aus wie niedrig Moos erschienen; hoch über die Wolken hinweg ragte bleich und geisterhaft in den Aether hinein das kahle Hochgebirg; und drüben zog sich die düstere Cyklopenmauer, das Denkmal untergegangener Riesengeschlechter. Man versetze eine unserer Alpenpyramiden in das blaue griechische Meer, lasse den Berg steil aufragen aus den Fluthen und gebe ihm zu Füßen diese uralten Stadtreste aus unbekannter Zeit, verbreite über das Ganze das eherne Schweigen der Wüste und des Hochgebirges, nur unterbrochen vom melancholisch langsamen Takte des Wogenrauschens, — und man wird sich leise angefaßt fühlen von dem finstern Ernst und der Erhabenheit dieser samothrakischen Landschaft.

„Den großen Göttern!" Ein alter Marmorblock, der da im Grase liegt, zeigt noch halbverwischt, aber in großen und unverkennbaren Zügen diese Inschrift: ΘΕΟΙΣ ΜΕΓΑΛΟΙΣ! Wie aus grauer Urzeit her, ernst schweigend, geheimnißvoll, blicken

diese Schriftzüge uns an. Die großen Götter —
das war der Hauptname der samothrakischen Gottheiten. Wer waren sie? Die Demeter und die Kabiren?
der Kadmilos und die Dioskuren? das sind ja bloß
Namen: gar wenig wissen wir vom Inhalt. Als
ich in Halle studirte — es ist ein Menschenalter her
und darüber — hörte ich bei dem alten Schweigger,
dem Professor der Physik, ein besonderes Colleg
über die samothrakischen Geheimnisse. Ich war
damals ein junges Bürschchen voll Wissensdurst und
kecker Zweifel, und lebte der seligen Hoffnung: es
gebe Lösung und Befriedigung dafür, und wollte
allerlei hören und lernen. Schweigger hatte in
seinem wunderlichen Stil ein naturphilosophisches
Buch über die samothrakischen Geheimnisse geschrieben, aber nachdem ich seine Vorlesungen gehört,
war es mir erst recht mit sieben Siegeln verschlossen.

Ich erinnere mich, daß er in den Dioskuren die
Geheimlehre vom Magnet und positiven und negativen Pole fand. Und wie viel haben erst andere
tiefe Denker in die übrigen samothrakischen Gottheiten hinein geheimnißt! Könnte sich die Sache
nicht am Ende einfach so verhalten, wie mit den
schaurigen Geheimnissen des Behmgerichts?

Auf den westfälischen Haiden und Gebirgen, wo
die hartnäckigen Niedersachsen auf ihren uralten

Höfen lagen wie die historischen Wiederkäuer, dort hatte sich der schlichte germanische Rechtsbrauch in seiner Reinheit erhalten. Dort suchte man Recht, wo noch die lautern Quellen des uralten Volksrechtes flossen, ungetrübt von Fürsten und Juristen, und jetzt ergab sich von selbst eine Schaar der Wissenden, der geheimen Schöffen, die sich im 15. Jahrhundert fast über ganz Deutschland verbreiteten.

Nun ist uns überliefert, daß nach Samothrake, Lemnos und Imbros Pelasger ausgewandert seien, und gerade auf diesen drei Inseln gab es eine besondere und nahe verwandte Götterverehrung, deren Mysterien sich nur den Eingeweihten mittheilten. Diese Thatsache führt uns auf eine Ideenreihe. Wer waren die Pelasger? Oder, fragen wir besser, woher die Hellenen?

Auch Curtius, der uns die griechische Vorzeit so einfach und natürlich nahe brachte, spricht noch von verschiedenen Völkerzügen. Erst sei die große Völkerwanderung der Pelasger nach Griechenland gekommen, „die Kinder der schwarzen Erde." Später hätten sich kleine, aber begabtere Stämme aus den Ursitzen der griechischen Nation abgelöst: die einen seien über den Hellespont in das nordgriechische Alpenland, die andern an die Küsten Kleinasiens gewandert. Allein wir wissen von keinen andern Urſitzen der alten griechiſch-italiſchen Völkergruppe, als daß es die gemeinſchaftliche Heimath der Arier war am indiſchen Kaukaſus. Wir finden nirgends eine geſchichtliche Ueberlieferung, ja nur eine Sage von jener helleniſchen Doppelwanderung. Wir kennen nirgends Anfangsſitze helleniſcher Völker, ja wir kennen auch keine beſondern helleniſchen Völker.

Die Hellenen ſind, als die Dämmerung in der griechiſchen Geſchichte ſich zu lichten beginnt, eben überall im griechiſchen Lande. Sie haben das deut-lichſte Bewußtſein, daß ihre Urettern von jeher im Lande gewohnt, daß die Pelasger ihres Stammes und ihrer Natur ſeien, daß deren alte Gottweſen ihre heilige Verehrung verdienten. Dabei ſprachen ſie von den Pelasgern wie von Leuten derber und roher Sitten, die noch keine helleniſche Bildung hatten, ſondern in alter Gewöhnung feſtſaßen bei Viehzucht und Ackerbau. Selbſt im dünnleibigen Attila wollte noch Thukydides echte Söhne von Pelasgern finden.

Erinnert das nun nicht alles an den Unterſchied von Germanen und Deutſchen? Sind denn die Deut-ſchen auch etwa nach den Germanen aus den öſtlichen Urſitzen gekommen? Was unterſchied Deutſche von den Germanen? Höhere Bildung, kräftigeres Staats-weſen, chriſtlicher Glaube, deutſches Gemeingefühl. Von den weſtlichen und ſüdlichen Rändern Deutſch-

lands drang die Kultur ins Innere vor. Aehnlich
siedelte sich in Griechenland die erste Kultur an den
Küstenplätzen an, wo zum Handelsverkehr die Landsleute von der asiatischen Küste kamen, jene Ost-
griechen, die aus lebhafterer Berührung mit den
alten Kulturvölkern der Perser und Hindus, der
Phönizier und Aegyptier, den Vorzug erhöhterer und
früherer Bildung ableiteten.

Auf den Inseln und in der Nähe der Küsten
des Festlandes gab es Seefahrt und Gewerbe, entwickelte sich städtisches Leben, verfeinerte sich die
Sprache, erhoben Gesang und Poesie die Schwingen.
Hier auf den Inseln und an den Küsten entfaltete
sich das frohsinnige und hellgeistige Wesen der Griechen, die Freude an der schlanken Menschengestalt,
das schöne Ebenmaß in Wollen und Genießen, die
Vorliebe zum Kleinstaatlichen, kurz alles das was
vorzugsweise Inselvölker auszeichnet und was
fortan Erbtheil aller Hellenen blieb. All die Küstenstädte standen zur See in lebhafterer Verbindung
mit einander als mit den Ortschaften im Innern,
zu denen man nur langsam auf beschwerlichen Land-
wegen gelangte. Deshalb konnte bei ihrer Bevölkerung sich zuerst hellenisches Gesammtgefühl entwickeln,
im Gegensatze zu den Pelasgern. Dieses hellenische
Volksbewußtsein dehnte sich langsam, gleichen Schrit-

tes wie die Kultur selbst vordrang, ins Innere aus,
bis später, keineswegs frühzeitig, der hellenische
Name alle Griechen umfing, einerlei ob sie harte
Dorier oder sangreiche Aeolier, kunstreiche Jonier
oder tapfere Achäer waren. Gerade so drückte der
deutsche Name erst zu Anfang der sächsischen Kaiserzeit das nationale Gemeingefühl aus, als längst
die vier Hauptstämme — die Sachsen und Schwa-
ben, Franken und Bayern — sich in der Geschichte einen Namen gemacht hatten. Dürfte man
diese vier Hauptstämme nicht am Ende den Doriern
und Aeoliern, den Joniern und Achäern vergleichen?

Solche Vorgänge aber in uralter Zeit möchten
nicht ganz bedeutungslos sein für die Beurtheilung
dessen, was sich an beiden Seiten des griechischen
Meeres heutzutage begibt, und ich komme wohl noch
darauf zurück.

Doch ich höre fragen: was hat denn das alles
mit samothrakischen Geheimnissen zu thun? Nur
Geduld: diese cyklopischen Mauern der alten Sa-
mothrakenstadt sehen mir recht pelasgisch aus. Als
einst den Pelasgern die hell aufblühenden Hellenen-
städte ins Auge lachten, da haben sie ohne Zweifel
oft ihre Streitäxte auf die Schulter genommen, und
sind gekommen und klopften an die Stadtthore, be-
gehrlich nach den guten Dingen dahinter, gerade wie

einst die sächsischen Gefolgsheere raublustig ins Gebiet der gebildeten Thüringer und Franken stürm-
ten. Gewiß setzte es oft und lange blutige Kämpfe
zwischen Hellenen und Pelasgern: doch der Bildung
blieb der Sieg, die plumpe Streitaxt neigte sich vor
dem blitzenden Schwerte. Den grimmigen Pelasger-
Bauern aber, die ihres Hasses gegen die neue Ordnung nicht Herr wurden, blieb nichts übrig, als
auszuwandern. Als König Harald Harfagr den
Norwegern christliche Bildung aufnöthigte, da gab
es noch Leute vom alten trotzigen Wikinger-Schlag.
Sie wollten sich nicht fügen und nicht belästigen
lassen, und bestiegen lieber ihre kleinen raschen See-
rosse, und segelten davon, weit weit nach der Nord-
insel, wo der Hekla sich aus Aschengeröll und Glet-
schern zum Himmel hebt. Das war gegen Ende des
neunten oder zu Anfang des zehnten Jahrhunderts.
Wann aber Pelasger aus Arkadien oder Böotien
oder Thessalien, — dort in den Ebenen des Acker-
baues hielten sie am längsten sich in dichten Massen,
— nach dem Norden steuerten, um sich unter den
sturmumrauschten Wolkengipfeln des weitschauenden
Samothrake-Berges anzusiedeln, das ergründet wohl
Keiner mehr. Sicherlich war es an dreitausend Jahre
früher, als der erste Norweger-Pflug einschnitt in
isländische Erde.

XII.

Von alten Geheimnissen.

Wollen wir heutzutage die Rechtsanschauung, die Sitte, die religiösen Ideen der alten Germanen aus lauterer Quelle schöpfen, so müssen wir isländische Schriften zur Hand nehmen. Denn auf der einsamen Insel, hoch im dunkeln stürmevollen Norden, dort wo sie Jahrhunderte lang außer allem Verkehr mit der übrigen Welt dahin lebten, hatten die Auswanderer aus Norwegen in alter Treue und Reinheit ihre bürgerliche Gesellschaft, ihre Sagen, ihre religiösen Gebräuche gehegt und bewahrt. Auch die Pelasger, als sie vor den Siegen der Kultur und Hellenen flüchteten, fanden eine Insel, wo sie niemand störte, einen hafenlosen ungeheuren Felsberg im wilden thrazischen Meer, der die eine

Hälfte des Jahres allen Schiffern verschlossen war, die
andere Hälfte noch gefürchtet der plötzlich hereinbrechen-
den Stürme wegen. Samothrake lag für die dama-
lige Schifffahrt fast so weit im Norden, wie die
isländische Küste von der norwegischen im zehnten
Jahrhundert. Zu größerer Sicherheit verschanzten sich
die Ansiedler hinter cyklopischen Mauern: die finstere Klippenreihe und der schroffe Abfall des Bergrückens, der vom Hochgebirge zum Meere lief, paßte
ihnen trefflich dazu. Wer hätte auch die Pelasger-
Stadt auf Samothrake angreifen sollen? Das rohe
Volk der thrazischen Küste hatte keine Mittel dazu,
und hellenische Raubschiffe hielten es nicht der Mühe
werth, sich zum Angriff dort zu sammeln, — es
war ja in der Bauernstadt wenig zu holen.

Im zwölften Jahrhundert nach Christus sammelte ein gelehrter Isländer, Sämund Sigfusson,
die Götter- und Heldensagen seines Volkes, und verknüpfte sie zu einem Ganzen, das man Edda nannte.
Das Wort Edda klingt beinahe wie Beda: wenn
ich nicht irre, bedeuten beide das Wissen. Im folgenden Jahrhundert war da ein anderer wissensreicher
Mann, der um ebenso viel prosaischer, soviel gelehrter er war als sein Vorgänger. Er hieß Snorre
Sturleson. Auch er liebte die schönen alten Sagen,
dehnte und erweiterte ihren Kreis, und brachte alles

verständigerweise in System und Ordnung. Das
war also im zwölften und dreizehnten Jahrhundert
nach Christus; vielleicht hat es gerade so viele
Jahrhunderte vor Christus in der Pelasger-Stadt
auf Samothrake auch solche Sämund und Snorre —
jedoch mit wohlklingenderem Namen — gegeben, und
es ist jammerschade, daß ihre Werke untergegangen
sind. Sonst wüßten wir mehr von den Vorfahren
der Hellenen, den Pelasgern, ob sie wirklich solche
bäuerliche reckenhafte Tölpel gewesen, ob sie bloß
Sand und Eis, oder ob sie bereits kunstreiche Maschinen hatten, um die Felsblöcke zu Mauern auf-
zuthürmen, und ob sie wirklich sich bereits der An-
sätze zu arischen Priester- und Adels- und Bauern-
kasten erfreuten. Ja, wir vertieften uns vielleicht
in eine Veda-Sammlung, an welche sich die wild-
wuchernde Phantasie und der bodenlose Tiefsinn des
üppigen Gangesthals noch nicht angehängt hätte.

Denn die Religion der Pelasger konnte in ihrer
Wesenheit keine andere sein, als die der Hindus,
Parsen und Germanen. Sie bildeten ja nur einen
Zweig der Arier, der sich einst über einen großen
Theil der italischen und illyrischen Halbinsel aus-
dehnte. Wie bei allen Ariern, ruhte in ihrer Seelen
Tiefe ein ewiger Lichtquell, das immer rege Bewußtsein
von der Allgegenwart des göttlichen Wesens. Sie

verehrten es in der unermeßlichen Höhe der Aetherbläue, sie fühlten sich von seinem Hauch angeweht
in heiliger Morgenfrühe, am nächsten glaubten sie
ihm auf einsamem Berggipfel zu sein, wo die Sonne
Mittags keinen Schatten mehr wirft.

Ohne Zweifel war auch den Pelasgern ein nationaler Hort uralter Hymnen überliefert, wie sie in
den heiligen Büchern der asiatischen Arier das Gemüth mit unsäglicher Gewalt ergreifen. Und mit
den Hymnen wurden von Geschlecht zu Geschlecht
überliefert uralte religiöse Gebräuche, die sie nicht
übten ohne innern Schauer, an denen sie nicht zu
ändern wagten, als die Bedeutung entschwunden war,
und die als das grobe Knochengerüst des Kultus noch
andauerten, als jene erhabenen Dichtungen sich bereits verflüchtigt hatten.

Aus den alten Schriftstellern wissen wir, daß
man in den samothrakischen Mysterien noch in spätgriechischer Zeit an den alten strengen Tanzrhythmen,
wie an den alterthümlichen Sprachformen festhielt.
Professor Conze hat zwei Bildnißplatten wiederge-
geben, die einst an den mittelalterlichen Thürmen
am Meere verbaut wurden. Beide Stücke sind aus
weißem Marmor und aus den Trümmern der samothrakischen Tempel genommen: sie stellen Frauentänze
dar, wie sie im Alterthum bei den Mysterien in

Uebung waren. Auf beiden Platten ist die Bewegung der Tänzerinnen, die Wendung der Köpfe, die Haltung der Arme, die Stellung von Bein, Hüfte und Fußspitze bis auf das Kleinste streng gleichmäßig. Ebenso gleichgeregelt zeigen sich die Fältelung der Gewänder die über die Arme fallenden Zipfel, die Stirnbinden. Alles ist so streng übereinstimmend, daß wir noch deutlich sehen, wie ängstlich jede sich an die überlieferten Gebräuche bei den heiligen Tänzen gebunden hielt.

Es muß auffallen, daß all die Tempelgebäude außerhalb der Ringmauer der Stadt lagen. Auf dem ganzen innern Stadtfelde ist nicht das Geringste von antiken Bauresten mehr zu sehen. Die Tempeltrümmer aber, soviel ihrer noch da sind, erweisen sich als herrührend aus einer verhältnißmäßig späten Zeit. Wir müssen also schließen: in der Pelasgerstadt gab es keine großen, höchstens unbedeutende Tempel. Hätten die Hände welche die cyklopischen Mauern aufrichteten, damals auch heilige Gebäude zur Gottesverehrung gebaut, so würden sie ihnen wohl etwas von ihrem Zeitbrecherstyl mitgetheilt haben. Diese Pelasger sind also wohl sehr lange der Sitte der Arier treu geblieben, welche der Gottheit bei dem Knistern des häuslichen Heerdfeuers, oder unter den ziehenden Himmelswolken huldigten, nicht aber an ummauerten Altären.

Derweil nun die alten Samothrakier ihre heiligen Ueberlieferungen pflegten, waren in die Ortschaften der Hellenen die olympischen Götter mit klin-
gendem Spiel eingezogen, in ihrem Gefolge alle
schönen Künste. Vor dem Glanze dieses festlichen
Siegeszugs erbleichten die alten Naturgötter, und
flohen zitternd zu den höchsten einsamen Bergwäldern.
Das neue Staatswesen aber fügte und klammerte
sich an den Götterstaat an, in welchem alles wohl-
bestellt war, und jeder große und kleine Olympier
seine Verrichtung und seinen Opferdienst hatte. Wehe
dem Frevler, der es wagen wollte, die herrliche sonn-
beglänzte plastische Dichtung anzutasten!

Und doch — welcher Vernünftige konnte ernst-
lich an all dieses leichtfertige Göttergesindel glauben?
Wenn er nur ein klein wenig nachdachte, so blieben
ihm blos einige hehre Götterwesen, bloß einige
göttliche Grundkräfte übrig, und auch bei diesen
wenigen flossen Natur und Thaten stets in einander.
Es war zu natürlich, aus der verwirrenden Viel-
heit sehnte sich der Geist nach Gotteseinheit, aus
der starren Enge der Staatsreligion nach freierer Anschauung. Diesem Bedürfniß entsprachen die Mysterien, und dieß war von Anfang an der Grund,
weshalb sie an so vielen Orten sich erhielten. Mysterien waren der nothwendige Gegensatz zur helleni-

ſchen Götterwelt. Bei den nächtlichen Darstellungen
kamen die verſcheuchten pelasgiſchen Götter wieder
aus dem Dickicht ihrer Bergwälder herunter, und
ſchauten halbverhüllt in das Getriebe und die Opfer
der Menſchenkinder hinein. Längſt verklungene Ideen
vom Walten der Gottheit in den Naturmächten lebten wieder auf und regten mit ewig friſchem Zauber
die Gemüther an.

Aber keine Geheimlehren, keine theoſophiſchen
oder naturphiloſophiſchen Syſteme, keine wiſſenſchaft-
lichen Erkenntniſſe — dergleichen war in den Myſterien nicht zu ſuchen. Auch die älteſten Vedahym-
nen und Eddaſagen gaben ſie nicht. Woher ſollten
auch ſolche Traditionen kommen? Sie ſind das Werk
von begeiſterten Religionsſtiftern oder von Gründern
philoſophiſcher Schulen, niemals jedoch das Erzeugniß
des ahnenden, ſuchenden, dichtenden Volksgeiſtes.

Hymnen, Gebete, Ausrufe, Opfer und Läute-
rungsceremonien, nächtliche Feſtzüge mit Fackeln und
Tänzen, theatraliſche Darſtellungen, wieder Sühn-
und Reinigungsopfer, endlich die Aufnahme unter
die Geweihten und die feierliche Ueberreichung der
heiligen Bundeszeichen, die auf Samothrake in der
rothen Binde und dem Oelzweig beſtanden, kurz
Symbole über Symbole bildeten die Folgereihe der
Myſterien auf jener thraziſchen Inſel, wie in Eleuſis.

In Samothrake begannen sie mit schweren Prü-
fungen. Waren sie überstanden, so folgte die Blut-
sühne, das heißt die Reinigung der Einzuweihenden
von jedem Mord und Meineid, wenn er nur nicht
an heiliger Stätte begangen war, denn dafür gab
es keine Sühne auf Erden. Erhielten nun die Eingeweihten die purpurne Binde, so banden sie die-
selbe um den Leib und standen auf einem Throne,
während die älteren Geweihten sie mit wilden Tänzen umkreisten und Hymnen sangen, die Priester
aber führten einen uralten thrazischen Schild- und
Waffentanz auf. Die rothe Leibbinde jedoch trug
man zeitlebens als einen heiligen Talisman, der
vor Gefahren schützte, namentlich auf weiten Reisen
und wilder See.

Während aber die alterthümliche Feier vor sich
ging, und plötzlich hereinbrechendes Dunkel, grelle
Lichter, dämonische Gewalten, Abgründe, Schreckens-
rufe und all die priesterliche Magie auf die Auf-
geregten, die Zitternden einstürmten, wurde wohl
mancher Neuling im Innersten erschüttert, und
glaubte, jetzt enthülle sich ein Geheimniß des göttlichen Wesens. Später besprachen sich die jungen
Eingeweihten andächtig mit den älteren, was das
alles bedeute, und jeder nahm sich das Seinige
daraus. Praktische Römer sahen in den griechischen

Mysterien eine symbolische Darstellung der Natur der Dinge, der grundgelehrte Varro gar nur des Ackerbaus, und Apulejus, der alle Mysterien durchforschte, fand zuletzt in allen die eine große Lehre: es walte über den irdischen und himmlischen Mächten eine oberste Göttin, die Beherrscherin der abgeschiedenen Seelen wie der lebenden; nur ihr Name sei verschieden, bald Demeter, bald Isis oder Venus oder Kybele, ja auch Hekate. Die Philosophen aber waren nicht gut auf die Mysterien zu sprechen, vielleicht ein wenig vom Zunftgeist verführt. Denn was sie nur durch gründliche Denkarbeit für erreichbar hielten, das meinten die Menschen in jenen Geheimnissen durch plötzliche Anschauung zu besitzen.

Ohne Zweifel haben sich den uralten griechischen Mysterien auch orientalische Vorstellungen eingemischt, wie vom blutigen Zerstückeln des schönen Naturgottes, seinem Absterben und üppig sinnlichen Wiederaufblühen; gewiß fehlte es nicht an einer Sintfluth orientalischer Ideen, als mit der römischen Kaiserzeit das große Thauwetter für die reizenden Göttergebilde der Griechen eintrat. Namentlich Samothrake war ein rechter Magnetberg für all dergleichen. Dieser seltsame sturm- und wogenumrauschte Hochberg, dessen bleiches zerrissenes Haupt aus der dunklen Wald- und Wolkenumhüllung her-

vorschaute, gottgeweiht von uralterther, war wie ge-
schaffen dazu, die Wissenden und Geheimnißvollen
aus Griechenland und Kleinasien, aus Thrazien und
Syrien herbeizuziehen. Fremde Priester und Geweihte suchten sich in samothrakischen Geheimnissen
einzubürgern, und mit dem geheiligten Rost ihres
Alterthums die eigene Weisheit zu verbrämen.

Es liegt auch die Annahme sehr nahe, daß die
Phönizier, die auf Thasos ihre Goldgruben hatten,
in Samothrake ihre Tempel und Heiligthümer aufrichteten. Diese klugen rastlos thätigen Handelsleute
von der syrischen Küste scheinen, nach allem was
wir von ihnen wissen, ein ebenso religionsbegeister-
tes Volk gewesen zu sein, wie ihre Vettern, die
zwei Tagreisen hinter ihnen wohnten in der steinernen Muschel von Palästina, die immer nur aufnahm
und nichts herausließ, bis die Zeit gekommen, wo
von diesem winzigen und tiefsten Punkte der bewohn-
ten Erde eine mächtige und wohlthätige Ideenströmung
ausgehen sollte, wie die Geschichte keine zweite kennt.

Von den Phöniziern stammte vielleicht der samothrakische Dienst der Kabiren, Kabirim heißt „die
Mächtigen.“ Sie erschienen als die im Innern der
Natur geheimnißvoll wirkenden Kräfte, aber auch
als die großen Götter selbst, und wieder nannten
sich auch die Priester, welche die Gottwesen darzu-

stellen hatten, Kabiren und Korybanten. Ueber
Natur und Herkunft der Kabiren haben sich schon
im Alterthum viele die Köpfe zerbrochen. Als der
letzte rauhe Pelasger gramvoll die Nachbarn zum
Tempel des lichtschönen Apollo wandeln sah, als er
selbst in den sauren Apfel beißen und seine Kinder
zur Schule schicken mußte, da versank mit ihm das
rechte Verständniß des uralten Götterdienstes: wahrscheinlich besaß er selbst es nicht mehr und sein
Vater nur noch stückweise. Schon lange vor unserer
Zeitrechnung war selbst den Priestern der Mysterien
ziemlich unklar geworden, was all das symbolische
Wesen ursprünglich bedeutet hatte. Heutzutage müssen
sich auch die Brahmanen in Indien schon recht zu-
sammennehmen, wenn sie den ganzen Ceremonien-
berg eines großen Opferfestes so durchmachen wollen,
daß kein Fehler vorfällt: überfragt aber wäre ihr
ganzer weiser Kreis, sollte er bekennen, wie und
warum jedes Einzelne so zum Ganzen passe. Jedes
Zeitalter hat etwas angehängt, wie die Päpste an
den Bischofseid. Denn Liturgien werden niemals
kürzer, immer nur länger.

Aber gerade als die Mysterien auf Samothrake
mit so dicken Wolken umhüllt erschienen, daß kein
Lebender mehr zum Kerne durchdrang, da wurden
sie erst recht berühmt. Man wallfahrtete von fern

und nahe nach der Insel der mächtigen Götter.
Nicht bloß Einzelne kamen, getrieben von Gottes-
furcht, von Wissensdrang, oder um ein Gelübde zu
erfüllen, oder um sich von Blutschuld zu reinigen,
sondern es schickten auch Städte und Genossenschaften
ihre festlichen Gesandtschaften, welche diesen Strand
mit scheuer Ehrfurcht betraten. Noch vor achtzehn
Jahren fand Conze von mehr als zwanzig Städten,
die rings um das griechische Meer gelegen, die
Weihesteine, welche ihre Bürger und Gesandten auf
der Insel zum Andenken errichtet hatten. Solcher
Weihesteine mußte es also im Alterthum nicht bloß
mehrere Hunderte, sondern Tausende geben. Wie
viele mögen in all den Jahrhunderten zu Kalk verbrannt, in Kirchen, Burgen und Häusern vermauert,
zu Dachrollsteinen verhauen, als Ballast wegge-
schleppt worden sein! Als nun erst die Römer
kamen und ihre Gelehrten in diesen Mysterien einen
wahren Leckerbissen fanden, und die Aehnlichkeit
samothrakischer Gottheiten mit uralt latinischen entdeckten, — die pelasgische Verwandtschaft konnten
sie natürlich sich nicht erklären, — da wurde der
thrazische Götterberg weit und breit berühmt im
ganzen Römerreich. Industrielle Köpfe fanden ihre
Rechnung dabei, kleine Ableger des samothrakischen
Geheimdienstes in Italien und Sizilien herzustellen,

damit man nicht so weit zu reisen brauche. Die
Bewohner von Kreta aber, die doch das älteste
götterheilige Eiland besaßen, beklagten sich höchst
verdrießlich: in ihren Mysterien sterbe und lebe der
Naturgott ebenso gut, wie auf Samothrake, selbst
die alten Aegyptier hätten keinen besseren gehabt.

Es liegt das eben in der Menschennatur: wo
es etwas recht Unbegreifliches gibt, da zieht es am
mächtigsten an. Die Ahnung ist einmal da, daß
Gottes Wesen und Allmacht doch kein Sterblicher
erfasse und begreife, und wo nun das ganz Geheimnißvolle auftritt, da, meinen viele, sei man dem
Göttlichen am nächsten. Die jüngsten Tage geben
ein redendes Beispiel.

Die Hellenen machten sich wahrlich ihre Götter
sehr menschlich, sehr familiär, mit all ihren listigen
und lustigen Streichen. Bei alle dem entsetzte sich
doch der edle und klare griechische Geist vor dem
Frevel, sterblichen Menschen göttliche Eigenschaften
beizulegen; denn das Dunkel der Heroenzeit war
längst vorbei. Die Griechen verweigerten Alexander
dem Großen das Niederfallen vor seiner Person,
weil das nur den Göttern zukomme. Die Spartaner
antworteten sarkastisch: „Will Alexander Gott sein,
so sei er es," d. h. beweise es. Nur der römische
Staatsgeist war im Stande, dem göttlichen Wesen,

das in den kaiserlichen Herren und Gebietern leibhaft und allherrschend auftrat, Tempel und Statuen
und Altäre zu errichten. Nur auf römischem Boden
konnte die Unfehlbarkeitslehre keimen und wachsen.
Als sie aber öffentlich verkündigt wurde, hätte das
jeder einfache Menschenverstand doch wie einen Schlag
vor den Kopf fühlen müssen — aber nein, gerade
das Unbegreifliche, daß ein armer gebrechlicher Greis
in den höchsten und heiligsten Dingen, in Glaubens-
fragen, die göttliche Eigenschaft der Unfehlbarkeit
besitzen soll, gerade dieses Seltsame, dieses Unmög-
liche, übt auf die Denk- und Glaubenskraft einen
Reiz aus, über welchen sich die Allerwenigsten klar
werden. Sie sagen: es sollte sein, — dann wird's
verkündet, — und nun ist es.

Wer tiefer in der Weltgeschichte forschte und
dem stillen Gange der Ideen, die leise die Völker
und Jahrhunderte umbilden, nachzugehen gewohnt
war, sah auf der Stelle ein, daß der 18. Juli 1870
nicht ohne schwere Erschütterung der sittlichen wie
der kirchlichen Welt bleibe. Dem Volk aber, dem in
Wissenschaft und Wahrheit unter den Lebenden am
meisten arischer Geist zutheil geworden, ist jetzt eine
neue dornige Aufgabe zugefallen, die es lösen und
durchkämpfen muß, will es seiner eigenen Zukunft
froh werden.

Jetzt aber ruft vielleicht ein Leser: „Wo bleibt
denn der Braten? Tunke und Salat dazu hab' ich
jetzt genug." Sollte er wirklich damit meinen: man
wäre durch die eindringende unwiderstehliche Kraft
neuerer Forschungen hinter die samothrakischen Geheimnisse gekommen, so wär's gefehlt. Wir können
nur sagen: durch all die liturgischen Ablagerungen
auf dem Götterberge blickt die religiöse Naturan-
schauung der Pelasger, blicken ihre alten sogenann-
ten chthonischen Gottheiten hindurch. Es ist die
Allmutter, die geliebt und befruchtet wird von ihrem
Liebling und das blühende Leben gebiert. Aber
auch das schönste und herrlichste Leben sinkt hinunter in die nächtlichen Tiefen, und laut klagend
sucht die Mutter Gatten und Tochter. Aber auch
in den Todestiefen wirken die Kabiren, ewig drängen
und streben die Gebilde wieder zum goldenen Lichte,
der Tod muß ewig das Leben wieder gebären. Das
ist nun freilich eine alte Weisheit, die so ziemlich
Jeder kennt. Wurde sie aber unter ergreifenden
Bildern, unter dem eigenthümlichen Schauer des
Alterthums dargestellt, so mochte im Menschengeiste
die Ahnung seines ewigen Lebens dämmern, und innerlich erschüttert, gefaßt und getröstet, ergab sich
der Geweihte dem heiligen Walten der göttlichen
Mächte. Diodor, obwohl sehr geneigt, hinter dem

ganzen Götterstaat etwas recht Alltägliches zu finden,
sagte doch von den samothrakischen Geheimnissen:
die Menschen würden durch die Einweihung gottes-
fürchtiger, gerechter, und jedenfalls besser als sie
vorher gewesen. Mehr kann man nicht verlangen.

Varro erklärt: „Erde und Himmel, wie die samothrakischen Geheimnisse lehren, sind die großen
Götter, und zwar unter vielen Namen." Eine nüch-
terne Bemerkung, aber richtig, was das Namenge-
wimmel betrifft. Die Allmutter hieß in Samothrake
Demeter, Rhea, Kybele, Hekate, — der Gott wurde
als Hades, die finstere Urkraft, die verschlingt und
wieder befruchtet, oder als Kadmos und Kadmilos,
der Erzeuger und Weltbildner, oder als der rastlose
Wanderer und Seelenführer Hermes aufgefaßt, —
die Tochter aber, die Persephone und Kora, auch
als die Harmonia, bei welcher sich leicht an das
schöne Walten der Naturgesetze, an eine feste Welt-
ordnung denken ließ. Die drei Kabiren führten auch
die Namen Arieros, der heilige Eros, Axiokersos,
der heilige Herr, Axiokersa, die heilige Herrin.

Mit diesen uralten pelasgischen Naturgottheiten
scheint sich die spätere phönizische Anschauung verknüpft zu haben, die vom Sonnengott, der von Osten
nach Westen wandert und in die Meeresfluthen steigt,
um die Mondgöttin, die Fernscheinende (Telephae),

zu suchen. Sie entweicht vor dem Gewaltigen und Ungestümen in die Tiefen der Unterwelt, aber beide kehren zurück, er als der heilende Gott, der Jasion, sie als die Harmonia, deren sanftes aus dem Dunkel gebornes Licht den verzehrenden Feuergeist sänftigt, und beide feiern vermählt die selige Mondnacht, in welcher Grün und blühend Leben sprießt auf der ganzen Erde.

Wie leicht und lieblich mochte sich an die Feier solcher Geheimnisse die selige Hoffnung knüpfen von Unsterblichkeit und Wiedersehen. Unsere ganze Philosophie gibt uns ja über die stille Welt, die jenseit des Grabes liegt, nichts, als ein blasses zitterndes Mondeslicht.

XIII.

Nach den Bädern von Samothrake.

~~~~

Bei den alten Griechen ging eine artige Sage. Die zarten Kinderseelchen sollten in den reinen Lüften wohnen, und wenn die Gluth und Sehnsucht der Eltern sie anziehe, dann trage ein günstiger Wind sie daher, bis im rechten Augenblick die Mutter das Geistchen einathme. Nun war Samothrake eine rechte Windesinsel. Ich sagte schon früher, sie sei wie ein Sturmbrecher in die Wogen gestellt gegenüber den thrazischen Nord- wie den russischen Ostwinden, die über das Schwarze und das Marmora-Meer einher sausen. Man glaubte also, die mächtigen Götter, welche auf Samothrake wohnten, geböten auch den Winden und den Fluthen, und wer eine weite See- fahrt machen wollte, ließ vorher sich dort einweihen

ober machte ein Gelübde: er wolle nach Ueberstehung
aller Gefahren zu den Kabiren auf Samothrake pil-
gern. Ja, die Menschen glaubten sogar, von diesem
Götterberg gingen, wie aus ihrem Ursitz, die Stürme
wie die Götter aus, und es hieß allgemein, daß ein
dort Geweihter noch niemals Schiffbruch gelitten habe.
Aber auch die sehnenden Frauen wandten sich zu
der geheimnißvollen Berginsel, ihre mächtigen Gottheiten anzuflehen, auf daß ein liebliches Kinderseelchen im Winde die gewünschte Richtung bekomme,
und schifften dorthin, um all die erschütternden Cere-
monien und Schauer der Einweihung über sich ergehen zu lassen.

Etwas muß es wohl geholfen haben, sonst wären
sie nicht immer wieder gekommen. Vielleicht aber
lag der Segen nicht bloß in den günstigen Winden,
sondern auch in den Wassern der Insel. Warum
sollten nicht auch Griechinnen des Alterthums ihr
Ems und Wiesbaden gehabt haben? Was ich von
den samothrakischen Bädern zu lesen bekommen, und
was ich von ihrer Wunderkraft auf Thasos gehört
hatte, reizte meine Neugierde. Da nun auf dem
kahlen Stadtfelde außer luftigen Ideen nicht viel
anderes mehr zu suchen, so ritten wir am Nachmittag noch die zwei Stunden bis zu den Bädern.

Unser Weg ging unter der Burgruine her, an
deren Thürmen die weißlichen alten Marmorstücke,
die man zum Bau verwendet hatte, noch fleckig sich
bemerkbar machten. Zu ihren Füßen gibt es Trinkwasser, und hier landen bei gutem Wetter die Barken, um sich mit dem trefflichen Wasser zu versorgen.
Ein kleines Kramhaus lag ehemals daneben, jetzt
auch schon wieder in Trümmern. In diesen Gegenden sieht man immer nur Verfall. Da wo der
Burghügel wie eine scharfe Ecke ins Meer vortritt,
lagen wogenumschäumt Blöcke von demselben Gestein,
von welchen die cyklopische Stadtmauer errichtet worden, und die Färbung der See gibt zu erkennen,
daß in gleicher Richtung noch andere Felsblöcke im
Meere liegen. Es wäre nicht gerade unmöglich, daß
sie oben von der Höhe einer hinter dem andern her
niedergestürzt wären; wahrscheinlicher aber haben schon
die alten Pelasger hier sich zum Schutze gegen die
wüthenden Nordostwinde einen Hafendamm errichtet.
Zwischen diesem Molo und der etwas erhöhteren
Stelle bei dem Trinkwasser liegt jetzt eine tiefe
sumpfige Strecke, und man erzählte sich noch auf
der Insel: dort habe einst die See gestanden. Ohne
Zweifel befand sich an dieser Stelle im Schutze der
Burghöhen ein Hafen. Vielleicht gab es noch einen
größeren Hafen in der Thalniederung, wo jetzt der

Bach ausmündet und fort und fort Sand und
Lehm absetzt.

Jedenfalls müssen, wie im Mittelalter die Seeräuber, schon im hohen Alterthum die Samothraker eines
erträglichen Hafens sich erfreut haben, und ihr stür-
mevolles Meer erzog sie zu ebenso kühnen Seeleuten,
wie unsere Nordsee die Küstenfriesen. Zu der Flotte
des Xerxes mußten die Inseln Samothrake, Imbros und Lemnos siebenzehn Schiffe stellen. Im
ärgsten Gedränge der Salamis-Schlacht griff ein
athenisches Schiff einen Samothraker an, wurde aber
durch dessen geschickte Bewegung in den Grund
gebohrt. Da rannte ein Aeginete dem Samothraker
so derb in die Flanke, daß er Wasser schöpfte und
zu sinken anfing. Rasch entschlossen schleuderte alle
seine Mannschaft die Wurfspieße auf den Feind,
sprang nach an Bord, kaperte den Aegineten und
fuhr mit ihm gerettet von dannen.

Als wir um die Burgecke bogen, lag eine schöne
von Gebüsch und Bäumen bedeckte Ebene vor uns,
voll Grün und Goldglanz zwischen Meer und Hochgebirg. Hier war auf einmal unser Agogiat Dimitri verschwunden, und hatte uns bloß seinen Sohn,
einen bildhübschen Knaben von zwölf Jahren, dage-
lassen. Wahrscheinlich dachte er, wir könnten den
Weg nicht mehr verfehlen, denn er lief immer fort

am Strande hin. Da ich wußte, daß die Bäder
bei einem starken Wildbach nahe am Meer und in
der Nähe verwilderter Gärten lagen, so dachte ich
den Ort schon zu finden, nahm das Bürschchen hinter
mich aufs Pferd, und nun ging es, was die Thiere
laufen wollten, bald auf dem kiesigen Strande, bald
auf dem grünen Anger daneben, oder durch kleine
Haine von Platanen und Gebüsch von Eichen Wildrosen Lorbeer Ginster und unbekanntem Gesträuch.
Ranken und Schlingpflanzen hingen wie große Fest-
kränze von den Bäumen.

Es war ein prächtiger Ritt im frischen Seehauch.
Das Wetter blieb schön, aber es stieg Gewölk auf,
zog in fliegenden Schaaren am klaren Himmel hin,
und seine dunkeln Schatten eilten über Meerblau
und Grünebene wie ernste Gedanken, um in den
Hochschluchten zu verschwinden. Und gleich war wieder die Helligkeit der Luft so groß, daß man am
steil aufragenden Gebirge noch in einer Höhe von
viertausend Fuß und mehr deutlich die einzelnen
Bäume unterschied. Auf der See aber schien es
dort, wo die thrazische Küste sich hinzog, wie lange
dunkle Wolkenbänke zu ruhen. Eine gewisse feierliche Erhabenheit verließ die Landschaft nicht: rechts
standen die bleichen Zinnen und Zacken des Gebirges
hoch im Himmelsäther, zur Linken rauschte und

leuchtete die unendliche Meeresfluth. Zwischen diesen beiden Gewaltigen erschien die Ebene nur wie ein schmaler grüner Streifen.

Dieser Streifen Landes, nur ein paar tausend Fuß breit, wie werthvoll mochte er im Alterthum sein; als er mit blühenden Städten besetzt war! Noch vor fünfzig Jahren müssen hier Ortschaften gestanden haben. Die einsamen Rothkirchlein, Spuren von Haus- und Gartenmauern, verwilderte Felder und die alten Ortsnamen erinnern noch daran. Eine Stelle heißt „am schönen Weinberg," eine andere „die großen Felder," wieder eine andere „bei den Türkengräbern;" an Ruinen haftet noch der Name „Judenkirche" und etwas weiter „Mohrenkirche." Einmal kamen wir auch über eine Stelle, wo auf und in der Erde alles roth war von Scherben der Thongefäße. So etwa sah es bei uns noch Jahrzehnte nach dem dreißigjährigen Krieg aus, als Wildniß und Wüstenei weite Gebiete bedeckten. In Deutschland änderte sich das wieder. Hier aber ist an kein Wiederaufblühen zu denken, solange die Türkengeißel über dem Lande schwebt. Ein Hafen wäre bei der alten Stadtruine bald wieder ausgegraben — wer aber soll es thun? Den türkischen Herren macht schon das Denken daran Unbehagen, und schlimmer noch, viele halten solches Plänemachen unter ihrer

Würde. Diese kleinen Ebenen haben das fruchtbarste
Erdreich, von den Höhen des Waldgebirges werden
sie stets bewässert, und wo nur die geringste Feuch-
tigkeit dem Boden zufließt, entsteht gleich ein Gedränge schattiger Platanen. Nicht bloß die Strandebene ließe sich anbauen, auch die grünen Hügel,
die mit Wald und Buschwerk besetzten Höhen und
Vorberge, die sich an das graue Geröll und die
felsichten Schluchten des Hochgebirges anschmiegen,
und wieder die tiefen baumverhangenen Thalwindungen, die zum Meere weiter ziehen, könnten
reizende Ortschaften und Landhäuser aufnehmen. Wie
aber sollte ein armer Samothraker nur den Gedanken dazu fassen? Die Insel ist ja Wakuf, d. h.
türkisches Moscheengut.

Jetzt dienen alle diese blühenden Gefilde bloß
dazu, einigen Hundert langhaariger Ziegen und
Schafe und ein paar Rindern und Pferden üppige
Weide und ihren Hirten weite Stätten des behag-
lichsten Umherstreifens zu gewähren. Wiederholt hör-
ten wir im Gebüsch die Glöckchen von fliehendem
Vieh, und mehrmals begegneten uns Gruppen von
Männern Frauen und Kindern. Es war stattliches
Volk, und hatte mit den Hirten im italienischen
Gebirgsland eine täuschende Aehnlichkeit. Stießen
wir im Walde plötzlich auf eine lagernde Familie,

so fuhr sie entsetzt in die Höhe. Sah man uns
schon von weitem, so wurde offenbar lange Rath
gehalten.

Zeitweise, wenn dichtes Gebüsch oder Sumpf-
land den Weg versperrte, mußten wir ihn zwischen
den Kieseln des Strandes suchen. Dieses Gestein
glänzte immer wie frisch gewaschen in allen Farben.
Marmorstückchen sah ich nicht darunter. Ganz Samothrake, obgleich so nahe der thasischen Marmorinsel
und theilweise von gleichen Gebirgsformen, soll nicht
die kleinste Marmorstelle aufweisen. Am Strande
zeichneten sich ab die Linien von Sand und Gestrüpp, die eine weit hinter der andern, — ein Beweis mit welcher Gewalt im Winter das Meer an
diese Küste schlägt. Treibholz, Baustücke, ganze
Bäume, losgerissen drüben in Thrazien, waren von
den rasenden Stürmen hoch aufs Land geschleudert.
Was mögen nicht alles die alten Seefahrer von dieser
fabelhaften Sturminsel zu Haus erzählt haben! Seeleute dichten und lügen wie die Jäger. Wem den
ganzen einsamen Tag die große gewaltige Natur
gegenübersteht, in dem wird, kommt er Abends ans
gesellige Herdfeuer, der dichterische Trieb regsam,
von ihren Wundern und Schrecken zu erzählen.

Ich erwähnte aus den Berichten der Alten, wie
fromm die Menschen geworden und wie gefeiet ge-

gen Seegefahr, wenn sie auf Samothrake sich hatten weihen lassen. Ein anderer Schriftsteller aus Diodors Zeit, — freilich ist's ein Philosoph, der Neuplatoniker Philo, — erklärt aber: es komme häufig vor, daß brave Leute dort nicht geweihet würden, um so mehr aber Spitzbuben, Seeräuber, Schaaren von liederlichen Weibern, wenn sie nur viel Geld den Priestern gäben. Offenbar wollte das Gesindel sich hier sturmfest machen. Heutzutage pilgert das Seevolk des Mittelmeers zum heiligen Berg Athos und zu der Marseiller Höhe der Notre Dame de la Garde, um Heiligenbildchen zu kaufen, die sie an ihren Mast nageln, und knieend anflehen, wenn sie in Sturmesbrausen und Todesangst sich nicht mehr zu helfen wissen. Ganz denselben Dienst leistete im Alterthum Samothrake. Die Strolche und Dirnen hatten sogar den Vorzug vor ehrlichen Leuten, weil sie mehr Geld hatten. Sie kamen hieher, um in den Reinigungsopfern der Mysterien ihr Bündel Sünden abzuwerfen, um dann erleichtert einen neuen Gang zu machen. Offenbar steckt bei Romanen und Orientalen unter dem Gesindel in Seide wie im Zwilchrock noch jetzt die Gewohnheit, nicht durch Buße und innere Läuterung, sondern durch kirchliche Gebräuche Absolution zu holen. Das ist eine Nachtseite des kirchlichen Lebens, in welche es leicht zu versinken Gefahr läuft, wenn nicht scharfe weltliche Augen darüber wachen. Der Staat muß eben an rechter Stelle beständig etwas nachhelfen.

Was Samothrake und ähnliche Inseln mit so vielen reizenden Landschaften ausstattet, ist vorzugsweise die gebirgige Gestalt. Von der Spitze gehen nach allen Seiten strahlenförmig die Bergausläufer ins Meer, und nun befindet man sich stets wie in einem weitlichten Saale zwischen geschmückten Hochwänden. Wir umzogen ein Vorgebirg, vor welchem noch ein mächtiger Felsblock lag, der Herrenstein, und kamen nicht lange darauf an einen breitströmenden Waldbach voll des klarsten Wassers. In diesem ritten wir ein paar hundert Schritte hinauf, und als die Wegspuren ans Ufer leiteten, sahen wir drei oder vier Zweighütten stehen im Schatten hoher Platanen. Da lagen auf Teppichen ein schwerfälliger Kaufmann aus Gallipoli, der die Beine kaum bewegen konnte, eine alte Frau, die man tragen mußte, und eine junge blasse, die eben aus dem Bade kam, lag noch ganz eingewickelt. Neben ihr stand ein Mann auf Krücken, und auch ein armer bleicher Knabe humpelte herbei. Der Kaufmann hatte Bedienung, und die anderen hatten Angehörige bei sich, und da alle, mit Ausnahme der jungen Frau, schon des Brunnens Heilkräfte ver-

spürten, so waren sie guter Dinge. Es war ein
fröhliches Waldleben in tiefer Einsamkeit. Die
Nachtigallen und Drosseln flöteten um die Wette.
An einem Baume hing ein eben geschlachtetes Schaf.
Die türkischen Kaffeetöpfchen waren gleich am Feuer,
uns zu bewirthen, und der Gallipolitaner machte in
schlechtem Italienisch den Dolmetsch. Alle priesen
die Heilkraft des Bades. Der auf Krücken Gehende
erzählte, wie er vor ein paar Tagen nur habe kriechen
können, und man zeigte uns eine große Krücke, die
ein Lehrer, der hier gebadet, in voriger Woche zurückgelassen. Für die bleiche Frau aber, ein zartes
Geschöpf mit eingefallenen Augen und Wangen,
mochte sich auch auf dieser Insel wohl kein Heil-
mittel mehr finden, vielleicht nur ein ewig stummes
Plätzchen.

Auf der andern Seite des rauschenden Baches
waren die Heilquellen. Ein großes viereckiges Becken
von Quadern, wahrscheinlich schon uralt, während
die zerfallende Umfassungsmauer aus späterer Zeit
herrührt. In den Behälter hinein führten Stufen,
die noch unter dem Wasser sichtbar; auf dem heißen
Wasser aber trieb sich, ein Zeichen der Vernach-
lässigung, grüner Schwamm umher. Die Heilquelle
selbst ist sehr stark, fast kochheiß, und schmeckt fast
wie gesalzene Fleischbrühe. Einige Schritte höher,

wo sie aus der Berglehne ausströmt, verbreitet sie kräftigen Schwefelgeruch, ist aber ganz klar, und setzt in der Rinne bei dem Ausfluß einen dichten Niederschlag ab von gelbweißem Schwefelpulver.

Längs des Waldbaches sickern noch mehrere schwefelhaltige Mineralquellen durch, am stärksten aber ein paar hundert Schritte tiefer. Dort hat eine noch heißere Quelle, deren Wasser noch stärkere Niederschläge und schwefelige Ausdünstungen von sich gibt, aus ihren Ablagerungen einen ganzen Berg gebildet, gleichwie von lauter Kalksinter. Oben, wenn man auftritt, klingt es hohl und schütternd, und hier hat das Wasser selbst zwei kleine tiefe Becken ausgerundet, in welche es hellklar hinein plätschert. Wer sich lange darüber beuge, sagten die Leute, müsse sterben. Natürlich wollen sie die mineralische Stärke in jeglicher Weise herausstreichen. Das Baden in diesen Naturbecken soll am heilsamsten sein, und wahrscheinlich, um sich an- und auszukleiden, standen gleich über dem kleinen Kalkberge ein paar Zweighütten am Rande des Buschwaldes.

Ich habe nirgends gesehen oder gelesen, daß noch auf einem andern Punkte der Erde auf einmal so viel heißes Schwefelwasser hervorströmt und so starke Niederschläge absetzt. Auffallend ist, daß Plinius in seiner Naturgeschichte von den samothrakischen

Quellen schweigt. Im 31. Buch zählt er die heil-
kräftigen Brunnen der ganzen Erde auf. Er kennt
Waffer, die bei Männern das Podagra vertreiben,
und andere, die bei jungen Frauen augenblicklich
Wunder bewirken, wieder andere, aus deren Woge
man wie ein behaarter Esau steigt, und solche, welche
der Liebe entsagen laffen, oder schwarze Schafe weiß
und weiße Schafe schwarz färben, oder auf der Stelle
tödten, oder das Land versteinern. Ja, der berühmte
Naturforscher nennt sogar Quellen, deren Erguß
eigenthümlich leuchtet, oder bei einem Tempel Wein
ist und wenn man ihn aus des Tempels Umkreise
bringt, sich sofort in schnödes Waffer verwandelt.
Auch von den deutschen Brunnen bei Mattiacum erzählt er, daß ihr Waffer noch drei Tage im Gefäß
warm bleibe und am Rande Sprudelsteine absetze.
Man sieht, der Wunderglaube wuchert bei dem alten
Römer noch viel mehr, als im Simpliciffimus, der
viel anmuthiger von der Brunnen geheimen Kräften
zu erzählen weiß. Warum aber bringt das 31. Buch
nicht ein Wort von Samothrake? Unbekannt sind
Plinius der Insel Bäder nicht geblieben: er zählt
unbedeutendere an der thrazischen und der macedo-
nischen Küste auf. Schwieg er vielleicht absichtlich
von diesen heiligen Quellen?

Ich stieg auf einen Bergvorsprung, um mich

etwas umzuschauen. Die Landschaft ist prachtvoll, das Erhabene überwiegt in diesen schlichten großen Linien. Nadelgehölz habe ich auch hier nicht wahrgenommen. Es heißt, daß es auf Samothrake sich nicht finde. Doch sollte es mich wundern, wenn es auch oben im Hochgebirg keines gäbe.

Diese Gegend bei den Quellen ist ehemals wohl bewohnt gewesen. Eine gute Strecke oben im Bergwalde steht eine verfallene Kirche mit einigen Mauerresten. Man weiß aber nichts mehr davon und meint, es habe dort einst ein Kloster gestanden, das man jetzt Christos nennt. Auf der einen Seite des Waldbaches dehnen sich verwilderte Gärten mit Obst aller Art. Auch Weinreben und Feigenbäume finden sich noch, dazwischen einige Hütten, die nur ein wenig besser sind, als eine vorübergehende Waldwohnung.

Als ich zur Gesellschaft zurückkam, hatten die jungen Mädchen Kirschen und andere Früchte gebracht. Es waren drei reizende Naturkinder, ärmlich aber anständig gekleidet. Es machte ihnen den größten Spaß, den Sonnenschirm meiner Frau auf- und zuzumachen, dergleichen Dinge hatten sie in ihrer Wildniß noch nicht gesehen. Ich gab ihnen nun meinen größern Schirm, und da spazierten sie alle drei unter den Schirmen auf und ab und hatten

ihr größtes Gelächter. Als ich durchs Fernglas nach
den Berghäuptern in den blauen Lüften sah, machten sie verwunderte Augen. Ich gab ihnen den
Feldstecher, und jede brach, wenn sie durchsah, in
einen Freudenruf aus. Da that ich ihn der Schönsten
verkehrt in die Hand, wo er verkleinert, und plötzlich sah sie die andern ganz winzig vor sich. Vor
Schrecken ließ sie das Glas fallen und stand zitternd
wie ein Espenlaub. Jede Erklärung war vergebens,
sie wollten mit dem Zaubergeräth nichts mehr zu
thun haben.

Und wie meint man nun, daß diese armen Kinder heißen? Die eine Helene, die andere dem Klange
nach Thespio, die dritte gar Kalliope. Warum nicht
auch Polyxena und Kassiopeja? Es fiel mir dabei
ein, wie in Manu's Gesetzbuch ein alter weiser Hindu
gesprochen: „Des Weibes Name sei wohltönend, bieg-
sam und ausfließend in Vokalen, damit er laute
wie ein Segenswort." Die Griechinnen halten noch
jetzt daran fest, und die Deutschinnen? — Unsere
Lina und Lisi geht noch an, aber Röschen Hannchen
Dortchen lautet doch gar zu winzig. Grethel Creszenz
Urschel sogar ein wenig kratzbürstig. Es ist schade,
wie sehr die schönen alten Frauennamen aus unserm
Volke verschwunden sind. In der Hohenstaufenzeit
hörte man kaum andere; in den beiden folgenden

Jahrhunderten schleichen sich mehr und mehr römische, hebräische, griechische Frauennamen an den Tauf-stein; massenweise kommen sie in der Renaissance-zeit; noch mehr nach dem dreißigjährigen Kriege, und dann fängt es gleich an zu bärbeln und zu urscheln. Die deutschen Männer haben ihre alten Vornamen viel mehr festgehalten. Sonderbar, in der Frauenwelt lebt doch sonst ein so schönes kon-servatives Gemüth, und zwar der Welt zum Glück; denn eine einzige echte Radikale schafft leicht mehr Unheil, als zehn begeisterte Sozialdemokraten. Wa-rum aber haben unsere Frauen ihre alten schönen Namen so leicht fahren lassen?

Darüber dachte ich nach, während wir am Meeres-strande zurückritten und der Anblick des herrlichen Sonnenunterganges uns wieder und wieder auf dem Wege festhielt. Während Thasos sich in sanfte rosige Schleier einhüllte, und hoch über uns die bleichen Felswände erglüheten, blitzte und schimmerte das Meer noch in unermeßlichen Weiten, erst roth, dann grüngolden, dann tiefblau, und mit einer energi-schen Leuchtkraft ohne gleichen. Als es schon längst dunkel, zuckte noch hin und wieder ein Schimmer über den Fluthen, als ob all die feurige Gewalt sich nur verhüllt hätte, um jeden Augenblick wieder hervorzubrechen.

Doch die obige Frage heischt noch ihre Antwort. Ich habe da gerade einen alten Coder liegen, der eine große Menge Frauennamen aus dem zwölften und dreizehnten Jahrhundert enthält. Obgleich es die Leute einer Abtei sind und diese in der Mainzer Gegend liegt, wo bekanntlich von jeher in Deutsch-land der wärmste katholische Boden war, so er-scheinen doch nur ein paar nichtdeutsche Namen, nämlich Christina, Justina, Benedicta, Margaretha, Beatrir, Sophia, aber auch eine Paulina, Petrissa, Carissima und Sapientia; Elisabeth (auch schon Elsebeth) kommt zweimal vor, auch Judith, dagegen das wohllautende Maria noch nicht. Da aber sind die kosigen Namen Helika, Guda, Kuniza, Sigela, Libiska — die lieblichen Gerhild, Bilihild, Schwan-hild, Adelhild, Liebmund, Godewib, Drudwib, Hilde-gund — die trauten Irmendrud, Engildrud, Werin-drud, Adildrud — die weichen Hedelind, Edelind, Richlind, Osterlind, Hereswind — die prächtigen Helwig, Frowig, Ditwig, Sigemut, Dankmut, Die-mut, Hartmut, Stillemut, Liebmut — die stolzen Irmburg, Sigeburg, Reginburg, Hadeburg, Helm-burg, Dieburg. Ehemals klangen durch die vielen Doppellaute, die etwas Sanftes und Vieltöniges in unsere Sprache mischten, diese Namen noch viel schöner. Sie sind aber mit vielen andern verschwunden. Und welche sind übrig geblieben? Walburg, Irmgard, Gisela, Gertrud, Adelheid; Hildegard, Kunigund, Ida, Hedwig, Bertha, Mathild, Minna. Das sind aber, wie ich bloß von der Minna nicht sicher weiß, lauter Heiligennamen. Nicht das Nationale, sondern daß einmal eine Trägerin eine Heilige wurde, hielt diese Namen am Leben. Warum? Im Grunde verräth es doch einen edlen Zug. Die Frauen möchten alle schon auf Erden schöne Heilige sein.

XIV.

Vom letzten Mazedonierkönig.

Mit unserer Rückreise von den Bädern war es
doch etwas spät geworden. Der letzte Tagesschimmer
erblich, als wir den Burgberg umzogen, auf welchem
die alten Thürme bei der Pelasgerstadt sich in
dunkeln Umrissen erhoben. Der Mond säumte noch
hinter dem Gebirge, und es war so ein rechtes
Räuberzwielicht. Wir hatten Niemanden bei uns,
als das hübsche Knäbchen, das ganz still hinter mir
auf dem Pferde hockte. Mustapha hatte mir gerathen einen Kavaß, d. i. einen türkischen Polizei-
soldaten, mitzunehmen. Da er aber vorher mit
dem Aga getuschelt hatte, so merkte ich an seinen
Augen, daß es sich bloß um einen Geldwunsch seines
Landsmannes handelte. Ich verließ mich auf meine

Türken. Hätten wir ein Schiff mit griechiſchem Schiffsvolk gehabt, ſo konnte es wohl geſchehen daß es ſich auf und davon machte, wenn uns ein Unglück widerfahren wäre. Die Türken aber hätten ſicherlich erſt ſelbſt nachgeſehen, ſich auch niemals ſelbſt mit Spitzbuben eingelaſſen. Ueberdieß war ja durch den Vertrag, der auf dem deutſchen Conſulat in Cavalla lag, ihr Intereſſe an das unſrige geknüpft. Ich konnte daher ziemlich ſicher reiſen, obwohl es bekannt iſt, daß ein klein bißchen Piraterie dem Volk in dieſen Gegenden noch in den Gliedern zuckt, gleich wie bei uns, als Kaiſer Max den ewigen Landfrieden längſt verkündigt hatte, hin und wieder einen biederen Ritter noch wohl ein kurzer abendlicher Raubritt anmuthete.

Da aber fielen mir plötzlich die Schwammfiſcher ein, die ich an der Kamariotiſſa geſehen. Niemand trauet dieſen weitfahrenden Burſchen, die oft von ſehr ungewiſſer Heimath ſind, etwas Gutes zu, ſie ſtecken oft in kleinen Buchten, wo man ſie am wenigſten erwartet. Je dunkler es wurde, und je näher von Zeit zu Zeit ein Dickicht bis ans Meer rückte, um ſo ſchärfer glaubte ich umher ſpähen zu müſſen. Einmal entdeckten wir zwei Männer am Weg im Gebüſch ſtehen. Auf ſofortigen lauten Anruf wurden ſie unſichtbar. Mit begreiflicher Vorliebe wählte ich den schmalen Saum zwischen See und aufsteigendem Kiesufer, wo wir lautloser und verborgener dahinzogen. Der anderthalbstündige Weg von der alten Burg bis zu unserem Landungsplatze wollte gar kein Ende nehmen, unsere Alamana sich gar nicht zeigen. Wir meinten schon: sie müsse weiter draußen im Meer liegen. Endlich sahen wir ihr Licht über dem Wasser. „Mustapha! Mustapha!“, rief ich durchs Dunkel hinüber, und bald — nach ängstlichem Warten ein erwünschter Klang — hörten wir die Ruder plätschern und stieß das Boot knirschend auf den Ufersand. Da kam auch schon der Agogiat Dimitri herbei, seine Bezahlung zu holen, während sein Söhnchen verschwunden war.

Als wir am Schiff anlegten, stand Mustapha oben mit der Laterne und schüttelte Kopf und Bart. „No bono, no bono — notte, grande notte,“ sagte er ein über das anderemal. Wir aber setzten uns lachend zum Pillaw nieder, während das Schiff seine Segel ausspannte und langsam der flachen Landzunge Akrotiri, die sich weit ins Meer vorstreckt, entlang schwebte. Denn ich wollte auf ihrer andern Seite ankern, um am nächsten Morgen mehr Zeit zu haben für die Wildseite der Insel, wo die Berge schroff aus der See aufragen. Selten kommt

Jemand dorthin, und der Ortsvorsteher in der Chora hatte mir diese Gegend als ganz fürchterlich geschildert. „Im Winter kommen — o des Schreckens! — die Stürme sausend und brüllend von den Bergen, und reißen alles nieder was dort sich dem Gestade nähern will." Dies sprechend ahmte er das Sturmesgetöse nach, als wenn er Theater spielte.

So traf uns die Morgenröthe des folgenden Tags noch bei der schmalen Ostspitze der Insel, wo diese sich am prachtvollsten darstellt. Von hier gesehen öffnet sich das Gebirge in einem hochragenden Halbkreise. Tief blickt man hinein in die dunkeln Schluchten und starrenden Felswände. Wildzackige Vorberge wollen den Eingang ins Innere verwehren, und während sie hier in einer Menge von Rundhöhen und Hügeln sich niedriger und niedriger bis zur See hin verflachen, erhebt sich zur Rechten, alle Aussicht sperrend, eine Riffreihe über der andern in die Wolken.

Ich sah mich jetzt näher auf der Landzunge Akrotiri um, wo die kleinen Seen liegen. Mit geringer Mühe ließe sich der schmale Rand, welcher diese Wasserbecken vom Meere trennt, durchstechen, und man hätte wieder einen Hafen. Die ganze Oertlichkeit ist der Art, daß man nur denken kann, der Hafen Demetrium, an welchem der letzte Mazedonierkönig unselig umher irrte, und der nach Livius „in" einem Vorgebirg, jedoch nicht zu weit von der Stadt entfernt liegen sollte, habe sich hier befunden.

Der letzte Akt des mazedonischen Trauerspiels, welcher sich nur wenig mehr als anderthalb hundert Jahre nach Alexander des Großen Tod auf Samothrake abspielte, beleuchtet hell die damaligen Zustände auf dieser Insel und im Orient.

Die Römer hatten die zweite Weltmacht, Karthago, wehrlos gemacht und wendeten ihre Blicke nach dem griechischen Osten. Ihre Politik umzingelte dort einen Staat nach dem andern, grub ihm heimlich die Machtquellen ab, und verwickelte sie unter einander in Feindschaften. Mit einer Erbklugheit ohne gleichen bereitete sie der Senat langsam zum Falle vor, während es schien, als sei Rom die Beschützerin ihrer Freiheit. Nun war der ruhmreichste und älteste dieser Staaten Mazedonien: auf seinen König schaute alles, was an den östlichen Meeren wohnte. Auch gab es auf Erden kein stolzeres Königsgeschlecht, als das auf des großen Alexanders Throne saß. Mit ihm kam es zuerst zum feindlichen Zusammentreffen: die römische Legion umzingelte die schwer bewegliche mazedonische Phalanx, griff sie bald hier, bald dort an, und warf sie mit plötzlich im Rücken einbrechender Gewalt über den

Haufen. In seinem Grimme ließ König Philipp die Bevölkerung von Maronäa niederhauen, als er die thrazischen Seestädte räumen mußte, und seinem Thronerben Demetrius goß er lieber Gift und Tod in den Becher, ehe er dessen römische Politik duldete. Seinem zweiten Sohn Perseus hinterließ er seine Plane, seine großen Rüstungen, und seine Rache.

Aller Ränke voll wußte Perseus seine Macht im Stillen zu verstärken. Er schloß Bündnisse mit den thrazischen Häuptlingen, verschwägerte sich mit den Königen von Bithynien und Syrien, und es gelang ihm, den achäischen Bund, die letzte Stärke Griechenlandes, wider die Römer aufzubringen, während er gegen ihre Verbündeten und Schützlinge den König Eumenes von Pergamum und die Ptolemäer in Aegypten, die Macht der syrischen Seleuciden ins Feld stellte. Hannibals Plan, alle Völker des Ostens wider die von Westen her drohende Weltherrschaft aufzurütteln, schien sich zu erfüllen: der ganze Orient erhob sich, gegen Rom zu marschiren. König Eumenes eilte nach Italien und enthüllte, was vorging. Auf der Stelle erklärte der Senat Perseus den Krieg, ehe er fertig war mit seinen Rüstungen und Bündnissen. Er gerieth in Schrecken; denn er war kein Mann kühner Entschlüsse, und was das

Schlimmfte, er war geizig über alle Maßen, und betrog, wo es auf Geld ankam, selbst seine Verbündeten. Er unterhandelte, schickte aber dem König von Pergamum, der von Rom über Delphi zurückkehrte, seinen vertrauten Minister Evander, einen gebornen Kreter, entgegen. Eumenes war auf der Hut: doch der Kreter scheute sich nicht, ihn selbst im delphischen Heiligthum anzufallen, und lies ihn mit Blut übergossen für todt liegen auf der Tempelschwelle. Indessen fand sich König Perseus durch die überlegene Politik der Römer nach und nach isolirt. Dann suchten ihn ihre Heere heim. Er legte sich nun auf den Vertheidigungskrieg, und entwickelte großes Geschick. Mehrmal besiegte er die Römer. Die alte Kraft der Mazedonier lebte wieder auf. Die Epiroten und der illyrische König Gentius traten auf ihre Seite. Aegypten wurde erobert, König Ptolemäus Physkon suchte mit seinen Schätzen Zuflucht auf Samothrake. Die Römer aber verdoppelten ihre Rüstungen, ihr bester Feldherr, der Konsul Paulus Aemilius, ging nach Mazedonien, brachte die Legionen wieder in Ordnung und schlug Perseus in der Schlacht bei Pydna — im Jahre 168 vor Christus — auf das Haupt. Perseus war der Erste, der floh und seine Schätze rettete. Verfolgt von den römischen Heeren und

Galeeren floh er von einer Stadt zur andern, und suchte, wie der Ptolemäer kurz vor ihm, zuletzt Zuflucht im Heiligthum auf Samothrake.

Von hier schrieb er an den Konsul einen flehentlichen Brief. Dieser nahm ihn nicht an, weil das Schreiben anfing: „König Perseus an den Konsul Paulus." Alle Unterhandlungen waren vergebens, der stolze Mazedonier hielt an seiner Königswürde fest und barg sich im Tempel. Nun lief die römische Flotte in den Hafen der Tempelstadt ein. Der Admiral Cnejus Octavius versuchte jedes Mittel, den König zu bewegen, daß er aus. dem Heiligthum hervorkomme: vergebens. Nicht um die Welt hätte der Römer gewagt, ihn mit Gewalt herauszureißen. Das wäre ein Frevel gewesen, der aller Länder Verwünschungen auf sein Haupt herabgezogen hätte. Auch hätten die Samothraker den geweihten Bann ihres Tempels auf Leben und Tod vertheidigt. Sie waren nicht mehr das kriegerische und gehärtete Volk wie in den Perserkriegen; auch ihre alten Besitzungen auf der thrazischen Gegenküste, die Städte Sale Sergion Mesambria und andere, waren längst verloren. Dafür war aber ihre Insel die große Wallfahrtsstätte des Alterthums geworden, zahllose Pilger und Festgesandte brachten Geld und Gut. Hatte doch selbst der römische Konsul Marcellus Statuen

und Gemälde aus der Syrakusischen Plünderung dem
Tempel auf Samothrake geweiht. König Perseus
aber hatte 2000 Talente und prachtvolles Goldge-
schirr bei sich, einen Werth von fast fünf Millionen
Thalern, für damals eine ungeheure Summe, und
die Samothraker dachten: er werde nicht umsonst
ihres Schutzes sich erfreuen wollen.

Jetzt verfiel der römische Admiral auf ein neues
Mittel. Ein junger Römer, der gut reden konnte,
L. Attilius, begab sich, als die Samothraker ihre
Versammlung hielten, zu ihnen und bat ihren Obersten Theondas, den sie König nannten, daß er zum
Volk sprechen dürfe. Die Bitte wurde gewährt.
Da fragte der Römer: „Samothrakische Gastfreunde,
ist es wahr oder falsch, daß diese Insel heilig ist
und all ihr Boden hehr und unverletzlich?" Und
alle riefen: „Das sei die volle Wahrheit!" — „Nun,
wenn dem also ist, warum leidet Ihr denn, daß
diese Insel ein Mörder besudelt, der noch vom Blute
des Königs Eumenes trieft? Ist nicht der erste Ruf
bei allen Opfern: „Ferne seien unreine Hände," und
Ihr laßt das Innerste des Tempels schänden durch
einen blutigen Straßenräuber?" Da sahen die Männer
von Samothrake bestürzt einander an. War ihre
ganze Insel heilig, so war es ein Unrecht, daß sie
Perseus und seinen Minister Evander hatten landen

laſſen. Wenn nun die übermächtigen Römer thaten, was ſie ſelbſt hätten thun ſollen, konnten ſie es mit Recht verwehren? Und was blieb ihnen dann von dem mazedoniſchen Golde? Sie beſchloſſen alſo, ihren König Theondas zu Perſeus mit der Botſchaft zu ſchicken: „Es beſtehe von Altersher ein Inſelgericht für Diejenigen, die man beſchuldige: ſie ſeien mit frevelhaften Händen in den geweihten Bezirk des Tempels getreten. Evander der Kreter müſſe ſich vor dieſem Gerichtshofe ſtellen. Wage er das nicht, ſo ſolle er den Tempel nicht länger entweihen, und ſorgen wie er ſich ſelbſt helfe." Da fürchtete König Perſeus, jetzt komme es an das Tageslicht, daß er ſelbſt Urheber von Evanders Verbrechen ſei. Er rief ihn beiſeite und ſtellte ihm vor: rechtfertigen könne er ſich nicht, auf Gnade ſei nicht zu hoffen, durch einen raſchen Stoß ſolle er ſeinem Leben ein Ende machen. Der geängſtigte Mann ſah ein, daß ihm nichts übrig bleibe, als der Tod. Er wollte aber lieber an Gift ſterben, und ging weg. Der König hatte ſeine Späher, und als er hörte, daß Evander entfliehen wolle, ließ er ihn ermorden, damit es nicht heiße: er habe ihm fortgeholfen, um ihn der gerechten Strafe zu entziehen.

Als dieſer freche Mord ruchbar wurde, ſchrien die Samothraker: „Jetzt ſei König Perſeus ein

doppelter Frevler. Durch des ungesühnten Eumenes
Mord habe er sich diese Blutschuld auf sich selbst
geladen; denn Evander habe im Tempel zu Delphi
den Eumenes, Perseus in Samothrake den Evander
getödtet. Auf diesen einen Mann falle also die
Schuld, daß in den zwei heiligsten Tempeln der
ganzen Welt Blut vergossen sei." In der Angst be-
stach jetzt Perseus den saubern Inselkönig, daß · er
verbreitete, Evander habe sich selbst entleibt. Allein
die Wahrheit ließ sich nicht mehr unterdrücken, der
Mord des alten und letzten Freundes, des vielge-
treuen Ministers, empörte die Samothraker, und alle
wandten sich ab von Perseus als einem Gottverfluch-
ten. Einer nach dem andern ergriff die Partei der
Römer. Jetzt dachte der König an heimliche Flucht.
Er ließ einen anderen Kreter, einen gewissen Oroandes rufen, der in den thrazischen Städten Handel
trieb und die Küsten und ihre Verstecke wohl kannte.
Eine Galeere stand dem König noch im Hafen
Demetrium zur Flucht bereit. Oroandes sagte zu,
ihn zu Kotys, einem Thrazier-Häuptling, zu bringen.

Als es dunkel wurde, trug man in größter
Heimlichkeit alles Nöthige, und soviel sich von dem
Gold und Silber ungesehen fortschaffen ließ, zum
Schiffe. Um Mitternacht entwich der König, nur
von drei Mitwissern begleitet, durch eine Hinterthür

des Tempels in den Garten, kletterte mit Mühe über die Gartenmauer, und kam unerkannt bis an die Landzunge. Aber siehe da, die Galeere war längst auf hoher See; der verrätherische Kreter war mit den Schätzen auf und davon. Die ganze Nacht irrte der König am Strande umher, und wußte nicht was zu beginnen. Zuletzt, als das Morgenlicht sich ankündigte, schlich er zum Tempel zurück, und da er nicht mehr wagte, seine Gemächer zu betreten, verbarg er sich in einem dunkeln Winkel an der Seite des Tempels. Die Königswache aber, mazedonische Fürstensöhne, hatten den König entdeckt, und wollten in ihrer Treue auch jetzt nicht von ihm lassen. Admiral Octavius aber ließ ihnen und allen Mazedoniern durch den Herold verkündigen: sie sollten ihre Freiheit und all ihr Vermögen behalten, das sie bei sich oder in der Heimath hätten. Da gingen auch sie zum römischen Oberst, und gaben ihre Namen an, daß er sie aufzeichne, und einer, ein Thessalonicher Jon, war schlecht genug, auch die beiden kleinen Kinder des Königs auszuliefern; nur der älteste Prinz war ihm geblieben. Da verzweifelte der Unselige an allem, und „wie ein Raub-thier,“ sagt Plutarch, „dem seine Jungen geraubt,“ trat er hervor aus dem Tempel, und fluchte den Göttern, die in Noth und Flehen ihm nicht gehol-

fen. Die Römer aber brachten ihn auf das Admi-
ralschiff, suchten eilig zusammen, was an Geld und
Goldgeräth noch übrig war, und fuhren mit der Flotte
nach Amphipolis zum Konsul. Dieser aber erklärte:
die Götter selbst hätten ihm den Perseus überliefert.

Als das Schicksal des großen Mazedonier-Königs
erscholl, erzitterte der Orient. Der bithynische König
stellte sich dar mit Hut und geschorenem Haupt als
Freigelassener des römischen Volkes. Die Rhodier
legten ihre Seemacht den Römern zu Füßen. Dem
syrischen König wurde entboten, das eroberte Aegypten freizugeben: er erklärte: „Ich werde thun, was
der Senat befiehlt." Perseus bat den Konsul, ihn,
Alexanders Nachfolger, doch von der Schmach der
öffentlichen Aufführung im Triumphzug zu befreien.
Paulus antwortete: „Das steht bei dir selbst!"
Aber der Mazedonier-König scheute den freiwilligen
Tod noch mehr, als die Schmach. Er war schon
zu sehr ein Spätgrieche, ausgestattet mit Ränkesucht,
Geiz, Familienliebe und einer gewissen Feigheit, fast
wie sie noch heute sind.

Drei Tage dauerte der Triumphzug: nie war
ein gleicher in Rom gesehen. Alle Römer trugen
neugewaschene weiße Togen. Am ersten Tage fuhr
man einher auf 250 Wagen die feindlichen Feld-
zeichen. Am zweiten Tag erschien auf zahllosen fürch-

terlich klirrenden Fahrzeugen das Gepränge der feindlichen Waffen, dahinter schritten 3000 Soldaten,
und jedesmal vier trugen drei Talente gemünzten
Silbers, wieder andere kostbares Silbergeschirr. Am
dritten Tag eröffneten den Zug die Trompeten, schmet-
ternd als ginge es zur Schlacht. Zuerst wurden von
schöngeschmückten Jünglingen 120 fette Opferstiere mit
vergoldeten Hörnern einher geführt, und neben ihnen
schritten Knaben mit blinkenden Gold- und Silber-
schüsseln. Dann trug man das gemünzte Gold in
77 Vasen, auf jeder drei Talente, ferner ein Trink-
geschirr zehn Talente Goldes schwer, Weihgeschenk
des Triumphators, blitzend von Edelsteinen, schließlich eine endlose Reihe goldener Becher. Nun folgte
Perseus' Königswagen, beladen mit seinen schönsten
Waffen und dem Diadem. Hinter dem Wagen schritten der Sohn des besiegten Thrazier-Königs und
die beiden kleinen Söhne und das Töchterchen des
Mazedonier-Königs, begleitet von der Menge ihrer
Hofmeister und Lehrer, die alle unter Thränen die
flehenden Hände zum siegreichen Volk ausstreckten.
Man wußte in Rom solche Aufzüge schon damals
prächtig in Szene zu setzen. Dann kam Perseus
selbst mit seiner Königin, in Trauerkleidung und
griechischen Pantoffelschuhen, und wankte einher wie
seiner Sinne kaum mächtig. Seine Freunde und

Verwandten aber weinten und jammerten laut, und
hielten ihre Blicke nur auf ihren König gerichtet.
Und dann wurden noch 400 goldene Kronen daher
getragen, dem Herrenvolk dargebracht durch die Fest-
gesandten von 400 griechischen Städten.

Es war der große entscheidende Triumph des
Abendlandes über das Morgenland. Erst siegten die
Griechen über die Perser, dann die Römer über die
griechische Welt, später kamen noch weiter vom Westen
her Sieger über die Völker am griechischen Meere.
Dann aber lagerte sich darüber hin hart und ehern
die Türkenmacht, lange Zeit schien sie unüberwind-
lich. Doch auch sie brach sich endlich an den deutschen
Heeren am Kahlenberg und in Ungarn, und später
erhielt sie blutige Lehren von Russen, Engländern,
und Franzosen. Welches Volk wird jetzt dem Orient
die Entscheidung bringen?

Ihre Siegesfrucht zu festigen, brauchten die Römer damals türkische Mittel mit hellenischem Geschick.
Der elende Perseus ging mit all den Seinigen nach
Alba am Fuciner-See. Die Umgegend ist schön
und erhaben, wie eine griechische Landschaft: aber
sie war sein Gefängniß. Er starb da. Mazedonien
ward in vier, Illyrien in drei scharf getrennte Theile
zerstückelt. In Epirus, wo noch kräftige Männer
wohnten, wurden an einem Tage siebenzig Städte

zerstört und anderthalbtausend Menschen zu Sklaven
gemacht.   Von den edelsten Achäern brachte man
tausend nach Etrurien und hielt sie dort fest ein
halbes Menschenalter hindurch, bis nur noch dreihundert am Leben.   Im übrigen Griechenland arbeiteten geschäftig die Angeber und die Schergen und
Henker.   Man thut Unrecht, griechischen Lastern und
Türken Franken Slaven und Byzantinern allein die
Entvölkerung des Orients zuzuschreiben: die Ausrot-
tung der Männer wurde schon von den Römern im
großen Styl betrieben, und schönen Griechinnen,
die schaarenweise nach Rom gebracht wurden, war
dort ein kurzes Leben beschieden.   Schon Plutarch
klagt über die allgemeine Entvölkerung des Landes.

Erbarmungslos verfuhr man im Alterthum mit
Besiegten.   Erst nahm man ihnen, um sich selbst
sicher zu stellen, die Mittel zu künftiger Rache und
Erhebung, und war ihr Staat hinlänglich zerrissen
und zerstückt, so hieß es: was könnten wir sonst
wohl von diesem Volke brauchen, das es uns gewähren müßte? Allein an Geld ließen sich die Römer nach dem Sieg über Perseus so viel zahlen,
daß ihre Bürger für 124 Jahre von Vermögens-
steuern befreit blieben.   Wie wenig bedeuten dagegen die fünf französischen Milliarden!

XV.

Nach Imbros.

Ich erwähnte, daß wir auf der Südseite von Samothrake bei der äußersten Landzunge die Nacht geankert hatten. Mit zunehmendem Tageslicht färbte sich das Meer, und kaum war die lachende Morgenröthe in die Fluthen versunken, so prangten die Gewässer wieder unabsehlich im schönsten blauen Glanze. Gar köstlich ist es in Morgenfrische, so über die schimmernde See dem Hochgestade entlang zu gleiten.

Das Ackerfeld dehnte sich anfangs ziemlich weit. Jedoch war es überall nachlässig bestellt, und wo das Land nur etwas bergig und der Anbau mühsamer wurde, da ließ man es eben liegen wie es war. Den jetzigen Bewohnern von Samothrake steckt

das schweifende nichtsthuerische Hirtenleben einmal
im Blute: im Mittelalter aber gab es, nach den
Ruinen zu schließen, auch auf der Südseite der
Insel noch Burgen und Landhäuser und Ortschaften.
Da sie abgewendet liegt von den thrazischen Nord-
stürmen, so ist das Klima hier viel milder und
sonniger, als auf der Nordseite. Weil die Landschaft
aber rings umher mit jedem Jahre mehr an Wald-
wuchs und Schatten verliert, so wird sie fort und
fort dürrer und felsiger; denn schon von Natur ist
die Insel wasserarm, weil ihr Gebirge mit breit-
gewölbtem Rücken aus dem Meer aufsteigt und nur
nach Norden hin sich öffnet.

Sobald die Sonne über den Horizont ist, werden
bei der ungemeinen Helligkeit der Luft die Inselberge sofort bedeutend kleiner, dafür aber beginnt
gleich ein anmuthiges Farbenspiel. Während die
Fluth sich spiegelnd und weißschäumend am Gestade
bricht, wechseln oben zwischen den Steilwänden und
den Schutthalden goldene Lichter mit blauschattigen
Tiefen, und die hohen Gipfel am Felsenrand ragen,
wie von Aether umstimmert, empor in die stillen
blauen Lüfte. Als ich mich dem fesselnden Anblick
länger hingab, schien es allmählich, als würden die
Berge doch gar zu klein und bläulich, und auf einmal merkte ich, daß unser Schiff schon weit von der

Infel abstand. Der Wind war gar zu günstig,
und unsere Leute dachten schon bald in Imbros zu
sein. Ein Türke hat nie etwas anderes im Kopf,
als sein Geschäft möglichst rasch abzumachen, damit
er wieder ganz in Ruhe rauchen könne. Ich verlangte, man solle näher auf Samothrake zuhalten.
Mehemed und Mustapha protestirten heftig: sie
meinten, unmöglich hätte ich an dem nackten Felsgestade etwas zu thun, man könne ja dort nicht
einmal landen. Ich erklärte ihnen zuletzt in aller
Ruhe: wenn sie nicht gehorchen, sondern unsern
Vertrag brechen wollen, dann möchten sie nur gleich
auf Tenedos zufahren. Das wirkte. Das Schiff
drehte sein kleines Bugsprit wieder nach Nordost,
und wir kamen, wie man sagt, mit Hängen und
Würgen um das Kap Malathria herum und sahen
den Auslauf des Xeropotamos, welchen die Türken
Kuridschai nennen.

Hier beginnt die Wildseite von Samothrake.
Alles Getreidefeld verschwindet, die ganze Gegend
ist steinig, und die Felsenriffe stürzen in nackter
Steile ins Meer, sämmtlich scharf gerändert und
eines hinter und über dem andern in langen Linien.
In den großen und kleinen Schluchten aber und
Senkungen sammelt sich Geröll und Erde: dort
sind überall Oelbäume hingesetzt oder Kurzeichen und

anderes Gehölz gediehen. Oefter erschienen weite
Steinhalden ganz mit dem bläulich schimmernden
Olivengrün überkleidet. Schwerlich aber wird man
hier den Ertrag eines Besitzthums nach der Zahl
seiner Oelbäume rechnen. Auf Thasos war schon
ein beträchtliches Anwesen, welches 700 bis 900
Oelbäume zählte, und diese trugen in guten Jahren
einen Werth an Oel von fünfzehn bis achtzehn
hundert Gulden, in schlechten Jahren fünf bis sechs
hundert Gulden, wovon aber Kost und Lohn der
Arbeiter noch abgehen. Auf Samothrake dagegen
wird auch jener geringste Stand des Ertrags nicht
erreicht. Alles was ich hier von Oelbaumzucht gesehen, war die Verwilderung selbst.

Eine Stunde weiter vom Xeropotamos wird ein
Strand-Dreieck, das sich ins Gebirge hinein buchtet,
„bei den Platanen," türkisch „Tschinar" genannt.
Gleich dahinter liegt im Meer ein gewaltiger wogen-
umbrauster Felsblock, in welchen eine Höhlung hin-
eingeht. Da er von weitem die rohe Gestalt eines
Schiffes vorstellt, hat er den Namen „Fregatte" bekommen. Von hier wiederum eine gute Stunde
weiter bis zum Kap Ammos, das auch bei den
Türken so heißt, werden die Oelbäume schon sehr
spärlich. Nur noch unten, wo in die Einschnitte am
Strand ein wenig Wasser und Erde von den Höhen

niederfließt, erfrischt das Auge, das ermüdet über
die glitzernden Felsen und die steinigen Klüfte irrt,
etwas grünes Gebüsch mit ein paar Oelbäumen.
Ein- oder zweimal sieht man auch ein armselig
Gärtchen hängen weiter oben in dem kahlen Stein-
gewirre.

Vom Kap Animos an dehnt sich weit und breit
nur eine entsetzlich graue Berg- und Felswüste.
Nur weit zerstreut klimmt etwas Eichengebüsch an
den Schluchträndern hin. Steil auf steigen die Felswände aus den Fluthen, und in stark geneigten steinigen Flächen, in düstern Schluchten, in wildem Geriffe
und Geklüfte geht's empor bis zu den bleichen Zacken
und Zinnen, die in den höchsten Lüften blinken.
Doch auch durch diese Steinwüsten zog hin und
wieder der liebliche Oleander seine röthlichen Streifen. Dort oben umher zu steigen, brächte indessen
einem berggewohnten Jäger nicht gerade besondere
Mühe und Gefahr. Er hätte dafür Aussicht auf
Wild, das zahlreich aufspringt, wenn ihm diese
Sorte behagt. Von den zwei deutschen Reisenden,
die in den letzten zwanzig Jahren auf Samothrake
waren, spricht der eine von Gemsen, der andere von
Steinböcken. Nach allem aber, was ich darüber hörte,
mögen die Samothraker das räthselhafte Wild einfach und ganz richtig „wilde" oder besser noch „ver-

wilderte Ziegen" nennen. So viel auch getödtet
werden, namentlich der Haut wegen, sind doch immer
noch genug da. Versprengte Stücke irren von den
Bergweiden auf der andern Seite des Kammes herüber, und finden in den tief aufgerissenen Fels-
schluchten überall gute Verstecke und Lager.

Das Volk hat eine Ahnung, daß auch in dieser
Felswüstenei ehemals grüne Weide und Anbau gewesen. Man stößt wohl einmal auf den vermodern-
den Stumpf eines Oel- oder größeren Eichbaums,
wo seit Menschengedenken nichts mehr zu sehen war,
als Steine und Felsen. Daraus bildet sich nun eine
Sage, ganz ähnlich wie in unsern Alpen. Jedesmal ist es der Hochmuth, der ob großen Reichthums
an Vieh und Milch des Himmels Mächte verachtet,
aber die Rache säumt nicht. Bei uns werden die
grünen Matten zur Strafe vergletschert, hier unter
dem griechischen Himmel muß Sonnengluth sie zu
dürren Steinfeldern ausbrennen.

Wir umfuhren den Kippos, auch Kephali genannt, die äußerste östliche Spitze der Insel, wie
das Akrotiri die westliche ist. Wie eine scharfe Fel-
sennase streckt sich der Kippos weit vor ins Meer.
Wir segelten noch eine Strecke darüber hinaus in
gerader Richtung, bis uns die Gegend erschien, wo
drüben die Bäder lagen, die wir den Tag vorher

besucht hatten. Zur Rechten zeigten sich in der Ferne,
wie schwarze Punkte im Meer, die Sguraffa-Klippen,
ein Riff von vier oder fünf Felsköpfen, die aus
den Fluthen hervorstarren. Wehe nur das kleinste
Lüftchen, so erzählte Mustapha, so schlügen dort die
Wellen ans Gestein mit rastlosem Geheul und Ge-
zische: jedes Schiff mache gern einen weiten Umweg,
um dem gefährlichen Riff nicht zu nahe zu kommen.
Die Griechen sagten: es wohne zwischen den Klippen
auf Meeresgrund ein gräßliches Ungethüm, eine Art
Riesen-Hai, der Männer und Stangen abbeiße wie
wir eine Salzgurke. Man solle öfter aus der Tiefe
sein Gurgeln hören. Er aber glaube nicht daran,
das sei nur das Wasserstrudeln zwischen den Felsen.

Wo es dem Türken unheimlich wird, da glaubt
er einfach an böse Geister. Die griechischen Schiffer
aber beleben noch immer Meer und Gestade mit
allerlei phantastischen Gestalten. Um sich vor Fähr-
lichkeiten zu schützen, lassen sie sich vor dem Ab-
segeln vom Popen weihen und segnen, oder es ge-
lobt der Arme eine Kerze dem heiligen Nikolaus
und der Reiche einen Armleuchter der Hochheiligen.
Die Klügsten aber, wenn sie nach Samothrake kommen, suchen in einer Zweighütte irgendwo am Waldeck
eine alte Hexe auf, welche die Kunst versteht, Wind
und Wetter zu besprechen. Samothrake hat noch

den Ruhm daß es in seinen Schluchten ganz aus-
bündige Zauberinnen gibt. Von all seinen erhabenen Göttern und ihren schauervollen Mysterien ist
nichts übrig geblieben, als ein paar alte Wetter-
hexen. Wo die Waldbäume absterben, bezeichnet noch
lange Zeit elendes Gestrüpp ihre Stelle.

Ich ließ nun das Schiff wenden nach Imbros
hin. Da reckte sich Mehmed, der Steuermann, und
setzte sich wieder zurecht, gleichwie sich ein Reiter im
Sattel zurecht setzt, wenn er zwischen den Häusern
und Gärten heraus auf die freie Haide kommt und
nun das Vergnügen hat, sein Pferd ausgreifen zu
lassen. Der Wind war vortrefflich, alles Leinen
wurde aufgezogen, alle Wellen eilten mit uns, und
in drei Stunden flogen wir hinüber bis nach Marmara, der Landungsstelle von Skinudi auf Imbros.
Immerfort sauste leise der Wind in Segeln und
Tauen, immerfort sang Mehmed leise vor sich hin:
es war als sei unser Schiff in dem Bann einer unsichtbaren Kraft, die uns unaufhaltsam über die
Fluthen jagte. Auf sausendem Schiff im frischen
Winde so über Bord zu schauen, hinein in die fliegenden schäumenden Wellen, und wieder in die Ferne,
wo die blauen Inselberge schwimmen auf leuchtenden Fluthen, — kein größer Vergnügen gibt es,
wenn man erträglich gespeist und eine Pfeife mit

wohlduftendem türkischem Tabak zur Hand hat. Der
volle kräftige Sonnenschein ruhte auf den Wogen,
als wollte er hineindringen bis zum tiefsten Meeresgrunde. Wenn sich dann die Wellenkämme brechen,
sind sie so schön durchsichtig, so grünschattig, und
der funkelnde Krystall wird immer wieder übergossen
von glänzend weißen Schaumperlen, und zwischendurch zuckt es wie ein irrender Blitz weithin durch das
schimmernde ewig wechselnde Wellen- und Farbenspiel.

Wenn schon auf großem Schiff die Gesichter sich
erhellen, sobald ein günstiger Wind in die Segel
fällt, wie viel mehr auf solchen kleinen Nußschalen,
die 25 Schritte lang und 10 breit sind, und
gänzlich von Windes und Wetters Gnade abhängen.
Unser Schiffsvolk hockte zusammen, und ein Witz
jagte den andern. Dem Auftritt am Morgen folgte
nicht der geringste üble Nachklang. Ich hatte ja
nichts gefordert, als wozu unser Vertrag das Recht
gab, und vor einem geschriebenen Vertrage hat der
Türke eine Art religiöser Achtung. Man hörte
keinen Fluch, ja kein unwilliges lautes Wort, und
eine Tasse Kaffee mit ein wenig Tabak brachte vollends
alles wieder ins Gleiche. Ich brauchte mich nur
umzusehen, so flog gleich einer mit glühendem Köhl-
chen für meine Pfeife herbei. Das Denken und
Sorgen für den Inhalt des Pfeifenkopfs bringt

wohl alles mit auf die Welt, was bei den Türken
Schnurrbart trägt. Wenn man bedenkt, daß jeder
ordentliche Türke täglich seine acht Stunden aus der
langen Pfeife raucht, die er sorgsam bor sich hin-
halten muß, damit die Kohle nicht abfalle, selbst
wenn er von den acht Stunden täglich drei ein
Nargileh handhabt, die Wasserpfeife, die zwar einen
beweglichen langgewundenen Schlauch hat, aber doch
beständig einige Aufmerksamkeit erfordert, so kann
man sich wohl vorstellen, welche Ruhe Würde und
Gemächlichkeit eine solche tägliche Gewohnheit, die
zur andern Natur geworden, des Türken Glied-
maßen wie seiner Seele mittheilt.

Unser schwarzer Hassan mußte zuletzt seine schönsten
Lieder singen, und wir lauschten bei dem Gesang
und Gespräch der Türken auf den Tonfall ihrer
Sprache. Sie lautet noch männlicher und kriegeri-
scher, als das Magyarische, läßt zwar nicht so häufig
dessen weiche liebliche Kosetöne hören, ist aber im
ganzen viel wohllautender und leidet nicht an dem
ewigen oh und öh und ek wie ein armer Sterblicher
im Katzenjammer. Ob aber beiden Sprachen die
Denkfaulheit schon in den Gliedern steckt, das mögen
ihre und unsere Philologen näher ausmachen.

Am hellen Nachmittag waren wir schon vor
Marmara. Jedesmal ist es ein lebhafter Augen-

·blick, wenn an einer neuen Insel gelandet wird.
Das ist noch ganz anders, als wenn man in ein
neues Städtchen oder ander Ländchen eintritt. Nirgends sind ja die Menschen so abhängig von Gestalt und Färbung und Nahrungskraft des Bodens,
nirgends wirkt die Luft- und Meeresspiegelung so
eigenthümlich ein, als im umschlossenen Berggau
und auf kleinen Inseln im weiten Meer. Ihre
Bewohner haben immer das Gefühl, daß sie auf
einander angewiesen sind, sie wohnen wie in einem
gemeinsamen Neste, jeder kennt den andern von
innen und außen, jeder hat stündlich ganz dasselbe
zu denken und zu wirthschaften, und zuletzt theilt
sich allen ein gewisses gleichartiges Wesen mit, das
man in Wort und Gebärde auf den ersten Blick
erkennt.

Thasos erscheint auf der See immer wie ein
waldbunkler Bergrücken mit Seitenarmen. Samothrake
gleich wie ein ungeheurer Sarg, der auf den Wogen schwimmt, oder als eine Pyramide, die bleich
und ernst zum Himmel ragt. Der Athos aber steht
immer da, wie ein kolossaler Kegel in die Fluthen
gestellt. Diese drei Berge haben tagesüber, sobald
der Morgen weicht, immer mit Wolken zu thun.
Dem Athos umwallen sie Fuß und Mitte, daß nur
sein Haupt sichtbar ist und gleichsam durch die Lüfte

daher fährt. Auf Thasos hängen die weißlichen Dünste zusammengeballt auf der einen oder auf der anderen Seite des Bergrückens. Einen so stattlichen Wolkenträger aber, als Samothrake, mag es auf der Erde nur noch einen zweiten geben, den Pik von Teneriffa. Von alledem ist auf Imbros nichts wahrzunehmen. Die Insel scheint aus der Ferne röthlichbraun, und kommt man näher, löst sie sich auf in eine Menge kleiner rundlicher Kuppen, zwischen denen sich sanftgeneigte Ebenen nach dem Strande hin abwellen: nirgends Wald, nirgends Gipfelsteile, nirgends mehr trotzige Berggewalt.

Auf der Rhede von Marmara gab es wenig zu sehen und gar nichts zu holen. Ein offenes nacktes Thälchen, das in flacher Strandebene ausmündet, war alles. Etwas tiefer ins Land hinein liegen ein einsam Kirchlein mit der Priesterwohnung und ein ärmliches Klösterchen, beide weit auseinander, und dazwischen hier und da zerstreut eine Hütte mit kleinem Kornfeld und ein paar Oelbäumen.

Ich trachtete nach der westlichen Spitze von Imbros, wo die Insel am wildesten und einsamsten sein sollte. Kein Mensch war am Ufer, der mir nähere Auskunft hätte geben können. Mehmed sagte: die eigentliche Landungsstelle für Skinudi sei auf der andern, der Südseite der Insel, am

Pyrgos, dort würden wir auch Pferde bekommen zu
einem Ritt ins Innere. Nun war es anlockend,
das westliche Bildstück von Imbros zu umfahren und
es vom Meer aus zu betrachten. Wir hielten also
wieder vom Land ab und steuerten nach Westen, indem
unser Segel immer so weit vom Gestade zog, daß
sich alles wohl überschauen ließ:

In dieser Insel- und Küstenwelt ist es ein
schöner Vortheil, wenn man sein eigen Fahrzeug
hat. Landen kann man wo es gefällt, und sind
Wind und Wetter nicht einladend, so wartet man
eben auf besseres. Brod Wein und Käse sind überall
zu bekommen, gewöhnlich auch Eier und etwas Obst
und, wenn das Glück wohl will, zu den Eiern auch
die Henne. Den guten türkischen Kaffee macht man
sich selbst, und lernt allmählich wie man ihn den
ganzen Tag trinken kann: er bietet immer neue Er-
frischung. Versteht dann noch der Schiffskoch Abends
einen guten Pillaw zu bereiten, so ist man gern
zufrieden und eigentlich seelenvergnügt in der köstlichen Freiheit, in dieser himmlischen reinen Luft,
im steten Wechsel von Meer und Land. Uns fehlte
nur eines: etwas mehr Zeit, um all das Schöne
und Erhabene noch behaglicher auszukosten. Mit
Seufzen dachte ich an die langen einförmigen Dampf-
schiffreisen, die uns noch bevorstanden. Welche Ruhe

und welch Behagen umgab uns auf unserm Fahrzeug, so klein es war! Auf dem Dampfschiff ist
man gebunden an die strenge Fahrordnung, halb
wie im gefüllten Gefängniß, und die Gesellschaft
wohl einmal unleidlich. Hier steht Einer und dort
steht Einer, in allen vier Sprachen wird man an-
geredet und soll Rede stehen über Dinge, die sich
von selbst verstehen. Nichts schrecklicher dann, als
die langen Tischunterhaltungen: der Eine ist hier
gewesen, und der Andere ist dort gewesen, und dies
war schön, und das war schön, und zuletzt läuft es
immer auf die Gasthöfe hinaus, wo man am besten
gegessen und geschlafen hat. Wenn ich all' die
Dampfschiffsfahrten, die ich auf dieser Reise gemacht, überschlage, die von Marseille nach Barce-
lona, von Cadiz nach Teneriffa, von dort die marok-
kanische Küste entlang nach Tanger, von Gibraltar
nach Marseille, von Wien nach Konstantinopel, von
dort nach Cavalla, von Smyrna nach Athen, und
endlich vom Piräeus nach Neapel, so habe ich zwar
ein recht buntes Völkergemisch gesehen, das mir viel
zu denken und zu lachen gab, auf den Dampfschif-
fen selbst aber interessante Menschen höchstens acht
oder neun, und diese waren Deutsche oder Engländer, ein Franzose, und ein spanischer Carlistenfüh-
rer, der auf Gran Canaria gefangen gehalten war

und heimlich sich auf unser Schiff geflüchtet hatte.
Ach, es giebt gar zu viel Kartoffeln und wenig
Trauben und Orangen!

Als wir nun Imbros entlang segelten, erschien
ein kahler Rundberg nach dem andern, von denen
einige ins Meer hervortraten und in scharfe felsige
Ecken ausliefen. Wir umschifften mit Mühe das
nordwestlichste Kap, da traf uns vom Süden her
ein Windstoß, vor welchem das Schiff sich tief ins
Wasser beugte, und als es wieder empor kam, schüt-
terte und zitterte es in allen Planken, wie ein Pferd
das plötzlich niedergeworfen ist. Ein zweiter Windstoß legte das Fahrzeug auf die Seite, und die
Segelstangen klatschten ein über das anderemal ins
Wasser. Mehmed pfiff, und Mustaphas Bart schien
noch weißer zu werden, und wir andern alle mußten uns am Bord festhalten, weil wir auf einmal
ein gewisses unangenehmes Gefühl hatten, als könnten wir wie Schwalben davon fliegen. Doch der
Kutter kämpfte brav, und stieg und stürzte zwischen
den unruhigen Wellen, und hob sich wieder, —
ein paar ängstliche Minuten. Endlich brachte Mehmed das Steuer herum und das Schiff vom Land
ab, und nun flog es wie besessen ins Meer hinaus, bis wir weit genug ab waren, wo die Luft
stiller wurde und wir uns wieder zur Insel hin-

wenden konnten. Durch wiederholtes Kreuzen gelang
es endlich, um die Spitze herum zu kommen. Der
Wind stand zwar noch immer gegen uns, aber jetzt
war es doch ein ruhiges stetiges Wehen, nicht mehr
das teuflische Stoßen von vorher, das man in allen
Gliedern fühlte.

Das Gestade bietet auf dieser Westseite der Insel,
die jedoch in einer gebrochenen Bogenlinie nicht mehr
als eine Stunde breit ist, einen höchst barocken
Anblick. Das Meer war umsäumt von einem gelben
Sandstreifen, darüber erhoben sich Höhen und Schluchten und Gipfel, jedoch alles rundlicher und von sanf-
teren Formen, als die hochragenden Riffe und Steil-
wände, an welche wir bisher gewöhnt waren. Unten
war Nadelholz zerstreut, darüber folgte Buschwald,
oben schien jede Höhe nur kahle Haide, überwallt
von bleichem Glanz, alles unsäglich öde und einsam. Einzelne Vorgebirge starrten steil auf in weiß-
grauem Gestein, dort hatten sich Felsblöcke losgerissen und waren niedergestürzt. An der nordwest-
lichen Inselspitze steht am Gestade ein kleiner runder
Felsberg wie ein Thurm aus der Fluth empor.
Dieser Felsenthurm heißt Dämonokastro, und davon
wird die ganze Westecke der Insel „bei der Geisterburg" genannt, ein Name vollständig passend für
diese bleiche wilde Gebirgsecke.

Unsere Alamana hatte den Tag über ihren Ruf als guter Segler bewährt. Gewiß war sie trotz ihres türkischen Namens anderen Ursprungs: sie hätte auch nur in Händen besserer Seeleute sein sollen. Es war noch helles Tageslicht, als wir auf die Südseite von Imbros traten, und wir wollten nur noch dritthalb Stunden weiter ostwärts zum Pyrgos. Doch es war nicht möglich. Wieder wurde hin und her gekreuzt, der Wind pfiff alle Melodien im Takelwerk, und die See machte kurze schaukelnde Stoßwellen. Das wollte gar kein Ende nehmen, und wir hatten Beide eine Anwandlung von See-krankheit. Endlich gab man auf, gegen den Wind zu kämpfen, und ging unter dem Vorgebirg, auf dessen anderer Seite der Pyrgos lag, vor Anker. Denn hier hatten wir ruhiges Wasser und waren vor dem Winde geschützt, den wir noch lange in den Bergen rasen und heulen hörten. Kaum aber hatte der Anker gefaßt, so waren unsere Tür-ken wieder fröhlich und guter Dinge. Es sind eben schlechte Seeleute. Sie klammern sich ans Land an wie eine Katze, die man ins Wasser wirft, ans Ufer, jede Bucht wird gehörig aus-gefahren.

Im Hafen angekommen besorgt der Türke schlecht und recht, was ihm aufgetragen, und ist er damit

fertig, so geht kein Gedanke weiter in seinen Kopf.
Der Grieche aber liegt beständig auf der Lauer,
wo sich ein neues Geschäft oder ein Stück Geld erraffen läßt. Noch heutzutage ist dem Griechen das
Abenteuern zur See die größte Lust: er bleibt eben
der geborne Schmuggler, der allezeit fertige Kaperer.
Ueberhaupt ist bei allem Küstenvolk das in dieser
schönen Seegegend fährt, der Hang zu einem gewissen Meerbummeln eingewurzelt. Man denkt immer nur von einem Hafen zum andern zu kommen,
und dort zu faulenzen, sich etwas erzählen zu lassen
und nach guter Kost und hübschen Mädchen aus-
zuschauen. Aber der Grieche hält wenigstens sein
Fahrzeug in leidlicher Ordnung. Bei dem Türken
wird dagegen kein Segel geflickt, keine Stange aus-
gebessert, alles gemächlich auf die lange Bank ge-
schoben. Als ich nach unserm Kompaß fragte, zeigte
mir Mehmed ein kleines Ding der Art, welches er
an seiner Uhr hängen hatte. Offenbar traute er
mehr der Richtung, die ihm seine eigenen Augen
angaben, wenn er tagsüber nach den Vorgebirgen
schaute, die in dämmeriger Ferne blauschwarz sich
abzeichneten, oder Abends nach den Sternen. Ich
habe niemals bemerkt, daß eine alte Stalla-
terne, welche Abends das einzige Licht der Türken
war, gebraucht wurde, um nach dem Kompaß

zu sehen, und bin überzeugt, hätte uns ein Sturm aufs offene Meer verschlagen, unsere Türken hätten die Segel eingezogen, sich ruhig hingesetzt und das Fahrzeug treiben lassen von Wind und Wellen.

XVI.

Am Weſtkap von Imbros.

In erſter Morgenfrühe umſegelten wir das Vorgebirge, fuhren in die Bucht hinein und gingen
an das Land. Eine Thurmruine ſteht auf dem
äußerſten Rundhügel des Kaps, davon heißt die
Stelle der Pyrgos. Das obere Stück des runden
Thurmes iſt abgebrochen, niedergerollt und ganz geblieben. Die Türken nennen ihn Dſchifut Kaleſſi,
Judenthurm, — warum, das weiß kein Menſch mehr
zu ſagen. Nicht weit davon liegen ein paar elende
dunkle Steinhütten, Magaſias, in denen die Schiffer
Brod Wein Tabak und Reis finden. Ich kaufte
etwas, und dafür wurden „Zwanziger" gefordert.
Doch kannte und nahm man auch Franken. Einer
konnte ſogar ein paar Brocken Engliſch.

Zwei oder drei kleine Schiffe lagen halb, ihre Mannschaft ganz auf dem Strande. Ihr Morgenfrüh= stück bestand aus Muschelthieren, die wahrlich keine Austern waren. Vor jedem Nordsturm suchen sie hier Zuflucht, und warten gemächlich, bis gar nichts mehr zu fürchten. Von Imbros angefangen war es selten, daß wir eine Bucht ganz leer von diesen kleinen Seglern fanden. Was sie überall zu thun hatten, ließ sich selten bemerken. Die Hauptsache scheint das Umherlungern. Viele dieser Seeleute kommen weniger nach Haus, als der Matrose, der auf einen Ostin= dienfahrer geht.

Einer der Krämer hatte selbst Pferde. Während sie zu unserer Tagesfahrt gefüttert wurden, — ich ließ einen Matrosen aufmerken, daß es auch wirklich geschah, — stiegen wir auf die Höhe über dem Meere. Nachdem wir gestern den ganzen Tag zu Schiff gewesen, streckten sich unsere Glieder behaglich im frischen Morgenwinde. Im Binnenlande sehnt man sich nach feucht erfrischender Seeluft, und kaum ist ein Tag Meeresdunst geschluckt, so scheint wie= der nichts angenehmer, als der würzige Landgeruch.

Auf dem Scheitel des Hügels stand eine kleine Kirche. Ich nahm als selbstverständlich an, sie sei, wie ähnliche Heiligthümer auf Vorsprüngen am Meere, dem heil. Nikolaus gewidmet; denn dieser

ist der Hauptpatron aller griechischen Schiffer und
in ihren Angelegenheiten beinahe so mächtig wie
die h. Jungfrau. Sie wenden sich hundertmal eher
an die Madonna oder den Heiligen, als an Gott
selbst, gleichwie Kinder ihre kleinen Anliegen gern
auf dem Umweg durch Geschwister oder Dienstboten
an die Eltern bringen. Ich bin auch nicht ganz
sicher, ob diese Art Seefahrer den h. Nikolaus gelegentlich nicht um Merkursgeschäftchen bittet. Ob
er aber auch dem Viehe hold sei, schien doch fragens-
werth, da die Kirche auf der freien Höhe, wo es
weder Quelle noch Futter gab, mit Lagerresten von
Rindern Ziegen und Schafen auf das Reichlichste
umgeben war, gleichwie gewisse Kirchen in Altbayern,
wenn die Bauern mit ihrem Vieh den Umzug gehalten haben, der ihm die Fürsorge der Kirchenheiligen erwirbt. Da erfuhr ich: das Heiligthum
gehöre der h. Mutter Anna, die der häuslichen
Angelegenheiten ihrer Schützlinge sich annimmt, und
zwar all ihrer Vierfüßer auf einmal, während die
bayerischen Bauern viel klüger die Sorge für ihr
Vieh unter die Heiligen vertheilen, so daß jeder
sein Gebiet hat. Wendelin beschützt die Kühe und
Fridolin die Schafe, die Pferde gehören dem h.
Leonhart, die Schweine aber fallen St. Antonius
anheim.

Die Aussicht von der Höhe, die weit in See
vortrat, war herrlich. Wir übersahen eine Bucht
nach der andern, nach Osten bis zum Kap Sikya,
nach Westen bis zum Kap Dämonokastro. Jeder
Vorsprung des Landes war mit dunkeln Klippen
umsäumt, an welchen der weiße Schaum empor-
spritzte. Zur Rechten dehnte sich weit und niedrig
über das Meer hin, gleichwie ein ausgebreitet bräun-
lich Tuch, die Insel Lemnos. Gerade vor uns erhoben sich in der Ferne die lesbischen blauen Gipfel.
Zur linken hatten wir den kahlen Rundberg von
Tenedos, und alldahinter schwangen sich hin und
her die prächtigen Bergketten Kleinasiens. Noch hing
es wie Morgendunst, wie ein leiser Schleier, über
See und Inseln: aber die Sonne stieg verheißungs-
voll empor mit aller goldenen Strahlenmacht. Wendeten wir uns vom Meer ab, so blickten wir in
weite Landschaft hinein über einer Tiefebene, die
geschmückt war mit Kornfeldern und Fruchtbäumen,
jedoch rings umragt von ganz kahlen Kuppen und
Berghängen. Die Einsamkeit, die traurige Oede
und Kahlheit dieser Gebirgslandschaft hatte etwas
Beängstigendes. Es überkam mich wieder ein Gefühl wie in der dürren steinigen Umgegend Konstantinopels, als sähe man hinein in ein großes
düsteres Leichenfeld der Geschichte.

In der Ferne hing eine Ansammlung grauer
Hütten oben an einer nackten Berglehne: das war
Skinudi, die einzige Ortschaft auf der ganzen West-
hälfte der Insel. Die Bevölkerung hat sich ehemals
dorthin zurückgezogen, weit genug um vor den ersten
Raubgriffen vom Meer aus sicher zu sein. Mehr
im Vordergrunde rechts davon erhob sich ein gewaltiger Burgberg, der Beherrscher der ganzen Landschaft, dessen Prachtgestalt schon gestern Abends
mich gefesselt hatte. Es war das Paläokastron,
und ich sah jetzt, daß das, was ich für Bastionen
und Burgzinnen gehalten, ein ungeheurer und fast
nach allen Seiten steil abfallender Felsberg war,
dessen Krone noch einiges Gemäuer trug.

Noch im Mittelalter muß die Gegend viel belebter gewesen sein. Die weitausgezogene Bucht zu
unsern Füßen war damals umgürtet von einer Kette
von Wartthürmen und kleinen Burgen, die jetzt alle
in Trümmer zerfallen. Wahrscheinlich hatte sich
auch hier ein Herr mit seinen Mannen angesiedelt,
der halb Fürst halb Seeräuber war. Wer doch
von diesen mittelalterlichen Geschichten mehr wüßte!
Ohne Frage sind sie sehr wild, sehr romantisch
gewesen, und obwohl einschwindend immer mehr an
Größe und Bedeutung, wahrten sie doch ihren alten
Charakter, bis ihnen Lord Byron noch prächtigen

Novellenstoff entnehmen konnte. Jetzt ist alle Blüthe
dieser Küsten und Inseln dahin, — dahin ihre
große Zeit vor, ihre lange schöne Zeit nach den
Perserkriegen, — dahin ihr üppiges Leben unter
den Römern, — dahin ihre Bedeutung für Handel
und Seemacht unter den Venetianern, Genuesen
und Spaniern. Wie ein reiches altes Haus, das
längst gestürzt ist, hegen sie noch ein schmales Erb-
gut an Oelbäumen Fruchtfeld und kleinlicher Schifffahrt. Jetzt, wo vom lebenerfüllten Westen her ein
frischer Luftstrom sie anregt, sollte ihre Bevölkerung
zu neuer Thätigkeit erwachen: sie fängt aber eben
erst an sich die Augen zu reiben, für sie ist die
lange schwere Türkennacht kaum einer Morgen-
dämmerung gewichen.

Unser erster Ritt galt dem Paläokastron, eine
kleine Stunde vom Pyrgos. Es war sechs Uhr
früh und wieder ein frischer köstlicher Morgen, die
Lüfte voll Glanz, die Erde voll Grün und Blumen.
Wie viele solcher Reisemorgen verträumt man daheim auf trägem Lager!

Es begleiteten uns der Krämer und sein Bruder,
beide ein paar aufgeweckte junge Männer. Unsere
Türken hatten sich dafür in ihrem Magasia einge-
lagert, und wichen nicht, bis wir glücklich wieder
kamen. Der Weg führte durch Korn- und junge

Weinfelder. Der Boden war augenscheinlich sehr fruchtbar, diese Ebene die zweitbeste auf der Insel; die Oelbäume zeigten dunkelgrüneres Laub als in Italien. Doch was will der Landbau viel sagen, wo es nicht einmal Wege und Wagen gibt, und man den Weizen, die Haupternte, ebenso gut auf Pferderücken besorgen muß, wie Hafer und Gerste, Oliven und Trauben. Immerhin war der höchst liederliche Anbau des Bodens noch viel besser, als im Innern von Sizilien oder Spanien; denn hier gab es, wo die Wohnungen gar zu weit entlegen, schon Feldhütten für die Zeit der Saat und Ernte. Wir kamen an mehreren vorbei. Es sind niedrige schmale Steinhäuser, hier und da hatten sie bereits ein höheres Dach, einen kleinen Anbau, eine feste offene Dreschtenne bekommen. Weil Seeraub nicht mehr zu fürchten, können sich die Leute jetzt nach Belieben zwischen ihren Feldern aufhalten. Hoffentlich werden sie allmählich so klug werden, für immer von ihrer nackten Berghalde herunterzukommen und sich anzusiedeln auf ihrem besten Besitzthum.

Es war Mitte Juni, und die Schnitter fleißig in allen Feldern.. Sie führten kleine Sicheln, mit denen sie die Halme mehr abrupften als am Fuß abschnitten. Wie sollten sie auch viel Stroh nach

Hause bringen! In der ganzen Ortschaft gäbe es nicht eine einzige Scheune dafür.

„Wohin geht es, Jorris? Was macht der Handel, Basili?" So wurden unsere Begleiter aus vielen Feldern angerufen. Und jedesmal gab es erst eine kleine Standrede. Die Leute sind so redelustig wie junge Spatzen. Aber die Frauen sahen sehr dürftig aus, keine Spur von Nationaltracht zu entdecken.

Das Paläokastron lag schon über den Kornfeldern in den gelblich bleichen Bergen, auf deren steinigen Oeden jeder Wolkenschatten sich abzeichnete. In der Nähe nahm sich die Felsenburg weniger malerisch aus, als von weitem. Oben gab es nichts mehr als eine kleine Thurmruine, Stücke der verfallenen Ringmauer, und ein paar armselige Kirchlein, deren Gemäuer man nothdürftig zusammengeklebt hatte. Wo einmal ein Heiligthum gestanden, würden sich die Umwohnenden ein Gewissen daraus machen, wenn sie es ganz eingehen ließen. Sie fühlen sich an die Stelle für allezeit religiös gebunden. Deßhalb stößt der Reisende, in Gegenden, die bereits menschenleer geworden, noch öfter auf ein Kirchlein, wenn es auch nur aus Lehm und rohen Steinen besteht.

Wir hielten uns bei der alten Felsenburg nicht

lange auf, und durchmaßen die Thalbreite, um auf
die Berge der andern Seite zu kommen. Efinubi
blieb uns rechts oben auf seiner Berghalde. Es
muß da droben in den niedrigen Steinhütten viel
Elend oder sehr viel Genügsamkeit wohnen. Jenseits
der Ortschaft erheben sich auf einem rundlichen Absatz
drei kleine Kirchen, der einzige Schmuck dieser weiten
Gebirgsöden, die gar zu trübselig wären, wenn die
Natur sie nicht hie und da behinge mit reizenden
grünen und rothen Bändern. Die Gewässer, welche
in der Regenzeit von den Bergen stürzen, haben
Rinnen ausgehöhlt, die um so breiter und tiefer
werden, je mehr sie der Ebene und ihrem fetteren
Erdreich sich nähern. Diese lang sich hinziehenden
Hohlrinnen sind entweder ganz mit niedrigen Föhren
und Harzgeruch erfüllt, oder mit hellroth blühendem
Oleandergebüsch austapezirt, unten in den Thälchen
verbreitet es sich zu einem lachenden Blüthengewoge.
Am Fuße der Berge wiegt hin und wieder über den
Oelbäumen eine schlanke Pinie ihr Haupt. Der
Anbau fängt an die Höhen hinan zu steigen. Wie
viel breite Berglehnen könnte er noch in Anspruch
nehmen! Von der ganzen Insel ist gewiß ein Fünftel
leicht anbaufähig, in Händen eines kräftigeren und
fleißigeren Volkes würde sich ein ganzes Drittel in
blühende Gärten und Felder verwandeln. Die jetzige

Bevölkerung von etwa zehntausend Köpfen ist schon mit einem Zehntel zufrieden. Uebrigens sind sie alle, mit Ausnahme der wenigen türkischen Beamten, Griechen, und geben dem Reisenden, wie alle dieses Stammes, beständig zu rathen auf. Wie ist es möglich, daß ein so schönes, intelligentes und gar nicht kraftloses Volk so wenig vorwärts kommt?

Als es nun in die Höhe ging, nahm uns ein grünes Waldthal von Pinien und Föhren auf. Zahllose Vögel flogen und verfolgten sich von einem Baume zum andern, und überall ertönte Zwitschern und Drosselschlag. Das gefiederte Völkchen hatte hier Stille und Einsamkeit, Baumgrün und etwas Wasser. Wir hielten bei einem Brünnchen, das uns als herrliche Labung schon lange gepriesen war. Der Trunk war rein, aber lau und fade, als wäre das Wasser gekocht gewesen. Ueber den rothlehmigen Erdboden, der öfter reiner Oder zu sein schien, zieht sich eine dürftige Walddecke, und bekleidet mit Grün, jedoch ohne alles Unterholz, die Thäler und Senkungen, die zum Meere niedergehen. Nur in dieser Westecke hat die Insel noch ein wenig frischen Wald, alles andere ist nackt wie Dächer der Häuser. Auch Fruchtbäume stehen nur in den Thälern und an ihrem Rande.

Ueberhaupt bildet dieses Weststück einen eigen-

thümlichen und abgesonderten Theil der Insel. Der
Hauptwerth von Imbros liegt in der Thalebene „des
großen Flusses," so genannt weil die anderen Flüßchen noch viel kleiner sind.   Diese breite Mulde
macht mit den kahlen Rundhöhen, von denen sie
ringsum besetzt ist, und mit dem Anhang einer
sandigen Landzunge im Süden fast die eine Hälfte
der Insel aus, nährt jedoch nur fünf Ortschaften.
Das beste Dorf heißt, wie auf Thasos, Panagia.
Die ganze Mitte, welche beinahe wieder eine Hälfte
der Insel einnimmt, ist erfüllt von steinigen Berg-
und Höhenzügen, deren Gipfel von tausend bis
beinahe zweitausend Fuß ansteigen.   In diesem
zweiten Theile der Insel gibt es nur eine einzige
Ortschaft, Skinudi, und eine größere Fruchtebene
am Pyrgos und die ganz kleine von Marmara.
Jenseits der Pyrgos-Ebene erhebt sich, kaum ein
Zehntel von Imbros bildend, ein dichtes Gedränge
von acht oder neun runden Bergen, die am Meere
schroff auftragen, und deren Thäler und niedrigere
Verbindungsglieder noch mit Wald bedeckt sind.
Hier ist nicht eine einzige Ortschaft mehr zu finden,
in langen Sommern höchstens eine Ansammlung
von Zweighütten.

Auch selbst auf diesem menschenleeren Gebirgs-
stock wird der Wald in wenigen Jahren ziemlich

verſchwunden ſein. Die höchſten Bäume hatte man erbarmungslos niedergehauen, bloß um ſich der Zweige zu bemächtigen. Der Stamm blieb liegen zum Verfaulen. Zahlloſe andere Föhren, ruchlos von Hirtenfeuern angebrannt, ließen traurig die vertrocknenden Nadeln hängen und ſtarben ab. Ueberall, ſelbſt in amerikaniſchen Urwäldern, habe ich die Bemerkung gemacht, daß, je roher und tückiſcher ein Menſch iſt, um ſo größer ſein Haß auf die grünen Waldrieſen. Schon fällt die Sonnengluth überall zwiſchen die Bäume des Waldreſtes, brennt den Boden aus und verwandelt ihn in Staub. Der nächſte Stromregen reißt wieder einen Theil des Erdreichs fort, und noch mehr Baumwurzeln werden entblößt und vermögen keine Nahrung mehr einzuſaugen.

Was iſt das doch ein Elend heutzutage mit der Waldverwüſtung! Es iſt ja gerade, als hätte ein waldfeindlicher böſer Geiſt die Menſchheit ergriffen. Am Garda-See, im Innern von Frankreich und Spanien, auf den kanariſchen Inſeln, in den polniſchen Karpathen, auf Thaſos und Samothrake — überall ſah ich die Waldverwüſter in voller Thätigkeit. Alles ſoll nackt und kahl werden, und die Vögel des Himmels finden bald keine Laubhülle mehr, um darin ihre Neſter zu bergen.

Junger Wald wird, glaub' ich, nur noch in
Deutschland und Schottland gepflanzt und gehegt.
Es besteht eben eine verschiedene Art der Gesittung.
Der Germane liebt kühlschattigen Wald und frischen
Blätterduft: der Romane und Orientale will überall
helle Fernsicht, und die steinige Wüstenei schreitet
vom Rande des Mittelmeers auf allen Punkten ins
Innere der schattenlosen Länder vor. Doch auch
das habe ich überall bemerkt: ein edler und feiner
Sinn kann nicht leben ohne lustiges Baumgrün.
Sind die Wälder fort, so muß man zu Parks und
Obstgärten seine Zuflucht nehmen.

Unter solchen Gesprächen ließen wir den Wald
unter uns, arbeiteten uns empor zwischen Gebüsch
von Eichen und Stechpalmen, und alsbald sahen
wir nichts mehr als steinübersäete Höhen. Die
Pferde konnten zwischen den Blöcken und dem Geklüfte nicht mehr fort, wir mußten absteigen und
mühsam emporklimmen, bis wir an eine niedrige
Klippenreihe kamen. Kaum aber hoben wir den
Kopf darüber, da — o allmächtiger Himmel! —
in welche Lichtfülle von Glanz und Schönheit und
Erhabenheit blickten wir hinein! Gerade gegenüber
stieg mit heller Felsenbrust aus den Fluthen der
heilige Götterberg von Samothrake, dahinter zogen
sich blauduftig die thrazischen Höhen, feierlich ragten

der Athos und die Gipfel von Thasos. Tief unten
lag wie von Sonnengluth gebräunt Lemnos, entfaltet bis ins kleinste Thälchen, links daneben das
Inselchen Neä. All dazwischen aber die weite,
weite spiegelnde Meeresbläue.

Wahrlich, es ist etwas Köstliches um diese
griechischen Landschaften. Das Meer liegt ausge-
spannt wie eine unendliche lichte Fluth, und die
Küsten und Inseln ragen und winken so menschen-
nahe, hier hochgewaltig, dort lieblich und lachend.
Es herrscht hier nicht die wilde, alles überwältigende
Erhabenheit des Ozeans, nirgends aber auf Erden
herrscht das Meer strahlender in Bläue, nirgends der
Himmel so ähnlich einem unermeßlichen Aetherkrystall.
Man könnte fragen: was ist hier mehr lichtge-
tränkt, See oder Luft?

Die Schiffer nennen diesen nördlichen Theil des
Archipels das „weiße Meer," weil über seiner Bläue
ein weißlicher Schimmer liegt wie ein leichter Silber-
glanz.

Auf unserer Klippe oben war alles still. Nur
ein paar Bienen flogen summend zu den wilden
Kräutern. Es wohnte hier die Einsamkeit. Vom
Morgen bis zum Abend sahen wir auf diesem Westende der Insel, außer unsern beiden Begleitern,
keine Seele. Tief von unten her rauschte empor

der leise Schall der Brandung: man sah, wie sie
zwischen den Uferfelsen weiß sich kräuselte. Zur
Linken hatten wir eine bedeutende Anhöhe, an welcher sich graue Linien wie von alten Mauerresten
hinzogen. Zur Rechten erhoben sich zwei felsige
Berge mit spärlichem Grün bewachsen. Der untere
wurde Strobulos genannt, und vor diesem lag im
Meere die bleiche verwitterte Felspyramide der Geisterburg, welche wir gestern Abends umschifft hatten.

Da die Sonne, als sich der Mittag näherte,
uns mit stärkeren Strahlen heimzusuchen anfing, stiegen wir wieder hinunter, bis unter halb verwilderten Oelbäumen, die in einer kleinen Mulde standen,
sich Schatten bot. Unser Wein war unter den
Steinen, die ich vorher darüber gelegt hatte, ziemlich kühl geblieben, und als wir gespeist hatten,
wurde meiner Frau aus den Satteldecken ein Ruhe-
lager bereitet. Hellbraune langzottige Ziegen kletterten
umher: der Hirt, wenn er in der Nachbarschaft war,
beobachtete uns wahrscheinlich von weitem aus einem
Versteck.

Ich stieg unterdessen hinauf, wo sich die Mauer-
linien zeigten; es waren aber nur Felsbänke, die
reihenweise übereinander zu Tage traten. Oben erschien der Boden abgeplattet und ganz bedeckt mit
kleinen Bruchsteinen, als hätte vor Alters hier eine

Stadt gestanden. In dem Felsen auf der höchsten
Spitze war eine Rundbank ausgehauen, auf welcher
man die jenseitigen Berge vor sich hatte. Die Aussicht hier oben zeigte sich sofort noch bedeutender,
als wir sie vorher gehabt; denn sie umfaßte hier
auch Tenedos und die Höhen von Lesbos und Kleinasien, die sich in ferne Dämmerung verloren.

Mehr und mehr verhing nun Mittagsdunst die
Fernsicht, und ich bemerkte noch, wie die Straße
nach den Dardanellen von Segeln hundertmal belebter
war, als die Meeresweiten rechts und links. An
der Mündung der Dardanellen sammeln sich die
Schiffe, dann verbreiteten sie sich zwischen Tenedos,
Lemnos und Imbros. Die Beziehung zu jener
wichtigen Meeresstraße bestimmte die Geschichte dieser
drei Inseln. Thasos und Samothrake führten stets
ein eigenthümliches Leben. Vor den Perserkriegen
beherbergten sie ein kühnes seefahrendes Volk, das
sich der Ortschaften auf der thrazischen Gegenküste
bemächtigte. Später blieb auf Thasos eine mächtige
Hauptstadt voll großen treibenden Lebens bestehen,
Samothrake aber wurde ein so heiliger Ort, daß
sich dort ein Marmortempel neben dem andern erhob,
obwohl man jeden Stein dazu übers Meer holen
mußte. Ganz anders verhielt es sich mit Lemnos
Imbros und Tenedos. Sie gehören zur Meeres-

strömung, die von den Dardanellen her an ihre
Küsten wogt. Wer dorthin und zum Bosphorus
will, oder wer vom Chersones aus das griechische
Meer beherrschen möchte, sucht auf diesen drei Inseln festen Fuß zu fassen.

Als ich von dem Gipfel, auf welchem die Fels-
bank ausgehauen ist, zurückkam, lag meine Gefährtin
in tiefem Schlummer, und weiter abwärts entdeckte
ich die Führer bei den Pferden, und auch sie waren
vom Schlafe gefesselt. Da stieg ich zu dem höchsten Berg empor, der sich noch weit über den Strobulos erhob. Weil in der Höhe alles kahl war,
mußten die Schläfer mich bald entdecken, wenn sie
erwachten. Die Bergseiten waren mit kleinem und
dornigem Gesträpp besetzt, das mir zu schaffen machte.
Zu Zeiten kamen Marmorriffe, wo kein Grashalm
mehr gedieh. Nahe unter dem Scheitel lagen die
letzten Reste des letzten Waldstückes hingestreckt, lei-
chenbleich, alte Bäume, die Sturm oder innere
Morschheit oder das Feuer muthwilliger Hirten um-
gestürzt hatte. Endlich erreichte ich den Gipfel, und
soviel prachtvolle Aussichten ich schon genossen, hier
war erst das Herrlichste, — eine volle Rundsicht in
unabsehliche Fernen, voll glanzvoller Meerestiefen,
und mitten darin die wunderbarsten Berg- und Insel-
gestalten, anmuthig eine jede oder majestätisch. Kein

Meerbeherrscher könnte sich einen prächtigeren Thron auf blankem Felsberg denken.

Diese Aussicht ist wohl die schönste im griechischen Archipel, in ihrer Art eine der schönsten auf Erden. Unter den Südsee-Inseln bin ich zwar noch nicht gewesen, aber ich kann mir auch dort keinen Punkt denken, wo so viele ragende Gipfel und so liebliche Inselhöhen ins Meer gestellt sind, und zwar ein jedes gerade in der rechten Sehweite und alles in einer köstlichen Harmonie der Linien. Um nur eines hervorzuheben: der Krivan in den Karpathen stürzt von seiner Spitze ganz steil 4000 Fuß herunter, — in Europa kommt das nicht wieder vor, vielleicht in den Cordilleren, — gewiß aber gibt es keinen zweiten Inselberg, dessen graues Gestein fast senkrecht an 6000 Fuß hoch aus der See aufsteige, wie der von Samothrake.

Es war Spätnachmittag geworden, alle Schatten und Linien waren so voll Ruhe, alle Töne so fest und vollfarbig. Aus der einsamen Höhe blickte ich wieder und wieder über die seltsame bleiche Insel hin. Im Eirund schienen drüben, gleichwie Wächter, um die große Mulde schöngeformte Bergkuppen aufgestellt. Zu Füßen ergoß sich Waldgrün und die goldene Kornebene, jenseits ragten wieder drei felsige Kuppen. Alles das diente auf das Glücklichste dazu,

die ungeheure Erhabenheit der Meeresansicht zu un-
terbrechen und zu sänftigen. Die Luft war still
und wonnig wie der Friede selbst, in der ganzen
Natur keine Regung, als tief unten die lautlos
wandelnden Schatten der Berge und in der Ferne
hier und da ein noch helleres Aufblinken des Meeres.

Die Aussicht von jenem einsamen Imbrosgipfel
wurde mir, das weiß ich, im rastlos ziehenden
Strome des inneren Lebens eine schöne Lichtwelle
mehr, die niemals wieder erlischt. Goethe sagte
einmal: wer Italien gesehen, kann nie wieder ganz
unglücklich werden. Und was ist alle Schönheit
Italiens gegen griechische Landschaft, in welcher das
Liebliche und Sanfte, ja die lächelnde Anmuth
selbst sich stets verknüpft mit Hoheit und Majestät
ohne gleichen!

XVII.

Lemnos und Tenedos.

Die Menschen können nicht leben, so scheint
es, ohne eine Last historischer Mährchen auf dem
Nacken zu haben. Auch das Hellenenvolk ließ sich
noch beschatten und umdunkeln von wahren Wäldern
des Aberglaubens, die heutzutage so gelichtet sind,
daß wir uns kaum mehr vorstellen, wie dick und
dumpf sie waren. Kann es etwas Lächerlicheres
geben, als folgende Geschichte von Lemnos?

Die Weiber auf dieser Insel waren einstmals
gar schön und trotzig und verachteten die goldene
Aphrodite, als hätten sie alle Reize von sich selbst.
Die Göttin der Schönheit nahm das sehr übel und
rächte sich. Die Männer fingen an zu merken, daß
ihre Frauen etwas umwittere, was nicht aus Blüthen-

gärten stamme. Sie konnten es zuletzt nicht mehr aushalten, und ein Segel nach dem andern entwischte nach der thrazischen Küste, wo die Lüfte reiner und die Töchter des Landes von sanfterer Gemüthsart. Da ergrimmten die Lemnierinnen, und um das Uebel noch tausendfach ärger zu machen, schämte sich die hohe Aphrodite nicht, in Gestalt einer tiefäugigen alten Here umher zu schleichen und den armen Weibern Gift und Galle ins Herz zu gießen. In finstern Nächten verschworen sie sich, eine jede nahm einen Mann aufs Korn und bohrte ihm das Messer ins Herz. Nun errichteten sie einen Amazonenstaat, lebten in Stolz und Herrlichkeit, und kein Schiff wagte mehr zu nahen der männermordenden Insel. Allein allmählich wurde den Unholdinnen das Leben doch etwas langweilig, und sie erkannten wie großen Schaden sie sich selber zugefügt. Als nun die Argonauten auf ihrer Fahrt zum goldenen Vließe nach Lemnos verschlagen wurden, zogen ihnen die Frauen entgegen mit Blumenkränzen und köstlichem Wein und Speisen. Das gefiel den Seehelden, sie machten Lemnos zu einem Hauptstützpunkt ihrer Unternehmung, und veranstalteten öffentlich festliche Wettkämpfe. Im nächsten Jahre schaukelten wieder Wiegen unter allen Bäumen. Damit aber Aphrodite kein neues Unheil an-

richte, wurde ihr zu Ehren ein jährliches Buß- und
Thränenfest gestiftet, welches acht Tage lang dauerte.
Während dieser acht Tage durfte auf ganz Lemnos
kein Feuer brennen, nicht ein einziges warmes Süpp-
chen wurde gekocht, Kaffee gab es ohnehin noch
nicht. Um so fleißiger wurden in der Buß- und
Fastenwoche die bösen Geister aus allen Feldern und
Wohnungen ausgeräuchert. Unterdessen fuhr ein ge-
weihtes Schiff nach Delos, Apollos Heiligthum, über
welchem der Sonnenwagen des Himmels Scheitelhöhe
erstieg. Von dort holten die Männer heiliges Feuer,
kehrten nach Lemnos zurück und kreuzten vor seinem
Gestade, bis der achte Tag zu Ende. Dann landeten sie, und am Ufer warteten Festgesandte aus
allen Ortschaften, um das heilige Feuer zu holen
und es zu weihen unter Anrufung der geheimen
Götter der Tiefe. All dieser Brauch dauerte noch
in der Römerzeit, und die Leute glaubten fest daran,
obgleich doch die ganze Sage offenbar nur die Un-
treue verhüllen sollte, welche die bäuerlichen Pelasger
und Pelasgerinnen begingen, als schöngeschmückte
Hellenen in ihre Nähe kamen.

Die Argonautensöhne, welche sich Minyer nannten, wurden später von neuen Pelasgern vertrieben,
die ihrerseits aus Attika hatten weichen müssen.
Diese konnten die lieblichen Frauen der Heimath

nicht vergessen, und da Seeräuberei noch lange ihr
liebstes Geschäft blieb, so fuhren sie hin, landeten
in Attika und schleppten alle Schönen, die nicht
flüchteten, in die Schiffe. Da aber die Kinder dieser attischen Frauen sich vornehmer dünkten und das
ungemischte Blut verachteten, sannen die Pelasgerinnen auf Rache. Zwiespalt und Geschrei wurden
immer lauter, und zuletzt faßte man kurzen Beschluß
und schlug die attischen Mütter todt sammt ihren
Kindern. Noch zu Perikles' Zeit nannte man die
Bewohner dieser Insel Pelasger.

Wir waren in der Nacht vom Pyrgos abge-
segelt und am Morgen im Angesichte von Lemnos.
Nun war von den Frauen der Insel wohl nichts
mehr zu befürchten, aber das Gestade erschien keineswegs anlockend. Rundliche Berge, niedrige Felsküste
und sandige Ebenen, alles gelb und braun, und so
nackt und kahl, als könnte sich keine Haidschnucke
dort ernähren. Man begreift nicht, wie auf Lemnos
die Schafheerden fortkommen, welche Wolle und Käse
liefern, die der Insel Hauptwaare bilden, seit die
lemnische Siegelerde in den Apotheken nicht mehr
geführt wird. Nur die Türken schreiben dieser Erde
noch eine Heilkraft wider thierische Gifte zu. Die
ganze Insel sieht aus, wie von Sonne und Vul-
kanen verbrannt, und ich begreife, warum sie dem

Hephaistos geweiht war. Nach der Sage schleuderte ihn der Göttervater aus dem Himmel, erzürnt daß er sich die fettesten Bissen vom Opferfleisch aneignete. Der Unselige fiel auf Lemnos herab und mußte sein Lebenlang von dem Sturze hinken. Auch im Innern der Insel sieht man nicht das geringste Waldgrün, wohl aber Schlackenberge und todte Bulkane, von denen sich keiner viel über tausend Fuß erhebt.

Während die übrigen thrazischen Inseln türkenfrei sind, gibt es in Lemnos ein paar kleine Moscheen. Jedoch machen die Türken von den zwölf- bis fünfzehntausend Einwohnern kaum ein Zehntel aus, und dieß ist das Verhältniß, in welchem sie auch auf Tenedos, Mytilene, und andern Inseln noch übrig sind. Die Neugriechen von Lemnos aber sind entweder Ackerbauer, oder tummeln sich auf dem Meer als Händler und Schiffer, und ihre Frauen werden gerühmt ob ihrer Schönheit und ihres Fleißes am Webstuhl.

Wir fuhren eine Zeit lang an der Küste hin. Der unerträglich nackte Anblick blieb sich gleich. Lange Klippenreihen erschienen, aber nirgends ein Gestade, das man näher sehen möchte. Ich ließ endlich das Schiff nach Tenedos hinwenden, das wie ein weißer Berg mit niedriger runder Kuppe

über den Fluthen stand. Bald nach Mittag liefen
wir in dessen Hafen ein, und wurden fröhlich er-
regt: es umgab uns das schönste malerische Hafen-
bild, das wir auf unserer Reise noch gesehen. Zur
Rechten erhob sich ein Fort auf weißen Bastionen,
halb im venetianischen, halb im türkischen Styl.
Zur Linken auf einem Vorsprung standen schattige
Bäume, und zwischen ihrem Grün wimmelte es von
buntfarbigen Turbanträgern. In der Mitte öffnete
sich ein weiter leerer Platz, umzogen von einem
schwärzlichen Häuserkreis. Im Hafen aber ankerte
eine Menge rother und blauer Wimpel, und unter
den Mauern des Forts lagen eine Brigg und ein
Dreimaster, während wir seit Cavalla nichts gesehen
hatten, als Segelbarken und Kutter. Hinter den
Gebäuden endlich erhoben sich in weichen Linien weiß-
liche Anhöhen. Dieser helle Hintergrund, Segel und
Schiffe im Hafen, das buntbewegte Leben das ihn
umgab, leuchtende Meers- und Himmelsbläue —
dieß zusammen gab eine Seelandschaft, wie man sie
so schön und eigenthümlich nur bei diesen kleinen
Inseln sieht.

Bei dem Anlanden verblaßten plötzlich all diese
Reize. Denn ich hörte von den Umstehenden, das
Dampfschiff nach Mytilene komme erst am Freitag
Abends, und da fiel mir schwer auf die Seele, daß

es noch Dienstag, und wie diese Ortschaft in ihrer
Blöße so braun und bleich unter der heißen
Sonne liege. Das bißchen Baumgrün wollte doch
so wenig sagen, als alle Neuigkeit, die sich etwa
unter den Feß und Turbans heraußholen ließ. Vier
Tage in diesem nackten Gluthnest wären rein verloren gewesen. Am andern Ende des Platzes flatterte
die französische, amerikanische und norwegisch-schwe-
dische Flagge auf einem einzigen Hause: es war
vorzugsweise das konsularische. Ich nahm Mustapha
und Mehmed mit dorthin, stellte ihnen ein Zeugniß
aus, daß ich bisher mit ihnen zufrieden gewesen,
und ließ einen neuen Vertrag aufsetzen, daß sie mich
mit ihrem Kutter noch bis nach Smyrna bringen
sollten, unterwegs aber wo es mir gefiele landen
und längstens vier Tage auf mich warten müßten.
Der Konsul oder vielmehr, denn er selbst lag krank,
sein geschickter und behender Sohn, dem Italienisch
und Englisch vom Munde floß, hätte gar zu gern
auch die deutsche Flagge vertreten. Sie sei jetzt,
so meinte er, die erste auf der Welt, und er wolle
nach Smyrna gehen und in einem halben Jahr
Deutsch lernen, daß er es lesen und schreiben könne.

Weil die Verhandlungen mit den langweiligen
Türken ihr zu lange dauerten, besuchte meine Frau
unterdessen die Griechenstadt. Bei vierhundert Tür-

ten wohnen auf der Insel etwa an viertausend
Griechen, und allem Anschein nach standen sie nicht
zum Besten mit einander. Vor zwanzig Jahren gab
es auf Tenedos noch mehr als tausend Türken.
Selbst auf diesem wichtigen Punkte, wo ihre roth-
bebordeten Artilleristen auf dem Fort Meerwache
halten, ließen sie sich verdrängen. Seit Sebastopols
Brande, wo auch den ärmsten Türken eine Ahnung
durchflog, als stehe der Nachfolger des Propheten
unter Schutz und Vormundschaft der Fremden, geht
es mit ihnen reißend abwärts. Ganz dasselbe, was
ich in Cavalla an der thrazischen Küste hörte, war
auch hier in Tenedos an der kleinasiatischen Küste
der Fall: alttürkischer Grundbesitz geht mehr und
mehr und ziemlich rasch in die Hände der Griechen
Armenier und Juden über. Kommen erst, was gar
nicht ausbleiben kann, Engländer und Franzosen,
Deutsche und Italiener, und kaufen in Menge sich
an, so werden die Türken verschwinden wie Schnee
vor der Sonne. Das wäre denn auch eine Lösung
der orientalischen Frage.

Soll aber, daß man die Türkei erhalten müsse,
immerdar europäisches Dogma bleiben? Der Ueber-
fluß russischer Kraft hat sich ja längst nach Asiens
Mitte und Osten hin gewendet, und hat dort für
lange Zeit genug zu thun. Der unaufhaltsame

Fortschritt aber der Kultur verlangt, daß auch die herrlichen Länder des griechischen Meeres wieder aufblühen.

Die Griechen auf Tenedos unterhielten schon seit fünfzig Jahren eine Schule aus eigenen Mitteln und sprachen mit leuchtenden Blicken davon. Seit die besten Weingärten der Insel nicht mehr Türken gehören, steigerte sich die Weinausfuhr. Diese Weingärten liegen oben auf der Insel zwischen Hügeln in kleinen Ebenen. Ihr Gewächs ist vorzüglich, obgleich die Arbeit der Keltern auch hier noch von den Füßen der Winzer verrichtet wird. Die Griechen lernen sparen, und etwas arbeiten sie auch: was thun derweil die Türken? Ohne zu lernen, zu arbeiten, zu sparen wirthschaften sie darauf los, solang es eben noch gehen will. Unglaublich rasch verbrauchen sie den Rest ihrer Machtmittel, und, wie es im griechischen Sprichworte heißt, brennen ihr Haus ab, damit die Flöhe sie nicht beißen.

Als ich meine Gefährtin wieder traf, hatte sie alle Hände voll Blumen. Sie waren duft- und prachtvoll, und versöhnten mit der Griechenstadt, wo es lange enge Gassen mit viel Schmutz und Höflichkeit gab. In einem Hause sahen wir Kupfergeschirr, das ebenso alterthümlich als groß und prächtig war. Es erinnerte an die Tafeln auf Paul

Veronese's Bildern. Es war eine stattliche würdige Greisin, die uns das Geschirr zeigte, wie man sie nicht selten unter den Neugriechen antrifft, und ich habe immer gehört, daß es für Familien und Völker ein gutes Zeichen, wenn die Frauen noch im Alter Würde und Energie mit einem flüchtigen Schimmer von Schönheit bewahren. Ueberhaupt glauben wir auf Tenedos den Volksschlag so schön, wie bei den Samothrakern zu finden.

Auch die Türken waren hier wohlgewachsene Leute, und der längste und stärkste unter ihnen ihr Oberhaupt, das sie Pascha nannten. Der Konsul rieth meiner Weiterreise wegen ihm einen Besuch zu machen. Er empfing mich auf das liebenswürdigste, und drehte mir gleich eine Papiercigarre so geschickt wie ein Spanier. Sein Kaffee war der beste, den ich bis dahin im Orient getrunken. Mein konsularischer Begleiter fing von einem Fernglas zu sprechen an, das mir Tags zuvor auf Imbros abhanden gekommen, obwohl ich bestimmt wußte daß ich es wie gewöhnlich wohlbefestigt getragen hatte. Höchst wahrscheinlich war einer der Führer, der mich plötzlich anstieß und sagte, das Etui hänge mir geöffnet und leer am Riemen, und dann gleich weglief um das Verlorne zu suchen, selbst der Dieb gewesen. Der Verlust war verdrießlich; denn in

Tenedos war nicht der geringste Ersatz aufzutreiben, und außerdem war es ein guter Marinestecher gewesen, der mich im Theater öfter bemerken ließ, wo die feinen Linien rother und weißer Schminke sich hin- und herzogen. Der Pascha erkundigte sich nach allem Einzelnen des Vorfalls, und sagte dann: er kenne den Burschen wohl und hoffe den Operngucker mir wieder nach München zu schicken. Dabei fragte er auch, was ich auf Imbros an Pferdemiethe gezahlt? Das Zehnfache des herkömmlichen Preises war gefordert und endlich das Dreifache gegeben. Da hieß es: das Zuviel müsse wieder heraus. Als ich nun darauf verzichtete, um keine Ungelegenheiten zu machen, wurde ich von einem Andern bedeutet: der Herr besorge das schon für eigene Rechnung.

Endlich zu Abend waren alle Schiffspapiere wieder in Ordnung, Mustapha und Mehmed aber ärgerlich, daß man sie hatte Hafengeld zahlen lassen. Nun wehte auch noch Gegenwind, und wir konnten wieder nicht aus dem Hafen heraus. Eine Schaar junger Türkinnen kam mit Wäsche ans Ufer und lachte uns aus. Wahrscheinlich kam es vom öftern Besuch des Hafenorts, daß sie ihre Gesichtshüllen nicht so wie gewöhnlich befestigten. Um uns den hübschen lachenden Gesichtern zu entziehen, blieb nichts übrig, als ein Boot voranrudern und das Schiff nachziehen zu lassen.

Als wir endlich aus dem Hafen ins Freie kamen, hatten wir guten Nordwind, und ich ließ nun näher abhalten zur asiatischen Küste hin. Denn da lag offen im Abendgold die historischste aller Landschaften. Im Rückblick auf Tenedos erschien seine breitrunde Höhe ganz geeignet, um den Trojanern die griechischen Schiffe zu verbergen. Von seinen Hügeln aber konnten die Helden wohl die Fackelzeichen sehen von Sinon, dem trefflichen Lügner. Denn man überblickt von dort das langgestreckte Gefilde, wie es sich vom Ida herniederdacht. Denselben Platz, welchen an diesen Küsten und Gewässern jetzt Smyrna einnimmt, behauptete einst die üppige Handelsstadt Troja, bis sich die kleinen griechischen Seekönige verbündeten und sie zehn Jahre lang mit Raub und Anfällen heimsuchten. Endlich kamen sie auf ihren hölzernen Pferden, den flinken Schiffen, unversehens herbei, als die Trojaner gerade ein großes Opferfest gefeiert hatten und müde von Tänzen und Gelagen ihre Thore nicht achteten.

Irgend ein solches Ereigniß, eine große Entscheidung, die nachwirkend für Handel und Besitz in diesen Gewässern von größter Wichtigkeit wurde, hat sich auf den trojanischen Gefilden zugetragen!

Wer sich viel mit alten Urkunden und Zeugnissen, aus denen sich die Mosaik historischer Thatsachen zusammen fügt, beschäftigt, dem ist es ganz unmöglich, im Homer nicht den geschichtlichen Kern zu bemerken, ich möchte sagen, durchzufühlen. Es lebte ja auch bei den Hellenen bis auf Pisistratus und Alexander die frische Ueberlieferung fort, was am Simois und Skamander geschehen sei. Und deßhalb sollte man keineswegs so vornehm gelehrt über „die Schliemanniade" absprechen, wie ich es schon in Konstantinopel hörte. Es hat sich doch öfter gefunden, daß ein gescheidter Mann, der sich in Staats- und anderen Geschäften umgethan, wenn er überhaupt nur Zeit hatte, sich gründlich zu unterrichten, einen offneren Blick für die Wirklichkeit historischer Dinge hatte und seine Schlüsse unbefangener und mehr geradeaus zog, als mancher verstudirte Professor, der aus den Abgründen massenhaft überlieferter Gelehrsamkeit niemals recht herauskommt.

Nun will ich auch ein ander Ding nicht verschweigen, welches das Andenken an das Tenedos-Inselchen angenehm machte. Während unserer Streifzüge in und um Samothrake und Imbros hatte sich in der Proviantkiste eine gewisse Einförmigkeit angesiedelt. Eine junge Dame, die eben ein berühmtes

Fräulein-Institut glücklich hinter sich hatte, wurde gefragt, woran sie am meisten im Institut gedacht habe. „Ans Essen," war die Antwort. „Ei, warum denn das?" „Wir hatten immer Hunger." Solche Gedanken könnten Einen auch auf der allerschönsten griechischen Insel beschleichen. In jenem vornehmen Institut war es zweifellos nur die ängstliche Sorge für die Schlankheit der anvertrauten Töchter, was diese an den Fingern nagen ließ: bei den Neugriechen haben Armuth und Geiz die ewige Hungerleiderei im Gefolge. Ein paar Zwiebel mit einem Stückchen Brod — das genügt für den ganzen Tag, und wer das nur immer hätte! Eine Vorstellung von dem, was wir andern einen wohlbestellten Tisch nennen, hat kaum einer von tausend. Wohl aber unterhalten sich die Orientalen gern über das schamlose Vorwalten der niedrigeren Menschennatur bei dem Franken, der immer vollauf Wein und Speise begehrt. In Tenedos, wo viele Europäer landen, hat man sich an ihren Geschmack gewöhnt und die Kaufläden gut versehen. Der junge Konsularische besorgte uns einen Kaffee so gut wie ihn der Pascha hatte, wahrhaft köstlichen Wein, und noch mancherlei Saftiges. Aus dieser Quelle ergoß abendlich Behagen sich über das ganze Schiff. Hassan, unser schwarzer Koch, schlug Eier in die

Pfanne, und als der Kuchen fertig war, setzten sich
die Türken alle fünf dazu um ein kleines Tischchen,
das eine Handbreit über dem Boden stand, ließen
sich ihr angefeuchtet Maisbrod mit Knoblauch zu
den Eiern gut schmecken, und saßen noch bis in
die tiefe Nacht beisammen, lachend und sich allerlei
erzählend.

Wir glitten unterdessen unter halbem Segel
zwischen den Küsten dahin. Sie lagen da klar und
still, und als Mond und Sterne zu schimmern anfingen, übergoß Himmel und Erde eine unsägliche
süße Lieblichkeit. Alles war so sanft und mild, so
heiter anmuthend: hier muß ja zum Dichter werden, wer nicht voller Barbar ist. Als Mehmed,
der stets am wenigsten sprach, uns im tiefen Schlafe
wähnte, sang er am Steuer ein türkisches Volkslied. Am vorigen Abend, als wir im Zwielicht
auf Imbros zwischen den Kornähren rasteten, hatte
ich von einem Mädchen, das uns nicht sehen konnte,
ein griechisches Volkslied gehört. Sänger und
Sängerin sangen aus voller Brust. Das griechische
Lied hatte ganz entschieden den Vorzug der Inner-
lichkeit und Melodie; aber es scholl hindurch etwas
wehevoll Klagendes, dem indeß der Stolz der Seele
nicht fehlte. Die türkischen Klänge waren rein sinn-
lich, und so fremdartig in den Kadenzen, wie das

Hohe Lied Salomonis. Die Griechin sang wie die Tochter eines gebildeten Volkes, der Türke wie ein ungestümer Steppensohn voll Kraft und Wildheit.

Der himmlische Zauber der Mondnacht ließ mich nicht einschlafen. Alles war erfüllt von tiefer stiller Schönheit, voll Ernst und Majestät. Zahllose Gestirne schimmerten oben, schimmerten aus den feuchten Tiefen, und der Mond schwebte über Thal und Höhen wie ein hehrer Lichtgedanke. O ich hätte beten können zur keuschen Diana mit dem Silbernacken: in der Stille der Luft meinte man das leise Ziehen ihres Götterwagens zu hören.

Das Wunderbarste sind die Sterne: sie scheinen auf diesen Gewässern und Küsten so lieblich nahe, so vertraulich funkelnd, als hätten sie aus ihren Höhen sich um viele Erdmesser tief gesenkt. Ich will versuchen, eine dunkle Vorstellung zu geben. Man denke sich einen ungeheuren Dom, in dessen heiligem Nachtdunkel an unsichtbaren Dräthen tausend blitzende Silberlampen hängen, in der freien Mitte, oben am Gewölbe, und ganz tief rings um Einen her. Dieser Dom ist das unermeßliche Himmelsgewölbe, diese unsichtbaren Dräthe sind die ewigen Weltgesetze, diese Lampen sind Sterne diamantenen Feuers von silbernem, goldenem, röthlichem Glanze, — Millionen sind es und Milliarden, und

sie spiegeln sich in den Fluthen, durch welche der
Mond den breiten wogenden Silberstreifen zieht,
und alles ist so feierlich still, als empfange das
Weltall zur Stunde die selige Fülle göttlichen Frie-
dens.

XVIII.

Nach Lesbos.

～～～

Als wir Tenedos verlassen hatten, wurde den ganzen Abend und die ganze Nacht durchgefahren. Denn ich mußte eilen, was ich konnte. Die Amtssorgen hatten mich wieder überfallen: ich glaube, ich hätte dem Pascha keinen Besuch machen sollen. Seit einem Jahrzehnt war ich trotz all meiner Reisen kein Jahr länger als sechs Wochen in Urlaub fort gewesen, und gerade auf Tenedos war es das Doppelte dieser Zeit geworden. Ach die kurzen Tage göttlichen Schlenderns zur See flogen unbarmherzig dahin. Nur noch Lesbos, Smyrna, Athen wollte ich sehen, und dann mit Dampf und Segeln auf nächstem Wege nach Hause.

Als die ersten Strahlen der Morgenröthe über Himmel und Meer flogen, erhuben sich aus dem dämmerigen Gewässer halbgrau die Felsen von Lesbos. Ich war eben aufs Verdeck gekommen und hatte mir kaum die Augen gerieben, da standen Meer und Gestade schon in heller Lichtfülle und ferne Inseln und Küsten in wunderbarer Nähe. Das Licht senkt sich am Morgen hier nicht leise nieder, nicht strömt es wie aus verborgenen Quellen hervor, sondern urplötzlich überfällt und überfluthet es alles und jegliches, jeden glänzenden Strandkiesel unten und hoch in den reinen Lüften jede Bergspitze.

Ein frischer Wind, der sich voll in die Segel packte, trieb uns rasch die Küste entlang, und sie lächelte uns an wie ein junges Mädchen, das sich eben gewaschen hat und mit dem frischen Gesichtchen in die Sonne blinzelt. Dieses Gestade aber lag nicht am Wege, den alle Reisenden kommen, nämlich am Sunde zwischen dem Festlande von Klein-asien und Lesbos der Insel. Was wäre da viel zu sehen? Grüne und graue Küstenbreiten, umgürtet von Bergzügen, wie man sie überall in diesen Gewässern erblickt, sobald das Schiff sich dem Lande nähert. Viel lockender erschienen mir die Wildnisse mit rauschenden Bergwäldern, die einsamen Hoch-gipfel an der verlassenen Westküste. Also keine

Schilderung der beiden alten Hauptstädte der Insel;
nicht von Mytilene und Molivo, dem alten Methymne, nur von den Gebirgswüsten und den stillen
Buchten der Westseite will ich erzählen, zu denen
noch kein Tourist sein Schiff oder Maulthier lenkt,
auch wenn er, wie ich, zwar nicht nach Alterthümern
forschen, jedoch seine Geschichtsanschauung ein wenig
klären und für Länder- und Völkerkunde hie und
da ein fruchtbares Korn mitnehmen wollte.

Lesbos oder, wie die Insel jetzt heißt, Metelino
bei den Griechen, Mühülly bei den Türken, ist von
ganz eigenthümlicher Gestalt. Man denke sich drei
Berge gleich weit von einander gestellt, die nord-
östliche Spitze am nächsten nach Asien hin ist der
Lepethymnos, die südlichste und höchste der Olymp,
und der westlichste Berg erhebt sich in getheilten
Massen oberhalb Eressos. Zwischen diese drei Punkte
tritt vom Westen her das weite Eirund eines Meerbusens mit engem Einlaß, der Busen von Kalloni.
Rings um diesen mächtigen blitzenden Wasserspiegel
ziehen und wallen die Bergketten lang gestreckt, immer
viele neben einander: bald hebt sich hier eine Kuppe,
bald dort ein breiter Rücken höher. Um den Meerbusen breitet sich sumpfiges Tiefland, die Berge
aber umfassen eine Menge von kleinen Hochebenen
und tief eingefurchten Thälern. Im Südosten hat

Lesbos noch ein Anhängsel, in welchem sich die
Bodengestaltung im Kleinen wiederholt, den Meerbusen von Jera mit seiner Höhenumgürtung.

Auf keine Insel hatte ich mich längst schon so
gefreuet wie auf Lesbos, von Plinius die berühm-
teste Insel genannt. Alles was hoch und schön,
was frisch und edel, schien Römern und Griechen
hier beisammen. Wogendes Waldgebirg mit prachtvollen Steilhalden, goldene Fruchtauen und die
köstlichste und gesündeste Luft, in welcher der frische
Aushauch der Wälder und des Bach- und Quellen-
geriesels sich mischte mit kühlendem Seewind. Auf
Lesbos gab es das feinste Weizenbrod, Austern und
Fische, wie sie nirgends schmackhafter, und Trüffeln
in Menge. Man glaubte, den Trüffelsamen erzeuge
der Donner, wenn es im Herbste viel regne, und
dann führten Ueberschwemmungen den Samen weiter.
Ferner gab es hier Marmor, fast so schön wie der
von Thasos, und einen Wein — „das ist nicht Wein
mehr, das ist Nektar, was kümmert mich noch der
köstliche Phönizier und was der edle Wein von
Thasos!" sang der Dichter Archestrates. Die Fein-
schmecker zu Athen wollten im lesbischen Wein Seeluft wahrnehmen.

Und wie schön gebildet, wie voll Anmuth Frohsinn und Lebenslust, ja wie üppig und leidenschaft-

lich bewegt erschienen erst die Bewohner der glücklichen Insel. Kam es auf strömende Rede und
Dichtung, auf Witz und Wissen und hohes Streben
an, so war ja gleich nach Athen Lesbos zu nennen,
dieser einzige äolische Musensitz im Gegensatze zu
dem jonischen. So schön auch die attische Flur,
den stolzen Schwung der Berge von Lesbos hatte sie
doch nicht, nicht seine weitspiegelnden Meerbusen,
nicht seine thaublinkenden Auen, und das duftige
Dickicht endloser Blüthengärten. Man fabelte sogar:
in den grünen Quellenschluchten auf Lesbos wachse
eine Pflanze, deren geheimnißvolle Wurzel von son-
derbarer Gestalt den Menschen so edel und lieblich
mache, daß jeder sich blindlings zu ihm hingezogen
fühle. Das habe die arme Sappho wohl erfahren;
denn ihr Phaon, der schöne Jüngling, habe jene
wunderbare Wurzel, das weiße Eryngion, gefunden,
welches die Lateiner Hundertkopf nannten.

Doch von all den Herrlichkeiten ließ der erste
Anblick von Lesbos verzweifelt wenig wahrnehmen.
Wir segelten in die Bucht von Sigri hinein: das
schöne Lesbos sah hier jammervoll bleich und öde
aus. Nicht ein grüner Baum war zu sehen, nur
die Türkenstadt, die an nackter Küste wie ein Haufen
grauer und rother Steine liegt, ausgezeichnet nur
durch eine weiße Moscheekuppel und durch ein dunkles

Burgviereck mit kleinen Zinnen und Thürmen. In
der Mitte der Bucht ließ ich halten, um den im
Alterthum so bedeutenden Platz näher zu untersuchen.
Es ist ein prächtiges weites Becken, auf das Treff-
lichste gesichert gegen Sturm und Wellendrang aus
offenem Meer, wie gemacht für großen Seeverkehr,
der sich jeden Tag hier wieder ansiedeln könnte.
Diesen herrlichen Hafen konnten die Türken nicht
versanden lassen und verschlammen, wie so viele
andere Seeplätze von denen sie Besitz ergriffen. Hier
zog beständig eine Meeresströmung durch und kehrte
den Grund rein. Denn die Bucht von Sigri ist
gebildet durch zwei Kaps, von denen das südliche,
das scharf ausgezackt am weitesten vortritt, das einst
vielgenannte Vorgebirg Sigrion ist. Zwischen beiden Kaps streckt sich eine lange schmale felsige Insel
gleichwie ein Hafendamm, und gewährt den Wogen
am nördlichen Ende nur einen schmalen Einlaß.
Am Südende ist die Oeffnung breiter, doch auch
hier liegen in der Straße ein paar Inselblöcke als
Wellenbrecher. Sie zu beleuchten trägt die Süd-
spitze der Hafeninsel, gegenüber Kap Sigrion, einen
Leuchtthurm. Der innere Rand der vorgelagerten
Schmalinsel ist mit Felsblöcken und allerlei scharfem
Geriffe besetzt, das aus dem Meere aufragt und
nicht wenig hilft, den Eindruck des Nackten und

Trockenen, welchen all dieses Gestade macht, noch zu
steigern. Sand oder Fels das ist alles, nirgends
ein fröhlich Stückchen Grün. Die ganze Oertlichkeit
erinnerte mich lebhaft an Mogador, den marokka-
nischen Südhafen.

An dieser Bucht lag einst Antissa, eine der fünf
berühmten Städte der Insel. Antissa, eine lebhafte
See- und Handelsstadt, Cressos, die reiche Oel- und
Kornkammer, Pyrrha, der Hauptplatz am großen
Meerbusen von Kalloni, und Methymne und Mytilene, die beiden mächtigsten Bürgerschaften, aus
Neid und Eifersucht tödlich einander verfeindet, die
eine am nördlichen, die andere am südlichen Eingang des Sundes, welcher Lesbos von Kleinasien
trennt. Die Stelle aber, wo einst Antissa lag,
läßt sich mit Bestimmtheit nicht mehr umschreiben.
Schon die Römer zerstörten die Stadt, und hießen
all ihre Einwohner auswandern nach dem römisch
gesinnten Methymne. Denn die kühnen Bürger
dieser Seestadt hatten es gewagt den Mazedonier-
König Perseus, als er den Orient zum großen
Kampf wider Roms Herrschaft anführen sollte, ihren
schönen Hafen für seine Flotte freizustellen. Wahrscheinlich lag Antissa dort, wo jetzt die Türkenstadt
von ihrem Hügel eine Landzunge in die Bucht vor-
schiebt, die sich im Gewässer etwas verbreitert. Die

schmale Stelle, wo diese Landzunge mit der Küste zusammenhängt, ist so niedrig, daß man sich wohl denken kann, wie sie durch langsam wachsendes An-schwemmen und Anhäufen von Schlamm und Sand oder auch durch die geringste Aenderung in der See-strömung entstanden. Wir wissen aber aus den Nachrichten der Alten, daß Antissa ursprünglich eine Insel war, welche, wie Plinius berichtet, „die Natur dem Meere wegnahm und mit dem Festlande ver-band." Keine andere Stelle der Bucht zeigt eine Bodengestaltung, die damit übereinstimmte. Bei alle dem wäre es möglich, daß Antissa weiter nördlich lag, wo sich bei dem Paläokastron noch eine innere Bucht öffnet, und antike Bautrümmer umherliegen. Das Ufer wechselt eben von Felsrändern zu Sumpf-ebenen, und hat sich nach dem Zeitalter der alten Griechen vielfach verändert. Seit die Insel abge-holzt und trocken worden, reißen Wind und Strom-regen Sand und Staub und Erde von den höheren Stellen, und schieben sie immer weiter ins Meer vor.

Jetzt hausen hier die Türken. Sie sind da am Westende, dem ödesten Theile der Insel, ganz unter sich, und sitzen beisammen und rauchen von früh bis spät. Mit ihrem alten Fort, meinen sie, hielten sie ganz Lesbos fest. obgleich es noch ungewiß, ob es Kanonen wieder bekommen hat, seitdem die Russen

sie weggeholt. Auf dem schönen weiten Wasserspiegel
der Bucht war nicht das kleinste armselige Segel zu
entdecken. Ich möchte wohl wissen, ob die Türken
ihre Pfeifen kalt werden ließen, wenn wieder ge-
schähe, was einst im grauen Alterthum an dieser
Stelle sich zutrug.

Da hatten drüben in Thessalien die rasenden
Mänaden den Vater der Gesänge zerrissen, Orpheus,
den Sohn des Lichtgottes Apollo und der Muse
Kalliope. Sie hatten seines Leibes Stücke in den
Hebros geworfen, aber der Fluß trug Haupt und
Laute des Dichters fort zum Meer, und die Meeresströmung trug wiegend sie weiter bis zum Kap
Sigrion. Da fing die Laute an so hell zu tönen,
so süß und wunderbar, daß Fluth und Gestade erfüllt waren von wonniglichem Klingen. Die Umwohnenden aber eilten zum Strande, hoben das
heilige Haupt aus den melodischen Wellen, und
begruben es voll Ehrfurcht. Auf das Grabmal
legten sie das tönende Saitenspiel, das nicht auf-
hörte, in himmlischen Weisen zu erklingen. Seit
jenem Tage blieb Lesbos den Musen geweiht, und
wer zu Orpheus' Grabe kam, erfuhr hier die Weis-
sage seines Schicksals.

Die äolischen Einwanderer aber, die von Argos
und Böotien herüber schifften, gründeten hier und

an der afiatifchen Gegenküfte blühende Städte.
Nicht weniger als fiebenzehn ftanden an der Spitze
eines mächtigen Bundes, der eine Menge kleinerer
Ortfchaften zu feinen Mitgliedern zählte. Diefe
Städte wurden reich und hoffärtig, geriethen unter-
einander in Zwiefpalt, und eine fuchte die andere
niederzudrücken und auszubeuten, bis zuletzt Mytilene die Herrfcherin wurde auf Lesbos, und die
feindlichen Bürgerfchaften niederhielt mit jener furchtbaren Härte, die gegen Glieder deffelben Volkes
anzuwenden die alten Griechen fich keineswegs
fchämten. Die lesbifchen Herren wußten wohl, daß
bäuerifche Bildung fich leichter der Sklavenfitte an-
bequeme, und deßhalb befahlen fie, die Kinder der
Unterworfenen, von fo edler Geburt fie auch feien,
follten nicht einmal lefen lernen. Die Rache der
Gefchichte blieb nicht aus. Die lesbifchen Patrizier
wußten ihres Uebermuths kein Ende, und die gemeinen Bürger ftanden auf, erfchlugen viele Tyrannen
und trieben die andern in Verbannung.

Führer des vertriebenen Adels von Mytilene
waren die drei Brüder Kikis, Antimenidas, und
Alkäos der große Dichter, eine wilde Seele voll
Genie und Trotz und Leidenfchaft. Alkäos war
eine volle Mannesgröße, an der man fich noch laben
kann, keiner von jenen Dichtern, die nichts anderes

erleben, als daß sie täglich fischen gehen in den unermeßlichen Tiefen des eigenen Innern, oder gar nur im lieben Herzenskapellchen das alte Lichtchen immer wieder anstecken. Alkäos fuhr hoch auf stürmischen Lebenswellen, und die wilden Wogen trugen ihn zum Siegesjubel der Schlachten und schleuderten ihn ins Elend des Exils. Wenn er mit seinen Freunden sich heimlich wieder zum Kampfe rüstete, wie jubelte es ihm im Herzen, sah er „das weite Haus funkeln von Erz, — die Wände geschmückt mit lichten Kriegshelmen, von denen weiße Roßbüsche herabhängen, die Edelzier für des Mannes Haupt, — über verborgenen Nägeln glänzende Beinschienen von Erz, neue gewölbte Linnenpanzer und versuchte Schilde, dabei Klingen aus Chalkis und genug der Gürtel und Waffenröcke, — all das sollte jetzt ans Tageslicht, denn unternommen war das Werk."

Auch seine Vorgänger, Terpander von Antissa und Arion von Methymne, waren die größten Dichter ihrer Zeit, die mit ihren Hymnen und Chorliedern Griechenlands Poesie beflügelten. Sie dichteten noch für festliche Schaaren, Alkäos aber riß sich los von dieser Ueberlieferung, und sang frei aus voller Brust, was in ihm selbst umher stürmte. Ging es ihm gar zu bunt, dann griff er zum Sorgenbrecher, zu dem edlen Wein. „Trinken laßt uns am hellen Tag! Was sollen wir warten auf Lichtanzünden? Nur eines Fingers Länge hat der Tag. Herbei mit den großen Bechern! Apollo gab den Menschen den Wein, daß er die Sorgen tilge. Gieße mir voll der Becher zwei oder mehr, der eine soll den andern aus dem Kopf treiben."

Wo Orpheus' Haupt ruhte, da wuchsen der Dichter und Denker so viele wie Halmen im Korn= felde. Von Sappho weiß jeder gebildete Jüngling zu erzählen: warum aber besang noch keiner die liebliche Erinna, das junge lesbische Mädchen, dem die Mutter verbot Poesie zu treiben? Da machte die Feine eine Dichtung von Spindel und Spinn= rocken, ein vielbewundertes Meisterstück: Manche setzten es noch über den Homer. Aber bald darauf, sie hatte erst den neunzehnten Frühling erblickt, raffte der Tod sie schon von hinnen. Lesches steht an der Spitze einer ganzen Schaar von Epikern, Phrynis von Musikern, Theophanes von Geschicht= schreibern. Epikur und Aristoteles wußten nächst Athen keine geistig belebtere Stadt, um ihre Schule aufzuschlagen, als Mytilene, wo schon Pittakus, einer der sieben Weisen Griechenlands, regiert und gelehrt hatte. Derselbe von dem das treffende Wort herrührt: „Unter den wilden Thieren ist das schlimmste der Tyrann, unter den Hausthieren der Schmeichler." Noch unter August und Tiberius lernten die Römer bei dem Lesbier Lesbonax und seinem Sohne Potamon Philosophie.

Und jetzt? Sollten — Fremde abgerechnet — wohl auf der ganzen Insel, die doch sechzigtausend Menschen faßt, noch hundert leben, die wissen, daß sie einst Lesbos hieß? In allen Ländern des Mittelmeeres ist keine prangende Stätte des Alterthums so elend herunter gekommen. In der Provence, in Italien, auf Sizilien, in Hellas sieht man doch noch Tempelruinen, unsäglich schön in ihrer Trauer und Verlassenheit, — auf all den zwölf Quadratmeilen von Lesbos steht keine Säule, kein Altar mehr. Doch daß ich nichts vergesse, im Schulhaus zu Mytilene gibt es noch einen runden Grabaltar von anderthalb Schuh Höhe und eine Reihe Marmorstücke mit Bild und Inschrift, von denen eines oder das andere beinahe ebenso groß ist.

Das Unglück von Lesbos war seine Stellung im Meer: es lag dem Bosphorus zu nahe. Dort war die Kaiserstadt des Ostens entstanden, und fast alle die Völkerstämme, deren Eroberungsgier ihr Ruhm und ihre Herrlichkeit auf sich zog, fuhren verheerend auch über die schöne Inselperle Lesbos. Seine leuchtenden Städte gingen unter, und selbst

die fünf Hauptstädte ließen in ihren Marmortrüm=
mern nur wenig bleichendes Gebein auf der Erde
zurück. Ein so dichtes lastendes Dunkel lagerte sich
in den Jahrhunderten der Völkerwanderung über die
ganze Insel, daß nicht einmal mehr ihre stolzen
Berghäupter daraus empor tauchen. Wir wissen es
nicht mehr, wir errathen es nur, daß die Höhe des
St. Johannis=Klosters der Ordymnos und daß der
Eliasberg der Olymp gewesen. Mytilene allein war
noch bekannt geblieben: dort stand Burg und Hafen=
platz der wechselnden Eroberer, und sein Name
theilte sich der ganzen Insel mit. Ich erwähnte
oben, daß man die Lage von Antissa nicht mehr
erkennen könne. Suchte man es doch früher sogar
außerhalb der Bucht von Sigri, im Norden der
Insel bei Methymne, als hätte jemals diese mäch=
tige Stadt in ihrer Nähe eine andere geduldet, die
ihr den Seehandel verkümmerte!

Nachdem ich in der Sigri=Bucht umher gefahren
und die malerischen, jedoch nicht hohen und allseitig
trockenen und nackten Gestade lange genug ange=
schaut, trachteten wir wieder herauszukommen. Das
war aber nicht so leicht wie das Hineinfahren. Wir
mußten zwischen Kap Sigri und dem Leuchtthurm
der langen Insel durch, um wieder hohe See zu
gewinnen. In der Oeffnung erhoben sich dunkle

gewaltige Felsen, und ich sah schon von weitem,
wie der Wind von der Inselspitze bis gerade aufs
Kap einen Strich durch die Wellen machte, jenseits
dessen sie sich unruhiger bewegten und mit weißem
Schaum an den Felsen empor sprüheten. Als wir
nun in die Windströmung kamen, ging wieder das
schändliche Stampfen des Schiffes an. Keine Bewegung kann abscheulicher sein. Man hat das
Gefühl, als sei man an Kopf und Füßen gepackt
und werde fort und fort zur Erde gestoßen, daß
sich das Innerste der Eingeweide umkehrt. Das
Steuer hält halb gegen den Wind, das Schiff
kommt nur schrittweise voran. Nach jeder kleinen
Welle fällt und stößt es mit ganzem Bauch aufs
Wasser, gleichwie ein Betrunkener, der im fortwäh-
renden Fallen vorwärts kommt. Bereits meldete sich
Seekrankheit an. Dabei zischelte und rasselte es
unheimlich zwischen all dem spitzigen Gesteine rechts
und links, und die vielen Felsnasen schauten gar
höhnisch herüber. Endlich sahen wir das gefürchtete
Kap etwas zur Linken: ein Ruck des Steuers, und
wir flogen haarscharf daran vorbei. Ich athmete
auf, und mußte im selben Augenblick laut lachen.
Denn der alte Mustapha erhob eben wieder seine
lange Pfeife zum Munde, dießmal hatte er sie im
Augenblick der Gefahr wirklich abgesetzt. Als ich

ihm deßhalb zurief, schüttelte er ärgerlich Bart und
Haupt, und sagte: „Cabo Sigri, Signore, cabo
Sigri, cabo Diavolo.“

Eine andere Neuigkeit war, daß unser Schiff
auf einmal von verdammten Seelen umflattert wurde.
Wer in Konstantinopel gewesen, wird sich der seltsamen dunkeln Vögel erinnern, die stets einer hinter
dem andern in unabsehlichen Reihen ganz dicht über
dem Wasser fliegen, man sieht ihre endlosen Züge
den ganzen Tag bald hier bald dort an den Land-
spitzen streichen. Dieses ruhelosen Ziehens und
Flatterns wegen glaubt das Volk, sie seien Seelen
von Verdammten. Am Tage vorher hatte ich sie
bei Tenedos wieder gesehen, und hier am einsamen
Sigri Kap schien ihr Lieblingsplatz zu sein. Es
sind Seeschwalben, so groß wie unsere Staare, oben
schwarzbraun, unten Bauch und Flügel weißlich.
Ohne Zweifel flattern sie so dicht über dem Gewässer
ihrer Nahrung nach, einer Art Fliegen, die sich vor
besonnten Gestaden aufhält.

Wir strichen jetzt mit gutem Winde rasch an der
Küste hin. Sie blieb immer felsicht und malerisch,
nirgends erhaben oder bedeutend, und von ganz
erschrecklicher Nacktheit. Wo sich ein tieferer Blick
ins Land aufthat, starrte nur graue öde Trockenheit
entgegen. Wo sind die grünen lesbischen Paradiese

geblieben! Das ist ja gerade, als wäre der glühende
Wüstenhauch darüber hingefahren und hätte bis in
die Tiefen die Lebenskeime verdorrt, daß alles Gefilde nun bleich und todt daliegt unter der stechenden
Sonne. Und doch, blickt man davon weg, wie sind
Meer und Himmel so blau und spiegelnd, so wonnig
diese frischen Lüfte!

Die ganze Römerzeit hindurch hatte Lesbos sein
blühendes und reiches Leben behalten. Die Beherrscher der Erde bauten nirgends lieber ihre Pracht-
villen, als an seinen schimmernden duftigen Küsten.
Noch unter den byzantinischen Kaisern wurde Lesbos
als ein fürstliches Exil betrachtet. Konstantinopel
schickte hierher seine erlauchten Verbannten, mit und
ohne Augen. Die schöne Athenerin Irene hatte sich
aus dunkelm Stand auf den Kaiserthron geschwungen
und geschwelgt in allen Lüsten der Herrschaft und
Ueppigkeit. Ihr Gemahl war der gewaltthätige
Kopronymos, der Bilderstürmer: sie aber befahl,
als er plötzlich starb, dem Konzil zu Nicäa, den
Bilderdienst wieder herzustellen, und das Konzil ge-
horchte der Kaiserin, wie es kurz vorher dem Kaiser
gehorcht hatte. Ihren eigenen Sohn ließ die Laster-
hafte blenden, als er nach des Vaters Szepter griff,
und dachte schon daran, Karl dem Großen, dem
Kaiser Westroms, ihre Hand zu reichen. Durch

eine Verschwörung gestürzt, mußte sie hier auf Lesbos als arme Näherin wieder ihr Brod verdienen. Da wurde sie so demüthig, so überfließend von Reue und Frömmigkeit, daß die Mönche, denen sie wieder zu der einträglichen Bilderfabrik verholfen hatte, sie unter die Kirchenheiligen aufnahmen. Buhlerin — Kaiserin — schließlich nach zwei Bußjahren schon eine vornehme Heilige: das hat ihr doch noch Keine nachgemacht!

Verwickelt, wie ich vorher bemerkte, in all' die Unglücksepochen von Byzanz wurde Lesbos heimgesucht und verheert von Szythen, Slaven, Saragenen, Russen und Türken. Abenteuernde Flottenführer suchten auf der schönen Insel, die für sich allein schon 12 Quadratmeilen umfaßte, sich ein Fürstenthum zu gründen. Wie dies zuletzt den genuesischen Gateluzzen gelang, und wie die Türken mit den Letzten dieses Fürstengeschlechts umgingen, ist oben bei Samothrake erzählt. Während aber die Barbaren nichts verstanden, als Sengen und Brennen und Todtschlagen, betrieben Perser, Athener, Römer und Türken die Geschäfte der Eroberung nach durchdachtem Plan.

Die Perser machten eine große Treibjagd daraus. Sie nahmen Chios, Lesbos, Tenedos, eine Insel nach der andern vor und ließen keinen Griechen

durchschlüpfen. In langer Reihe, und so nahe daß
sie einander die Hände reichten, stellten sie sich auf
von einem Ufer bis zum andern. Im Norden der
Insel fingen sie an, dann marschirten sie immer
weiter gegen den Süden, trieben alles Volk, das
sich flüchten und verstecken wollte, auf wie das Wild,
und schossen nieder oder fingen was ihnen gefiel.

Als die Perser aus Griechenland vertrieben
waren, mußten auch die Lesbier in die Kriegsge-
nossenschaft der Athener eintreten. Sie leisteten Ge-
horsam, doch mit unverhehltem Widerwillen, und
standen stets auf dem Sprunge, den Zwang abzuwerfen. Die Jonier von Athen aber sahen mit Un-
willen auf die äolische Nebenbuhlerin: von den
attischen Demokraten wurde außerdem die hochent-
wickelte stolze lesbische Aristokratie gründlich gehaßt.
Mytilene, welches die Stadtgebiete von Pyrrha
Cressos und Antissa dem seinigen einverleibt hatte,
welches Assos Gargaros und eine Menge anderer
Pflanzstädte an der asiatischen Küste beherrschte, war
eine Art Venedig. Eine festgeschlossene Erbzahl von
schlauen, stolzen und herrschsüchtigen Nobili hielt
die Zügel der Regierung. Im vierten Jahre des
peloponnesischen Kriegs wandte sich alle Kraft und
Wuth des Streites nach Lesbos. Die Mytilenäer
waren aufgestanden gegen die Athener, und diese

mußten ihren letzten Obolus hergeben, um Heere und Flotten auszurüsten, die gefährliche Stadt zu bestürmen. Schon ein halbes Jahr lang dauerte die Belagerung. Da planten die Edlen von Mytilene einen Ausfall in Masse und bewaffneten das Volk. Kaum aber hatte dieses die Schwerter in der Hand, als es sie auch schon gegen die Adeligen richtete und ungestüm die Oeffnung ihrer Kornhäuser verlangte. Der Adel fürchtete einen allgemeinen Aufstand und übergab die Stadt unter der Bedingung, daß eine Gesandtschaft zu den Athenern gehe und sich mit ihnen verständige.

Nun gerieth in Athen alles in Bewegung, endlich sah man die verhaßten Aristokraten zu Füßen. Die Bürger eilen zur Versammlung, der wilde Kleon, der Gerbersohn, steht auf der Rednerbühne und reißt sie fort zu dem Urtheil: „Alles soll sterben in Mytelene, was Waffen tragen kann, Frauen und Kinder aber werden in die Sklaverei verkauft." Mit dieser Todesbotschaft wird sogleich ein Schiff abgefertigt. Aber kaum hat es den Piräeus verlassen, so fangen die Athener an sich zu schämen, zu besinnen: sie fürchten die Rache der Götter, das Urtheil der Geschichte. Die Prytanen wagen es, eine neue Volksversammlung zu berufen und, obwohl es ungesetzlich war, über den Beschluß vom vorigen

Tage nochmals eine Berathung zu eröffnen. Kleon
donnert und wüthet: „Haben die Mytilenäer unserer
Stadt Verderben geschworen, so treffe nun sie die
Vernichtung: der Schrecken allein stützt unsere Herrschaft." Die Gemäßigten behalten die Oberhand,
mit geringer Mehrheit wird die todgeweihte Stadt
begnadigt. Nun läuft eine zweite Galeere aus, die
erste einzuholen. Die Matrosen arbeiten, als gelte
es ihr eigen Leben, sie rudern während sie essen,
sie essen Brod das mit Wein und Oel geknetet ist.
Gerade als der athenische General in Mytilene den
Blutbefehl ließ, fährt das zweite Schiff in den
Hafen ein und bringt den Widerruf. Hart genug
war noch immer die Strafe. Mehr als tausend
Aristokraten müssen über die Klinge springen. Alle
Lesbier, bloß die demokratischen Bürger von Methymne ausgenommen, verlieren ihr Vermögen. Die
Insel wird in 3000 Antheile vertheilt, 300 davon
werden Tempelgut, der Rest unter athenische An-
siedler vertheilt. Die alten Eigenthümer müssen
froh sein, ihre Güter von den neuen Herren in
Pacht zu nehmen.

Mit dem Falle Mazedoniens gerieth auch Lesbos
unter römische Herren, und knirschend gehorchten und
zinsten ihnen die Griechen. Sie wußten sich edler
an Geist und Bildung, sie verachteten innerlich die

Römer, aber sie blieben unterworfen und allmählich nahmen von ihnen Besitz die niedrigen Neigungen, wie sie bei hoffnungslos Unterdrückten sich einstellen. Als Mithridates, der große Sultan des Ostens, den furchtbaren Rachekrieg anhub, hatte er die Lesbier gleich auf seiner Seite. Der Prokonsul Aquilius flüchtete nach Mytilene, wurde ausgeliefert, trotz seiner grauen Haare auf einem Esel gebunden durchs Land geführt, dann ihm glühendes Gold in den Hals gegossen. Von Ephesus aus gebot Mithridates, an einem Tag alles zu erschlagen, was von Italien gekommen. Achtzigtausend Leichen wurden den Vögeln zum Fraß hingeworfen, und die Lesbier thaten es in Gräueln allen Griechen zuvor. Doch wie bald und wie gründlich suchte die Römerrache sie heim mit Blutbad und Städtezertrümmern und Verkauf in die Sklaverei, mit unerschwinglichen Kriegskosten, mit Nachforderung aller seit fünf Jahren rückständigen Zehnten und Zölle! Da geriethen die Geängstigten in die Hände der römischen Wucherer, der Halm auf dem Acker war schon verkauft ehe er noch grün war, und ein ränkevolles Aussaugungssystem im großen Style hörte nicht auf, solange ein Römer auf griechischem Boden stand. Was aber konnte, was mußte aus den Griechen werden unter dem vierhundertjährigen Druck solcher Zustände!

Die Türken erleichterten sich die Aufgabe des
Beherrschens von vornherein. Als sie 1462 Mytilene eroberten, wurden zuerst achthundert edle Jünglinge und Mädchen ausgesucht für ihren Sultan.
Dann theilte man die Bevölkerung in drei Klassen.
Alles was reich und vornehm, mußte nach Konstantinopel auswandern, — die ganze Mittelklasse
wurde in Zinsbauern der Janitscharen verwandelt,
die sich auf der Insel ansiedelten, — die Hefe des
Volkes mochte sehen, wie sie ihr Leben durchbrachte.
Gerade so, das war feststehend, wurde in andern
Hauptstädten verfahren, wenn sie unter Türkenge-
walt fielen. Wuchs die christliche Bevölkerung wieder
an, so half man der ersten Abschwächung nach durch
ein kleines Blutbad, bei irgend einer Gelegenheit,
durch gewaltsames Rekrutiren, durch Fortschleppen
nach andern Plätzen, die noch mehr verödet waren.

Dieses System, aufs Engste verknüpft mit niemals abreißenden Erpressungskünsten roher und grau-
samer Paschas, dauerte wieder vierhundert Jahre.
Zwischen den römischen vierhundert und den türkischen vierhundert liegen aber die tausend Jahre der
Slaven- und Walachen- und Bulgarenstürme, des
byzantinischen Regierungselends, der zahllosen See-
räuberschaaren. Konnten die Griechen etwas Anderes
werden, als was sie heute sind?

Wir Deutschen haben nur einmal Aehnliches er-
duldet, im dreißigjährigen Kriege, als alle Völker
Europas bei uns zu zehren und zu plündern kamen,
unsere Saaten zerstampften, unsere Städte und
Dörfer mit Blut und Asche bedeckten. Noch jetzt
tragen deutsche Ortschaften an den wirthschaftlichen
Nachwehen jener Zeit, und wie lange hat es ge-
dauert, bis wir die sittlichen Folgen verwanden, bis
wir uns wieder als ein großes Volk zusammen-
schlossen und uns jenes schüchternen, verlegenen,
unbeholfenen Wesens entledigten, das uns zum Ge-
spötte der Nachbarn machte! Langer historischer Druck
hat immer seine sittlichen Folgen. Die Nachwehen
des dreißigjährigen Kriegs zeigten sich bei uns in
nationaler Zwietracht und Mangel an Selbstgefühl.
Das war eine Entzweiung und eine Richtung auf
das Kleinliche, wie sie bei der weichen und ge-
müthvollen deutschen Natur eintreten mußte: bei
den Griechen zeigten sich die sittlichen Schäden in
dem ewigen Schmachgefühl, das kriechende Unter-
würfigkeit heuchelt, in der heißen Habgier und kalten
Tücke, die immer stumm bleibt und nur leise lächelt,
wenn der Streich gelungen, in jenem entsetzlichen
Geize, der sich das Nothwendigste am Leib abhungert
und mit dem Sprichwort tröstet: „Der Magen hat
keine Fenster."

XIX.

Auf Sapphos Spuren.

Als wir eine Zeit lang den nackten Klippen-
und Kieselstrand im Westen von Lesbos entlang ge-
segelt, öffnete sich, eingefaßt von einem Halbrund
kahler Bergzüge, eine Ebene, in deren Hintergrund, —
denn längs der See war alles gelb und weißlich, —
etwas Grün erschien. Es war die Ebene von Cresso,
im Alterthum so sehr gepriesen ob der Blume ihres
Weines und ob ihres schmackhaften Brodes. Wenn
die seligen Götter einmal Appetit nach Brod bekamen, so schickten sie Merkur nach Cresso, um
Gerstenmehl einzukaufen, denn es war weißer als
der Schnee.

Hier wollte ich landen: der Strand aber zeigte
sich sehr flach, und das Schiff mußte weit draußen

bleiben. Als unser kleines Boot auf den Ufersand
stieß, erschien die Ebene noch viel größer, als ich
eine in diesen bergigen Inseln vermuthet hatte,
jedoch von der alten berühmten Stadt war keine
Spur zu entdecken. Weit und breit streckte sich
gelber Sand, kochend unter der Sonnengluth. An
den hohen Wellungen, in denen er aufgeschüttet lag,
merkte man, wie arg der Sturm hier sein Spiel
treibt und Sandwirbel ins Meer schleudert, so daß
der Strand immer weiter und flacher hinein geht.
Als der athenische Admiral Thrasybul hier mit
vierzig Segeln ankerte, verlor er mehr als die
Hälfte. Leicht begreiflich: vom Sturm gegen die
Strandfläche getrieben, fuhren die Schiffe auf, brachen oder kenterten und schöpften Wasser, daß sie
sanken und von den nächsten Wogen in See ge-
rissen wurden.   .

Am Ufer weiter wandernd, bemerkte ich, daß
der Fluß, Kallagra hieß er einst, nicht durch konnte
durch die Sandwellen, sondern elend versickerte.
Dann trat eine felsigte Rundhöhe aus dem Meer,
besetzt mit einigen Mauerstücken und Thurmresten.
Hier muß die Burgstadt, die Akropolis des alten
Cresso, gewesen sein. Ihr zu Füßen sieht man
noch, wie von einer Felsklippe im Meer ein Steindamm zum Ufer ging, und zwar im rechten Winkel,

so daß ein Hafen entstand, wenn auch ein ganz
kleiner im Schuße der Burg, ähnlich wie auf Samothrake. In dem Flachgelände, das rund abläuft,
liegt noch spärliches Baugestein. Vor wenigen Jahren ist es, wie ich später erfuhr, viel mehr gewesen;
bei dem vermehrten Ausbauen von Landhütten will
man sich die behauenen Steine nicht entgehen lassen,
und wenn Schrift und Bild daran ist, vermauert
man es lieber, als daß die hergelaufenen Fremden
daran erkennen sollen, wo Schäße vergraben sind.
Ob aber die Baureste auf der Anhöhe aus dem
Mittelalter oder aus dem griechischen Alterthum
herrührten, läßt sich mit Sicherheit nicht mehr bestimmen. Niemand weiß, wer die blühende Tochter
Griechenlands, das alte Cresso, erschlagen hat, niemand wann es geschehen ist. Ungewißheit, Schweigen und Trauer senkten sich für immer auf diese
Stätte.

Und wie geweiht war doch einst diese Stätte!
Besonders die Philosophie schien die reiche Wein-
und Kornstadt zu lieben. In Cresso wurde einem
Walkmüller Melantas ein Sohn geboren, dessen
Name Theophrast später in alle Welt ging. Sein
Mitbürger Alkippos war in der Jugend zu Athen
gewesen, hatte dort Plato gehört, und begeistert
für die erhabene Wissenschaft erzog er seinen jungen

Landsmann zum Philosophen: Aristoteles vollendete
die Schule: seinem geliebten Theophrast hinterließ
er sein Wissen und seine Bibliothek, seinen Sohn
und seinen Lehrstuhl zu Athen. An zweitausend
Schüler versammelte nun der Lehrgewandte um sich,
unter ihnen den Demetrios Phalereus und den Lust-
spieldichter Menander. Vergebens wetteiferten die
Könige von Aegypten und Mazedonien, den berühmten Philosophen unter die Glanzlichter ihres
Hofes zu versetzen. Theophrast blieb Professor in
Athen, und als er achtzig Jahre alt starb, hielt
ihm die ganze Stadt ein Leichenbegängniß gleichwie
einem Fürsten. Sein Freund und Schüler aber,
Phanias, schrieb auch über die alte Prytanen-Ein-
richtung ihrer Vaterstadt Eresso.

Die Münzen dieser Stadt zeigten noch ein lieb-
licheres Bild, das der Sappho. Entweder war sie
hier geboren oder ihr Gemahl Kerkylas einer der
großen Grundbesitzer in Eresso. Ihr Bruder Cha-
raxos ging mit einem Schiff voll Wein, der wohl
der berühmte Eresier war, nach Naukratis in Aegypten, aber all das Geld, welches er dafür einnahm, ließ er dort, um sich eine schöne Sklavin,
die Doricha, mitzubringen: seiner Schwester wahrlich nicht zum Dank, denn sie geißelte ihn und
sein Mädchen mit bitteren Hohngedichten. Ein

anderer Bruder, Larichos, machte der Familie mehr Ehre. Er bekleidete das hohe Amt eines Prytanen-schenks, und darauf that sich Sappho in ihren Versen etwas zu gut. Gewiß hat sie auf den Fluren von Eresso ihr Töchterchen, das nach der Groß-mutter Kleis hieß, öfter spazieren geführt. „Mir ist," sang sie, „ein schönes Kind, von Ansehen und Wuchs wie eine der goldenen Blumen, die geliebte Kleis, die ich nicht hergäbe für Lydien, nicht für das liebliche Lesbos." Da die Mytilenäer ebenfalls Sappho's Bild auf ihren Münzen führten, so wird sie auch bei ihnen ein „musenbienendes Haus" ge-habt haben, denn die Dichterin war reich und lebte auf adeligem Fuße, und sagt selbst: „Ich liebe das Feine und die Fülle, und die Liebe zum Licht hat mir Glanz und alles Edle gebracht." In den Kreis der reizenden Frauen und Mädchen, die sie um-gaben und in ihren Gedichten erscheinen, ist auch Alkäos getreten. Einmal redete er sie an: „Veil-chengekrönte, o Sappho, deren Lächeln so keusch und süß, wohl möcht' ich dir etwas sagen, doch mich fesselt die Scham." Sie aber erwiederte dem Wilden: „Ginge deine Leidenschaft auf das Gute und Schöne, und wäre deine Zunge nicht mit Argem gesättigt, so läge nicht Scham auf deinen Augen, und du redetest frei was recht ist." Ihr

Gemahl, in die Adelsverschwörung gegen Pittakos verwickelt, flüchtete mit ihr nach Sizilien, und als sie wiederkehren durften, hat die hohe Dichterin wohl noch zwanzig Jahre in Mytilene und Eresso gewaltet.

In Sappho's Versen, so gar wenig wir noch davon besitzen, öffnet sich ein reizender Einblick in das altgriechische Leben, wie es damals auf Lesbos war. Ob dagegen das glühende Sehnen und all der holde Liebeswahn, die stürmisch über ihre Saiten fliegen, wirklich Selbsterlebtes sind, das wäre wohl eine andere Frage. Ich glaube es einmal nicht. Wie sollte eine edle Frau, hochstehend in der ersten Gesellschaft ihres Landes, dazu kommen, öffentlich zu jammern: „Mein Gemüth erschüttert Eros, wie der Sturm von den Bergen in die Eichen fährt." Ihrer Andromeda, die vielleicht ein niedlich Füßchen gern sehen ließ, ruft Sappho zu: „Welch ein bäuerischer Sinn befängt dich, daß du nicht weißt dein Gewand zu tragen, daß es über die Knöchel herabfällt?" Und sie selbst sollte mit einer alle Sinne bethörenden Gluth für den schönen Phaon auf dem Markte stehn? Nun gar die Sage, aus Liebesraserei habe die Unselige vom leukadischen Felsen sich todsuchend ins Meer gestürzt! Für eine mehr als Sechzigjährige doch gar zu viel Feuer.

Noch ein anderer Grund läßt mich besser von der Sappho denken. In einem Gedichte heißt es hintereinander: „Mir stockt das Herz im Busen, sehe ich dich: meine Stimme versagt mir, lahm ist die Zunge: ein feines Feuer rieselt mir über die Haut: dunkel werden mir die Augen, die Ohren brausen: Schweiß bricht aus, Zittern faßt mir die Glieder: ich bin bleicher als junges Gras, fast einer Todten sehe ich ähnlich." Ist das nicht pathologisch? Wo hat denn wahre Leidenschaft Zeit und Lust zu so langer und genauer Beschreibung körperlichen Empfindens?

Beinahe möchte ich annehmen: es ging unserer Sappho ähnlich wie Petrarca. Seine Laura-Begeisterung überkam ihn, als er schon längst ein lieber dicker Kanonikus war: er dichtete, um den süßen Schmelz der Marienlieder zu überbieten, und sich selbst und guten Freunden ein seines geistiges Vergnügen zu machen. Seine Laura, die schöne Frau von Sade, war damals, wer weiß wie oft schon, Großmutter; denn als er sie in blühender Jugend zu Vaucluse kennen lernte, hatte sie ein Haus voll Kinder: es fehlten, wenn ich nicht irre, nur drei zum Dutzend. Gleichwie aber Sappho die volksthümlichen Gesänge, mit denen man am Hochzeitabend das junge Paar ins neue Haus begleitete,

zu kunstschöner Dichtung erhöhte, so tönte ihre Lyra die Stimmungen und Leidenschaften wieder, die ihre Umgebung belebten. Deßhalb braucht das „Ich" in ihren Liedern nicht immer gerade Sappho selbst zu sein. Der Phaon zum Beispiel war ein so göttlich schöner Jüngling, daß alle Damen zum Erbarmen nach ihm schmachteten: lag da für die saitenkundige Dichterin nicht der Reiz nahe, den Aufruhr, welchen er in der Mytilenäer Frauenwelt erregte, mit leisem Spotte dichterisch zu verherrlichen?

Doch in Einem waltet ein deutlicher Unterschied zwischen der Griechin und dem Italiener. In Petrarca's Laura-Sonetten ist so viel lauterer Aether, daß nicht ein einzig warmes Tröpfchen Lebensblut mehr Platz findet: es ist und bleibt eben Gedankenpoesie. Sappho aber hatte geliebt und gelebt: ihr Herz hatte wirklich einst gezuckt und geschrieen unter den süßen Qualen, die sie besang. Deßhalb gilt noch heute das Horazische: „Noch athmet die Liebe, noch lebt das Feuer, welche das lesbische Mädchen den äolischen Saiten vertraute," selbst von den dürftigen Bruchstücken, die uns erhalten sind.

Ein reichblühender Hain, in dessen Tiefen sehnsuchts- und zaubervoll die Nachtigall klagte, ist in ihren Liedern uns untergangen. Schöner ist nie-

mals gedichtet worden, als damals auf Lesbos.
Kann es denn etwas geben, das weicher und edler
lautet, als die kurze Grabinschrift: „Hier bestattete
mit ihren Thränen die Insel Lesbos, die ihn geboren, des Pyrrhadios Sohn, Pittakos"?

Sappho's Haupt erscheint auf Münzen und Gem-
men stets bedeutend und edelschön. Wir wissen aber,
wie die griechischen Meister an einer historischen
Büste so lange modelten und sannen, bis sie Gestalt und Mienen so gebildet hatten, daß alles mit
dem historischen Ideal sich deckte. Dann wurde diese
Gestalt typisch und ging von einem Jahrhundert
ins andere. Wenn dagegen Maximus der Tyrier
erzählt: Sappho sei klein und schwärzlich gewesen,
so bin ich, — ihr Geist möge es mir aus seinen
seligen Höhen verzeihen, — versucht, dem Tyrier
aufs Wort zu glauben. Denn wo die Musen kommen und einer Sterblichen ihre himmlischen Gaben
in die Wiege legen, was pflegt da die hohe Göttin
der Schönheit zu thun? Sie dreht sich auf dem
Absatz um und geht von dannen. Es ist traurig,
aber gewißlich wahr: ein Jeder rechne nur nach in
seiner Erfahrung und Bekanntschaft. In unserm
lieben Deutschland haben wir jetzt beinahe so viele
treffliche Damen von der Feder, wie in Altengland,
wo die Männer zu früh auf See und nach Ost-

indien gehen, und wenn sie wieder kommen, nur
noch zum reichen Onkel taugen. Da kenne ich eine
herrliche deutsche Stadt an einem stolzen Flusse, in
welcher zweimal sieben Dichterinnen Novellistinnen
und Touristinnen wohnen: schöne Augen haben sie
alle, meist auch eine edle reine Stirn, doch ach, der
Rest ist Schweigen. Wo wirklich einmal sich leuchtende Schönheit mit der heiligen Flamme der Dicht-
kunst vermählt, da brennt das poetische Feuer gewiß nicht in Versen. Es ist ja tausendmal gescheidter, Poesie leben als sie schreiben.

Unter solchen Erinnerungen und Gesprächen wanderten wir selbander durch Kornfelder und Gärten
nach Cresso, — so heißt jetzt die Ortschaft, —
gefolgt von Mustapha und Hassan. Die liegt
ganz im Hintergrund der Ebene auf einer Höhe.
Als noch rauschende Waldung, — Sappho sprach
sogar von Eichenwäldern, — diese goldene Au umfaßte, wie herrlich mußte sich da hier leben lassen!
Noch immer ist es ein kostbares Stück Erde von
unerschöpflicher Fruchtbarkeit. Die Leute waren so
eifrig bei der Arbeit, daß es mir nicht gelingen
wollte, Maulthiere und Agogiaten aufzutreiben.
Meine Frau, — denn der Weg zog sich über eine
Stunde lang, und die Sonne hatte etwas Stechen-
des, — wurde müde, und verzichtete, mich auf die

Berge zu begleiten. Mir aber war die Luft ge-
wachsen, einmal wieder tüchtig auszuschreiten, ich
hatte auch keinen Tag mehr zu verlieren. Ich rief
also Mustapha und vertraute ihm, daß er meine
Gefährtin zu einem türkischen Aga führe, der ein
Landhaus mit besonders schönem Garten dicht bei
Cresso haben sollte: dort wollte ich sie bei meiner
Rückkehr abholen. Der Alte hielt sich durch diesen
Auftrag höchlich geehrt und fand ihn ganz in der
Ordnung. In diesen Ländern, wo es nirgends
Wirthshäuser gibt, darf der Fremde, auch wenn er
keine Empfehlungen von Konstantinopel hätte, stets
auf artige, mindestens höfliche Gastfreundschaft
rechnen. Sie kostet ja auch in der Regel mehr, als
eine regelrechte Wirthsrechnung. Denn der Franke
würde beim Abschied sonderbare Blicke bekommen,
welcher nicht ein anständiges Gastgeschenk zurückließe.
Man kauft sich deßhalb kleine türkische Goldstücke,
halbe und Viertelslieren (1 Lira gilt 23 Franken),
die schon durchlöchert sind, zieht eine Schnur oder
ein Kettchen durch, und hängt sie bei dem Lebewohl
den Kindern oder jungen Mädchen um.

Ich arbeitete mich nun über Felder und kleine
Mauern durch, bis ich wieder zum Flußbette kam.
Jedes Stück Feld ist durch eine kleine Mauer ein-
gehegt und die Jagd dadurch wohl gelähmt. Alle

Augenblicke schwirrten Wachteln und Rebhühner auf.
Die Aecker standen voll Frucht, denn besseres Erdreich kann es gar nicht geben: auch schien der Anbau nicht ganz so verwahrlost, wie es auf den andern Inseln der Fall ist.

Der Fluß bestand nur noch aus einer Folgereihe
von grünen Lachen, zwischen denen ein dünner Faden Wassers sickerte. Auf Gerathewohl ging ich ihm
entlang und kam an die Stelle, wo das Flußthal
unter den Anhöhen sich zweigt. Hier lagen wie
ausgesäet kleine weiße Marmorstücke: offenbar blühete
da im Alterthum ein griechisches Städtchen. Nach
Bildwerktrümmern brauchte ich nicht mehr zu suchen,
da sich alsbald zwei verfallene Kalköfen darstellten,
die jedes größere Marmorstück längst geschluckt hatten,
um es in elenden Kalk zu verwandeln.

Ueber ein kleines Riff von Vorbergen stieg ich
in ein stilles grünes Thälchen hinab, wo ich im
Schatten junger Steineichen lagerte, und meine
Feldflasche zum Imbiß etwas im Wasser kühlte. O
wie that so wonnig diese volle tiefe Einsamkeit!
Die ziehenden Lüfte fächelten Wohlgerüche von wilden Kräutern und Blumen. In der köstlichen reinen
Bläue, die um jedes gründunkle Baumblättchen floß,
schwebten silberne Gestalten aus altgriechischer Zeit,
und hoch darüber durchschiffte die Sonne das uner-

meßliche Aethermeer, ewig blißend in Goldesglanz, und ehe ich mich's versah, lag ich wieder halb in der Sonne. Denn diese rückte weiter, und der Schatten zog sich zurück: mir aber war eine Stunde hingeflogen, als gäb' es nicht so etwas wie was wir Zeit nennen. Erschreckt sprang ich auf, und dachte: hier könnte man ja rein zum Einsiedler werden.

Mönchthum ist in diesen Gegenden natürlich: zu verführerisch sind die milden Lüfte, zu fest in klarer Ruhe, nicht bewegt von Wind und Wolken, steht Baum und Feld. Ruhen will man selbst und beschaulich genießen, und ist mit dem Geringsten zufrieden, wenn's nur eben Leib und Seele zusammenhält. Κάλλια ὕπνον παρὰ δεῖπνον, sagt das neugriechische Sprüchwort: Schlaf besser als Essen. Faßte ein gesunder nordischer Wolfshunger die Leute an, so wär' es vorbei mit der Einsiedelei.

Nun ging es in die Berge und immer höher. Aber das schien alles nur wie gewaltige Furchen tief hinein in trockene Erde; auch wo felsigter Grund, zerbröckelte er in Millionen Stückchen. Alles war kläglich kahl, Hänge und Höhen und Schluchten, jegliches ausgetrocknet bis zum Grunde. Die Erdkrume blieb, so weit ich auch emporstieg, immer noch so gut und tief, daß Wald und Gärten herrlich gedeihen würden. Man müßte von den obersten

Höhen die Wasserrinnen zusammenleiten, um das
belebende Element unten zweckmäßig zu vertheilen.
So ließe sich mit Anpflanzen in den Schluchten und
Bettungen anfangen und allmählich an den Rändern aufsteigen. Doch wer in aller Welt soll Hand
anlegen? Nirgends, nicht in den fernsten Weiten
war eine Spur von Leben zu entdecken. Nur in
den blauen Aetherhöhen wiegten sich Geier, deren
Gefieder, wenn sie sich umher warfen in den Lüften,
blinkten in den stillen Sonnenstrahlen.

Leuchtendes Roth von Oleanderbüschen verrieth
mir ein noch rinnendes Bächlein. Das Wasser, obgleich ganz unter Gestein und Stauden, war etwas
lau, aber willkommen. Und wie schön das ist, daß
in diesen trockenen Gebirgswüsten die hochrothe
Oleanderblüthe schon von weitem ein Signal gibt,
wo Labsal zu finden. Auch sonst bemühte sich die
Natur, wo nur ein ganz wenig Schatten und Feuch-
tigkeit sich halten konnte, die nackten Berghalden
wenigstens mit ein wenig falbem Grün zu schmücken.
Ich fand allerlei unbekannte Gewächse, darunter auch
solche, die mich an die gute Retama auf den Lava-
feldern des Teneriffa-Piks erinnerten. Die Natur ist
überall eine gütige Mutter, nur das alte Raubthier,
der Mensch, verwüstet ohne Rast und Ruhe.

Ich hatte mir den höchsten Berg erkoren, den

wir von der Landeſtelle aus erblickten, etwas rechts
von der Ortſchaft. Aber es war bis zum Gipfel
viel weiter und ſteiler, als es von unten ausſah,
und koſtete mich faſt drei Stunden bis ich oben war.
Die Ausſicht war ſehr ausgedehnt, auch einzig in
ihrer Art, jedoch nicht entfernt zu vergleichen mit
den Herrlichkeiten der Tage vorher. Ringsum bleiches
nacktes Bergland, Steinklippen, Kuppen, Spiken,
dann wieder geneigte Flächen, hier mit Steinen be-
ſäet und dort zerriſſen von ſchwarzen Furchen, in
der Ferne ein Streifen Gebüſch und Nadelgehölz,
noch ſeltener in Niederungen ein gelbbläulicher
Schimmer von Kornfeld und Oelbäumen — das
Ganze ſo unſäglich öde und traurig, daß ſich Einem
das Herz zuſammenzog. Auch der Blick aufs Meer
erfreute diesmal weniger. Die Inſel Chios nahm
darin den Hauptplak ein, eine weit ausgeſtreckte
blaue Bergmaſſe, wie ein ſcharfes Dach den Meeres-
horizont durchbrechend. Zur Seite zog ſich eine
ganze Reihe von Inſeln, aber verſchwimmend im
bläulichen Duft.

Wendete ich mich vom Meer ab, das wie Flucht
und Rettung winkte, ſo ergriff mich wieder die eigen-
thümliche Schwermuth der Gegend. Die nackten
Berge ſtanden da in todter Schwere, gleichſam laſtend
auf der Erde. Die ganze Natur ſchien wie von

bleierner Ruhe gefesselt. Wohlthat wäre das leiseste
Fächeln in der heißen Luft. Wohlthat schon ein
flüchtiges Wölkchen am Himmel gewesen. Wie weitab lagen die duftigen rauschenden Bergwälder von
Thasos, sein grüner Blumenteppich, sein krystallenes
Quellen- und Bachgeplätscher! Wer Thasos und
Samothrake und Kreta nicht gesehen, hat gar keine
Vorstellung mehr, welche Lebensfrische, welche Freu-
digkeit der Seele einst die herrliche Natur den Griechen
einhauchte. Dieser ganze Westen von Lesbos, —
und ähnlich soll es auf den meisten Inseln und im
Innern Griechenlands aussehen, — ist jetzt so ab-
gescheuert wie die schöne Tafel eines alten Meisters,
auf welcher durch die Unbill der Zeiten und Menschen
das Gemälde überall verwischt und zerrissen und ver-
rieben ist, nur hier und da hängen noch winzige
Stückchen Leben und Farbe.

Ueber diese traurigen Hochflächen trieb sich einst,
es waren seitdem gerade funfzig Jahre, hin und
her eine blutige unersättliche Menschenjagd. Als der
griechische Freiheitskrieg ausbrach, sahen sich die
Türken in ihrer Weise vor. Sie ergriffen plötzlich
die vornehmsten Griechen auf Lesbos und köpften
sie, dann legten sie starke Besatzung nach Sigri und
Metelino, und machten die Insel zum Hauptstützpunkt ihres Kriegs. Ein türkisches Linienschiff mit

faſt tauſend Mann, von vier kleinen Hydrioten an-
gegriffen, flüchtete in die Bucht von Sigri, fuhr
auf und flog in die Luft. Dafür mußte wieder
mancher Lesbier mit ſeinem Leben büßen. Zwei
Jahre ſpäter, im Januar 1823, lief eine griechiſche
Flotte Sigri an, konnte ſich aber des Platzes nicht
bemeiſtern. Kaum hatten die Türken den Angriff
abgeſchlagen, ſo wendeten ſie ſich grimmig ins Innere
des Landes, um ſich auf die Chriſten zu ſtürzen
und ſo raſch es nur geſchehen konnte, ein allge-
meines Blutbad anzurichten. Sterben mußte, wer
nicht zu den Hochſchluchten und Klippen der Berge
flüchtete. Im Oktober landete eine griechiſche Macht,
2000 Mann ſtiegen in Sigri, 2000 Mann im
Meerbuſen von Kalloni ans Land, und marſchirten
weiter. Da knallte es wieder auf allen Bergen:
was feindlich ſchien, Mann, Weib und Kind, mußte
über die Klinge, der entſetzlichen Gräuel war kein
Ende. Verzweifelt, wuthſchäumend rafften die Türken von der ganzen Inſel zuſammen, was ihres
Glaubens und einer Flinte mächtig war. Ein Heer
von 12,000 Mann und mehr wälzte ſich über die
Inſel mit raſender Vergeltung, wieder hallten die
Berge vom Knallen und Geſchrei und Stöhnen der
Sterbenden. Die Türken wollten aufräumen mit
dem Griechenvolk, es ausrotten ein- für allemal.

Nur in ein paar Städten und verborgenen Dörfern, zitternd unter der Barbarenfaust, die sie an ihrer Kehlen fühlten, hielten sich einige Häuflein Griechen. Andere bargen sich auf den höchsten Bergspitzen und im Verhau der Schluchten, und führten tapfer einen Guerrillakrieg.

Das sind Jammergeschichten unserer Zeit, von denen man sich bleichen Angesichts abwendet voll Scham und Trauer. Als die Großmächte endlich der europäischen Schande ein Ende machten, verblieb Lesbos mit Chios Samos und der ganzen Perlenkette der Inseln an Kleinasiens Küsten den Türken. Wie viel belebter wäre Hellas jetzt, hätte man dieses see- und handelsgewandte Inselvolk damals mit ihm verbunden! Hier, wenn irgendwo, pulst noch ein Tröpflein vom alten hellenischen Blut, ein so edelkräftiger Saft, daß dieß Wenige hinreicht, ganze Völker zu verjüngen. Gleichwie in altersgrauen Zeiten das rührige und gebildete Hellenenvolk von den Inseln und Küsten her die pelasgischen Bauern zurückdrängte und ihnen seine Sprache und Sitte und seine lichte Götterwelt aufnöthigte, gerade so floß und fließt von den östlichen Inseln westwärts die neugriechische Bildung, Sprache und Intelligenz, welche das slavische Hirtenvolk und die kriegsharten Albanesen veredelt.

Als ich in möglichst gerader Linie den Rückweg
suchte, traf ich auf ein paar Männer, die auf ihren
Maulthieren Korn aus Cresso über die Berge holten. Sie steckten trotz der Hitze in haarigen Ziegenfellen, und starrten mit offenem Mund auf den
einsamen Fremdling, der flüchtigen Grußes vorüber-
eilte. Cresso aber machte nach den Bergöden um
so freundlicheren Eindruck. Es ist ein hübsches
Landstädtchen, beinahe mit einem südfranzösischen zu
vergleichen. Unter prachtvollen Nuß- und Obst-
bäumen, unter dem dunkelgrünen Schirm hoch-
stämmiger Feigenbäume bargen sich die Dächer, jedes
kleine Anwesen mit hoher Mauer umzogen. Das
griechische Kaffeehaus hatte eine Veranda mit Rohr-
stühlen, das türkische seinen schattigen Platanenplatz
mit Bänken. Zur Seite verkaufte man in einer
Budenreihe Obst und Käse und allerlei kleinen Kram.
Lange Gurken schienen Alt und Jung besonders
köstlich, man aß sie aus der Hand ohne Salz und
Pfeffer. Die grünfarbige türkische Moschee stand
in ihrem Baumschatten nicht weit von der kleinen
griechischen Kirche. Es sind aber kaum noch hundert
türkische, dagegen sechsmal so viele griechische Häuser
da. Einen Turbanträger sah ich auf der offenen
Dreschtenne vier armselige Maulthiere im Kreise
umhertreiben und mit Pfeife und Bart unablässig

hinter ihnen her trappen. Ein paar Türkinnen
schritten einher in weißen langwallenden Tüchern,
und verhüllten sich so ängstlich vor dem Fremden,
daß sie nun erst recht aussahen wie wandelnde
Gespenster am hellen Tage. Auch die griechischen
Frauen trugen sich hier weißer und gefälliger, als
auf Imbros, wo das Blau in der Kleidung vorherrschte; der Schnitt war derselbe. Alles bezeugte
eine gewisse Nettigkeit: eine Menge Wohnungen
erschienen einladend, kein einziges Haus so jämmer-
lich, wie man sie durchgängig in den sizilischen
Landstädten antrifft. Was ist der Grund? Hat
die länger dauernde Raubwirthschaft der römischen
Präfekten den Sizilier so weit heruntergebracht?
Oder war maurische Herrschaft noch schlimmer für
die Christen als türkische? Wenn ich aber nach
Spanien, nach den canarischen Inseln und Nord-
afrika blicke, möchte ich den Grund doch mehr in
der Volksnatur suchen, die namentlich in Sizilien
eine starke maurische Beimischung hat.

Die Reisegefährtin fand ich in Cresso nicht mehr.
Der Aga hatte sie auf das Schönste bewirthet, und
Mustapha noch ein Tuch voll Speisen für das
Schiff aufgenöthigt. Im Garten hatte man Teppiche
gebreitet, das Gastmahl darauf gestellt, und die
Hausgenossen, auch zwei Frauen, hatten sich zu der

Fremden gesetzt. Eine Menge armes Volk schaute am Eingang des Gartens zu. Eine Frage aber, ob meine Frau auch einmal das Innere des Hauses sehen wolle, wurde vergebens erwartet. Da ich mich so weit in den Bergen verstiegen hatte und immer noch nicht wieder kam, wurde endlich sie voll Sorge, wo ich bliebe: sie hoffte, daß ich vielleicht auf einem Umwege zu unserm Schiffe käme, und war dorthin aufgebrochen. Ich ließ mich daher in Cresso nicht mehr aufhalten, obwohl die bohrende Neugier den Bewohnern im Gesichte stand. Ein Franke, der ganz allein auf ihren Bergen umherlief und nicht einmal nach dem Schulmeister und seinen Alter-thümern fragte, das war den Leuten noch nicht vor-gekommen. Vor dem griechischen Kaffeehaus standen zwei Maulthiere mit prunkendem Sattelzeug, auf rothem Tuch waren Reihen von kleinen weißen Muscheln aufgenäht. Ihre Besitzer, zwei junge wohlgekleidete Griechen, faßten endlich, um die all-gemeine Neugier zu befriedigen, kurzen Entschluß, kamen mir auf halbem Wege nachgesprengt, und als ich einen Augenblick ruhte, saßen sie flugs mir zur Seite. Nun aber verstand keiner des andern Sprache. Sie wußten, trotz ihres schmucken Anzugs, weder Italienisch noch Französisch, und ich konnte mich noch immer nicht finden in die Aussprache des

Neugriechischen. Zuletzt verständigten wir uns, indem sie Neu- und ich Altgriechisch aufschrieb. Wir wurden rasch die besten Freunde, und sie hätten mich gar zu gern in ihr Landhaus entführt, das nicht weitab liegen sollte. Ich mußte leider für die Gastfreundlichkeit danken, und sah bald darauf unsere Leute kommen, die mich zu suchen nach Cresso zurück wollten.

Erwähnen muß ich noch, daß der Ruf der Schönheit der Frauen von Cresso nicht zu viel sagt. Mein altes Reiseglück ließ mich einige Wahrnehmungen machen. Im Städtchen begegneten mir Zwei, denen der weiße Schleier lang vom Haupte niederwallte: große feurige Augen mit dunklen Brauen, regelmäßige, etwas starke Züge, herrliche Büsten und elastischer Gang. Sie wußten recht gut wie schön sie waren, und lächelten. Aber die rechte Augenweide bot sich vor dem Orte dar. Da hielten wohl zwanzig Frauen und Mädchen ihr Waschfest, hochaufgeschürzt, mit bloßen Armen und Nacken, unter ihnen waren Prachtgestalten, hier Dianen dort Junonen. Wie sie die Glieder und Leiber schwangen, wie sie sich auf den Boden setzten oder Kinder trugen oder ein Waschgefäß — ich meinte, antike Statuen lebendig vor mir zu haben. Am schönsten war das Schauspiel freilich aus geringer

Entfernung: in der Nähe kam viel Herbes und Kräftiges zum Vorschein, es hätte Einen beinahe ängstlich machen können: alles war so ungemein ausdrücklich.

Von den Lesbierinnen wußte man schon im Alterthum gar viel zu sagen und zu singen. Achilleus bietet dem Agamemnon an: „Er gäbe ihm sieben Weiber, die treffliche Werke verständen, und zwar Lesbierinnen, die er selbst auserwählt, als er das wohlangebaute Lesbos erobert, ihre Schönheit besiege alle Weiber auf der Erde." Die Lesbier standen damals unter trojanischer Schutzhoheit, Achilleus hatte Methymne lange umsonst bestürmt, die tapfern Bürger blieben unbezwinglich für seine göttlichen Waffen. Da mußte zum Unglück ihres Königs Tochter, als sie eines Tages die Mauer bestieg, den Helden erblicken. Rasende Leidenschaft ergriff sie, und benahm ihr die Sinne. Heimlich schickte sie ihre Amme, sie wolle ihm die Vaterstadt ausliefern, wenn er schwöre sich ihr zu vermählen. Der Verrath gelang, vor ihren Augen sah sie ihre Brüder fallen, ihre Freundinnen zu den Griechenschiffen fortschleppen. Achilleus aber, als er die Stadt hatte und die Prinzessin sah, entsetzte sich vor ihrer heißen Liebe, eine solche Unholdin sollte ihm nicht am Halse hängen: er ließ sie steinigen auf öffentlichem

Platze. Schöne Sitten! Ueberhaupt wurden den Lesbierinnen schändliche Dinge nachgeredet. Unter lem-
nischen Thaten verstand man blutige Ausbrüche von
Grimm und Jähzorn: auf dem üppigen Lesbos sollte
dagegen wilde Sinnlichkeit regieren. Es ist aber
leicht einzusehen, daß die Quelle jener üblen Nach-
rede die reine Bosheit der Athenerinnen war, die
nicht ausstehen konnten, wenn Keiner von Lesbos
kam, der nicht die Schönheit und den Geist und
Adel seiner Bewohnerinnen rühmte. Die Frauen zu
Athen waren es, die ihre Komödiendichter aufhetzten,
die Lesbierinnen vor aller Welt anzuschwärzen, selbst
die hehre Sappho.

Es wird aber Jeder, der nur etwas von Länder-
und Völkerkunde weiß, es natürlich finden, wenn ich
häufig von den Frauen rede. Sie bieten ja der eth-
nographischen Forschung wie die angenehmste, so
auch die lehrreichste Seite. In ihnen lebt unver-
fälscht das ächt Nationale und Natürliche eines
Volkes, in ihnen spiegelt sich am reinsten seine Tüch-
tigkeit und seine Hoffnungen und seine Zukunft.
Wer aber einmal mit griechischen Familien, wie sie
auf dem Lande sich geben, näher bekannt wurde,
fand auch einen schönen Verein von häuslichen Tugenden, feste Familienbande, Ehrfurcht vor den
Eltern, Religiösität, Sauberkeit im Hause, und

Reinheit der Sitten. Daß dem so ist, muß man den griechischen Frauen verdanken. Wie fast überall, sind besonders in Griechenland die Frauen zehnmal besser als ihre Männer.

XX.

Zum lesbischen Olymp.

Als vom Strande, wo wir auf Sappho's Spuren gewandelt, gestoßen wurde, war es noch heller
Tag, und wir kamen mit mäßigem Winde bis an den
Meerbusen von Kalloni. Das Gestade blieb nackt
und traurig, und die Berge nahmen ab bis zu ge-
ringen Anhöhen, so daß die Insel ein recht nüch-
ternes Ansehen erhielt. Da machte der Meerbusen
eine angenehme Unterbrechung. Sein Ufergelände
ist ganz niedrig, und sieht man in den engen Mün-
dungshals hinein, so dehnen sich im Hintergrunde
Rohr- und Sumpfbreiten. Wie aber der mächtige
Wasserspiegel das schönste Eirund bildete, in sanfter
Milchbläue sich bis ins Innere der Insel ausdehnte
gleich einer glatten und unbewegten Glastafel voll

weichen Glanzes, wie auf der stillen Fläche nur ein
kleines Weißsegel schwebte, und sanfte Abendgluthen
sie rothschimmernd übergossen — das war überaus
schön. Die gelbrothen Lichter spielten gleichsam
Versteckens rings um das weite Seerund. Bald war
hier, bald dort eine Berghöhe angeglüht, und hier
und dort blitzte der stille Widerschein vom Seespiegel,
während wir langsam an der Mündung des Busens
vorüberschifften und der Himmel sich mit leisen
Schatten überzog. Noch schien eine kleine Seiten-
bucht angestrahlt wie von verborgenem Strandfeuer,
und plötzlich war alles in Nacht und Dunkel ver-
senkt, ähnlich wie in der Oper, wenn am Schluße
des letzten Aktes die ganze Bühne im bengalischen
Feuer steht und auf einmal der Vorhang nieder-
rollt. Ich sah noch eben das Kap des h. Phokas
sich wie eine graue Nase ins Meer strecken, dann
war nichts mehr zu sehen und zu vernehmen, als
der seufzende Nachtwind, der kältend aus den Bergen
kam und die Wellen anklatschend gegen das Schiff
drängte. Nach einer Weile hielt Mehmed es für
gerathen, vor der grauen Nase beizulegen.

Am Morgen war alles verändert. Grüner Schimmer ergoß sich über die Höhen, erquickender Wald-
geruch über das Meer, und stolze Berge erhoben sich
in mächtigen Schwingungen. Dunkelgrün standen

sie mit bleichen Häuptern vor dem blauen Aether,
dessen festlicher Lichtglanz Meer und Land zauberisch
umwallte. Das war endlich das edle Lesbos, wie
es uns in den Schilderungen der Alten anmuthet.

Nicht lange fuhren wir an der Küste hin, so
öffnete sich ein prachtvolles Thal, das vom bläulichen
Grün der Delbäume ganz überdeckt war. Hier ließ
Mehmed den Anker fallen, und bedeutete mir, wir
seien vor Potamos, von wo der Weg über Plumari
und Agiasso nach dem Olymp geht, oder, wie jetzt
der Berg heißt, zum h. Elias.

Der Eintritt in das schöne Thal war höchst einladend. Es war grün bis an den äußersten Saum
des Strandes, und Schilf und hochblühende Kräuter,
in deren Dickicht sich ein Flüßchen frischen Wassers
verlor, ließen sich küssen von kosenden Meereswellen.
Die Olivenwaldung aber war so prachtvoll, wie ich
sie kaum jemals in den fruchtbarsten Auen von
Spanien oder Sizilien erblickt hatte. Wir gingen
unter den rauschenden Bäumen hin wie in heiligen
Hallen, die uralten Stämme hoben sich in den aben-
teuerlichsten Gestalten und Verkrümmungen hoch in
die Lüfte, und die silbergrauen Laubmassen flutheten
nur so herab. Dieses gesegnete Thal war zweifellos seit Jahrhunderten von der Kriegsfackel nicht
berührt worden.

Aber es blieb auch seltsam still und einsam. Kein Mensch ließ sich blicken, und das Städtchen ·Potamos wollte immer noch nicht erscheinen. Nach meiner Karte, die mir bisher jedes Flüßchen und jede Bergspitze richtig gezeigt hatte, sollte es am Meere liegen. Wir entdeckten aber nichts, als ein einziges Haus an der Berglehne, das offenbar nur für den Sommer diente, und an ferner Höhe schien noch eine und die andere Hütte zu hängen. Mustapha schüttelte den Kopf, und Hussein und Hassan legten sich ins Gras. Ich kehrte zum Schiffe zurück und fragte Mehmed: er blieb aber dabei, daß er sich nicht täusche, und daß die Ortschaft weiter oben im Thal liege. Wir gingen also eine Strecke weiter im Thal hinauf. Die Landschaft wurde immer herrlicher, doch auch die Wildniß nahm zu, und nirgends ein Schein von Dorf oder Stadt. Nun war guter Rath theuer. Schon um vier Uhr früh hatten wir das Ufer betreten, und mittlerweile war es sechs geworden. Die Sonne fing schon an über die Berge empor zu steigen. Zum Olymp aber mußte ich gut fünf Stunden Weges rechnen, und ebenso viel zurück. Da kam von den Bergen ein Mann mit Maulthieren, welche Holzstücke schleppten. Bald erschien ein zweiter und ein dritter. Die armen Thiere waren belastet, daß ihnen fast der

Rücken brach. Ich nannte fragend: Potamos?
Stets wurde mit Kopfnicken geantwortet, der eine
wies das Thal hinauf, der andere auf die Berge
zur Rechten. Ich ging mit den Männern zurück
zum Strande. Dort hatte ein Schiff beigelegt, das
Holz einnahm. Drei Stangen waren am Ufer zusammengestellt, daran hing eine Art Naturwage, welche
das Gewicht der Baumstücke bestimmte; denn der
Preis des Holzes ging nach seinem Gewicht. Mustapha
mußte herbei, und auch er hörte nichts anderes von
den Griechen heraus, als daß Potamos irgendwo in
dieser Gegend liege, und daß wir von hier aus einen
geraden Weg zum Kirchlein des hl. Elias hätten.

Ich wußte, daß dieses Heiligthum, welches auf
der Spitze des Olympos steht, von weit und breit
besucht wird, und schloß daher, der Weg dorthin
sei von jedermann zu finden. Nach vielen Verhandlungen gelang es, die beiden besten Maulthiere für
den Tag zu miethen, freilich für ein wahres Sünden-
geld. Der Führer wollte es durchaus schon vorher
bezahlt haben: endlich ließ er sich bewegen vorläufig
nur die Hälfte anzunehmen, während die andere
Hälfte Mustapha in Verwahr nahm. Weil diese
Griechen sich stets unter einander betrügen, kostet
es öfter unglaubliche Mühe, in den kleinsten Geld-
sachen mit ihnen auseinander zu kommen.

Nun ging es wieder unter den herrlichen Oelbäumen hin, deren wunderliche Auswüchse und
Wurzelstämme uns einen Ausruf der Verwunderung
nach dem andern entlockten. Bald schienen sie Hütten auf drei oder vier Stützen, bald ausgebaucht
wie Schiffe, bald wie kleine Walfische. Aus dem
leisen Schimmern und Rauschen dieser uralten heiligen Oelbäume klangen uns die wundervollen Chöre
zu aus dem Oedipus auf Kolonos von der rosse-
prangenden Flur, die kein Heerfürst verheerte. Durch
die schöne Komposition Mendelssohn-Bartholdy's ist
dieses köstliche Stück aus dem Saphokles jetzt wohl
Gemeingut der gebildeten Welt Deutschlands geworden. Nur zu früh bog der Agogiat nach rechts
ab und eine steile Bergwand hinauf, so steil daß
wir uns an den Mähnen festhielten, um nicht vom
Sattel abzurutschen. Indessen kamen wir glücklich
hinauf, und blickten nun in eine wilde grünende
Bergwelt hinein. Wie lebendige riesige Wogen
kamen die Bergzüge schlank dahergezogen, hohen
Kammes, tief abfallend. Bald senkte sich der Pfad
in weite Bergkessel und grüne dunkle Schluchten
hinab, bald klommen wir wieder an lichtgrünen
und steinigen Abhängen empor. Eigentlicher Wald
war nirgends zu bemerken: die Natur schien das
braune Gebirge mit Föhren und Pinien und Stein-

eichen und allerlei Gebüsch nur gerade so viel zu
schmücken, daß die schöne Gliederung der hochwelli-
gen Berge vollkommen klar blieb. Mannshoch stand
an den würzigen Halden der gelbe Ginster, und
die hochrothen Oleanderblüthen gaben ihnen ein
lachendes festliches Ansehen. Auch Disteln waren
hoch aufgeschossen und reichten bis zum Pferdehals,
prangend mit rothen, auch mit blauen und gelben
Köpfen.

Immerfort behielt die Landschaft ihren hohen
und edlen Styl. Zogen wir über einen Kamm hin,
so trug der Blick unsere Vorstellung bis weit ins
Innere auf die bleichen Berge und zur anderen
Seite aufs Meer, das von hier wie eine leuchtende
Luftmasse erschien, nur fester und dunkler als die
reinen Aetherwellen darüber. Wenn der heillose
Weg über Stock und Stein und auf und nieder
uns nur einen Augenblick erlaubte, von ihm ab
und umher zu schauen, welche Fülle wildschöner
Natur umgab uns! Zur Seite graues Felsengewirr,
glitzernd im Sonnenlicht, in der Tiefe dunkle busch-
überhangene Schluchten, und vor uns wieder neue
Gebirgsketten gleichsam stählern ausgegossen in den
reinsten Formen und an den Flanken umgrünt von
weichen lieblichen Matten und krausem Nadelgehölz.
In den Thalverschlingungen erquickten thaufrische

Laubfülle, auf den blanken Höhen ziehende Sommer-
lüfte und wonniges Blühen und Duften von tausend wilden Kräutern und Gesträuchen, und selten
fehlte der geliebte heimathliche Harzgeruch der Pinien
und Fichten. Dabei war die Luft so wundervoll
klar und durchsichtig, daß sich ein Gefühl regte,
als schwebte die Seele auf neuen Schwingen und
durchzöge im Nu unermeßliche Räume. Noch in
den fernsten Weiten zeigte sich jedes Berghaupt in
klaren Umrissen mit Felswänden und blauschattigen
Linien, alles nur kleiner als in der Nähe. Ein
unvergeßlicher Morgen, die volle Reiselust im schönen
Griechenland.

Bei einer Wendung des absteigenden Weges
zeigte sich in der Schluchttiefe eine Ortschaft verborgen. Ich fragte „Patamos?" Nein, das Dorf
hieß — ich kann nur nach der Aussprache den Namen
wiedergeben — Abeliko, geschrieben vielleicht Ampelikon. Jetzt erklärte sich das Räthsel. Wir waren
gar nicht bei Patamos gelandet, sondern schon anderthalb oder zwei Stunden westlich davon, und so
waren wir durch die wildeste Gegend übers Gebirge gekommen, statt im Thale nach Agiasso langsam empor zu steigen. Jetzt waren wir es gern
zufrieden, zumal Abeliko schon halbwegs zum Reise-
ziele lag. Als wir an die ersten Häuser kamen,

nahmen die Kinder, welche da spielten, schreiend
Reißaus. Im Dorfe rauschte es von Wasserströmen,
von plätschernden Quellen und Brünnchen, die zwischen Gestein und Büschen silberhell hervor brachen.
Wie köstlich ist doch nach langer Entbehrung leben-
diges Wasser, wie erfrischend sein kühlender Aushauch, seine blinkende perlende Klarheit!

Unser Agogiat Theodoros hatte hier seine Heimath, und alsbald erschienen mit lautem Gruß sein
Vater und seine Mutter, der Pope und seine Po-
pin und eine Menge Frauen und Mädchen. Wir
mußten absitzen, denn Hr. Panagiotes Paradizi
credenzte uns einen Becher Wein, und die Mädchen
brachten Kirschen. Wir aber konnten uns nicht sättigen an dem frischen kühlen Wasser. Der dicke
Pope, — wenn er neben seiner dicken Papadia
stand, gab es gut drei Ellen Breite, — wünschte,
daß ich seinen Namen notirte: Parthenio Dimitri
Wlachopulos. Wenn einem neugriechischen Dorfe
der Geistliche fehlt, sucht es den klügsten Bauer aus
und läßt ihn weihen. Ueber die Häuser schaute eine
Burgruine aus der italienischen Zeit des Mittelalters.
Vater Panagiotes schien hoch erfreut, als sein Sohn
ihm zuflüsterte, wie viel blankes Geld er für die
Maulthiere schon in der Tasche habe. Nichtsdesto-
weniger ließ er, als wir unsere Weinflasche füllten,

auch dafür uns anständig zahlen. Von Lebens-
mitteln gab es nur Brod und ein wenig Käse. Wer
in diesen griechischen Inseln reist, lasse jede Hoffnung fahren auf Schinken und Rauchfleisch, Sar-
dellen und Gebratenes, es sei denn daß er dergleichen sich selbst zu bereiten Lust hat. Den Mädchen
funkelte die Neugier in den Augen. Schüchtern
näherte sich meiner Frau eine um die andere, und
als man sie gewähren ließ, faßten sie unter lauter
Verwunderung ein Stück Kleidung nach dem andern
an. Meine Gefährtin band sich den Kragen und
andere kleine Sachen ab und schenkte sie ihnen:
da huben sie jedes Stück unter Jubel und Gelächter empor, und als sie belehrt waren, wie sie sich
damit schmücken müßten, sprangen sie vor Freude
in die Höhe. Ich wunderte mich nur, daß sie nicht
gleich zum Bache liefen, um sich in dem neuen
Putze zu spiegeln.

Doch wir hatten keine Zeit länger zu verweilen
und mußten aus der engen Ampelikon-Schlucht wieder empor. Der Weg wand sich immer höher, bis
wir uns der Schneide eines Bergrückens näherten
und auf einmal der Olymp herüber schaute wie ein
versteinerter Geist, ganz bleich und weiß, während
ihn ringsum die grünende Wildniß umgab. In
meinem Leben habe ich keinen so seltsamen Berg

gefehen. Wie wir uns das Gebirg im Monde denken, todt, bleich und ausgezackt, in nackter Steile
aufragend in den todten Luftraum — so fieht er
aus. Auch das Samothrake-Gebirg schaut von feinen
Höhen kraus und düfter herab, wie etwa wenn Ju-
piters Majestät hoch im blauen Lichtglanze finfter
die Brauen runzelt: diefer höchfte Berg auf Lesbos aber scheint auf feinen Gipfeln einen wahren
Gespensterthron abzugeben.

Je höher wir kamen, defto weiter und weiter
entwickelten sich die kahlen Bergzüge im Innern,
während sie der Küfte entlang hell begrünt schienen.
In der Ferne schaueten über die blaue See herüber
die Infeln Ypfara und Chios und die zahllofen
Vorgebirge, welche die weite Bucht von Smyrna
umgeben. Es war und blieb eine Landschaft im
größten hiftorischen Styl, düftere Partien find eingemischt, doch alles gibt sich fein und edel und
ftets in erhabenen Linien. Hallende Wälder fehlen,
das schöne Grünhaar haben die Menschen der Natur
· ausgerauft. Bloß im Schutz einiger fteilen Bergrücken ließen sie die Föhren etwas dichter ftehen.

Aus der üppigen Wildniß, die uns voll un-
fäglichen Naturzaubers umwogte, kamen wir nicht
heraus, bis wir, allmählich höher fteigend, an dem
Fußrande des scharf und nackt emporragenden Felfen-

riffs anlangten. Ueber dreitausend Fuß hebt sich
der Olymp in die Lüfte, blendend in Marmorweiße:
der Anstieg aber zu seinem Gipfel war tausendmal
besser, als wir erwarteten. Eine gottesfürchtige alte
Dame hat den Weg zur weitberühmten Wallfahrt
des heiligen Elias mit festem Gestein auslegen
lassen, damit das blanke Pflaster breit genug sei
für zwei Maulthiere neben einander, bis oben auf
die Spitze, welche gen Süden schauet. Auf scharf-
felsigem Rücken öffnet sich hier, wenn die Schelle
läutet, ein dreieckiges Mauerhöfchen, dessen rechte
Seite mit einem niedrigen Dache besetzt ist. Unter
seinen Ziegeln birgt sich vorn eine kleine Pförtner-
wohnung, dann folgen zwei Gemächer, und an das
letzte stößt ein winziges Kapellchen. Sein halbdunkles
Innere flimmert von Lämpchen und Goldbildchen und
andern kleinen Weihgeschenken. Niemand lebt da,
als eine liebe gute Greisin in einer Art von Non-
nentracht und ein alter zitternder Pförtner. Die
dreieckspitze vor dem Kapellchen nahm ein Krautgärt-
lein ein, in welchem ein Rosenstrauch, über und
über mit weißen Blüthen behängt, köstlichen Duft
verbreitete.

Dies Gärtchen, Kapellchen und Ziegeldach hängt
gleichsam hoch in der Luft; denn ringsum gehen
nieder die blauen blinkenden Aetherräume, und tief

unten breiten sich unabsehlich Meer und Land, zackige Küsten, langhinwallende Bergzüge und zahllose Inseln, die gleichsam hinausschwimmen in die ferne Meeresbläue! Weltberühmt ist die Aussicht von Dschamilschah, eine Stunde Wegs oberhalb Skutari: dort überschaut man mit einem Blick das märchenhafte Konstantinopel und die Herrlichkeiten des Bosphorus und das Marmorameer, das sich wie eine hellblaue Glastafel ausspannt. Doch was sind alle Wunder jener Rundsicht gegen den lesbischen Olymp, wo sich endlose Größe und feierliche Majestät mit soviel entzückend Lieblichem verbindet! Gleich als wären über den weiten glatten Seespiegel ausgegossen die schlanken Berge in jugendlichen Gliedern, die bleichen Felshäupter, und all die Inseln und Küsten und Buchten mit lockenden Thälern.

XXI.

Vom hohen Olymp.

Lange standen wir stumm, verloren in diese
unabsehlichen Lichtweiten, in diese enthüllten Geheimnisse von Erd- und Meeresgestaltung. In den
ersten Augenblicken einer neuen erhabenen Aussicht
durchblitzt uns ja etwas wie Ahnung einer glück-
seligen überirdischen Welt, der man still in ent-
zückter Seele nachsinnt.

Auch hier schien das Meer, — es umgab uns
rings auf allen Seiten, — von den tiefen Rändern
der Insel überall leise anwogend emporzusteigen,
und ich erklärte eben meiner Gefährtin, welch über-
wältigenden Eindruck das Anschwellen des Ozeans
von der Pikhöhe auf Teneriffa macht, da bot uns
die greise Einsiedlerin Kaffee, Wasser, und duftende

Rofen dar. Das war alles, was fie hier oben
hatte, nebft etwas hartem Schaffäfe und einem Korb
voll Zwiebeln. Davon lebten die beiden alten Leute:
fie brauchten fo wenig irdifche Nahrung, als hätten
fie fchon eine Art unfcheinbarer Engelshülle angezogen. Was aber auf diefer fchroffen Felfenhöhe
am wenigften zu vermuthen, das war das föftliche
fühle Waffer. Seit Samothrafe hatte uns fein
fühler Trunf fo gemundet, wie hier oben und unten
in Ampelifon. Die Cifterne war tief in den Felfen
eingehauen, ein Werf vielleicht noch aus altgriechifcher
Zeit.

Ohne Zweifel frönte diefen Olymp da, wo jetzt.
das Eliasfapellchen in den Lüften hing, vor Zeiten
ein fleiner Zeustempel. Denn gleichwie in ihren
tiefften religiöfen Ideen Griechen, Indier und Germanen fich verwandt find, fo errichteten fie ihre
Stätten der Gottesverehrung gemeinfam dort, wo
die Natur ihnen den Athem der Gottheit entgegen-
trug: im heiligen Schatten der Urwaldriefen, an
fprudelnden Quellen in blühender Wildniß, oder
auf Hochplätzen, wo im weiten Umblick die Seele
gerührt wurde von der Unermeßlichfeit des Weltalls.

Wir traten nun aus dem Klöfterchen heraus
und fletterten auf den fcharffelfigen fahlen Bergrücken, und als wir oben waren, fand fich etwas

wie ein Steig das ganze Riff entlang und gar keine
Gefahr. Nun erst wurden wir recht dieses einzigen
Standpunktes in der Welt inne, gleich als wäre die
ganze Insel von lichten Luftmassen über dem Meer
emporgehoben, und darin am höchsten dieser aben-
teuerliche Berg von weißem Marmor.

Das Gestein ist hellweiß und hat roth durch-
laufende Adern, einige Stellen sind von Wind und
Wetter blank polirt. Tiefer unten nimmt die grau-
weiße Farbe überhand. Zu Füßen liegt ausgestreckt
die seltsame Inselgestalt. Sie ist rings um diesen
Eliasberg und nach dem Meere hin halbbegrünt,
sonst braun und bleich auf allen andern Punkten.
Zwischen die Thalwindungen und ansteigenden Hochflächen, über denen einzelne Gipfel und Langrücken
sich ausrecken, dringen tief hinein die beiden Meerbusen von Kalloni und Jera, beide ein großes Eirund, dessen sanfterer Spiegel milchbläulich neben
dem dunkleren Stahlblau des Meeres absticht. Zwischen beiden Busen bemerkte ich eine tiefe übergrünte
Rundfläche, als hätte da ein See gestanden. Bei
ihrem heiligen Eliasberg wohnen nur Griechen:
ihre Ortschaft Agiasso, die zweitgrößte auf der Insel,
liegt mit zahllosen Rothziegeldächern eingebettet
zwischen grünen Weinbergen und Schluchten. Darüber hinaus ziehen sich kahlfelsige oder erdbleiche

Höhen, und dahinter die schimmernde Meeresstraße
zwischen Lesbos und Kleinasien, und hoch über den
zahllosen Buchten und Vorgebirgen steht die gewaltige Bergmasse des Ida.

Noch öfter schauten wir auf dem Rückwege zum
Olymp zurück, dem Träger göttlicher Aussicht. Noch
so nahe, und schon regte sich Sehnsucht danach, wie
nach allem wahrhaft Schönen, das man eben verlassen hat. Stets hellweiß ragte er in die blauen
Lüfte, als wäre er von Silber umpanzert. Als der
Weg sich zu den Schluchttiefen von Ampelikon zu
senken begann, und der geliebte Berg nun für immer, für das ganze Leben uns entschwinden sollte,
stiegen wir ab, hielten ein kleines Mahl und brachten unsern letzten Becher Weins dem hohen und
edlen Olymp der schönsten Insel Altgriechenlands.

Viele Olympe gab es ja ehemals! Das Wort
muß von derselben Wurzel sein, wie unsere „Alpen.“
Was aber war nun schöner, die Aussicht von der
Geisterburg auf Imbros oder diese lesbische? Diese
Frage fing schon an uns zu beschäftigen. Schiller
oder Goethe? Berchtesgaden oder Hohenschwangau?
Chambertin oder Hochheimer Domdechant? Und so
weiter und so weiter. Daß man doch stets so thöricht
fragen muß. Oder geschieht es eigentlich nur deßhalb, um durch Vergleichen sich der eigenthümlichen

Reize eines jeden recht inne zu werden? Und auch wir schlossen wieder den Vergleich mit freudigem Dankgefühl, daß wir gewürdigt waren, die beiden schönsten und herrlichsten Aussichten im griechischen Meer, die selten eines Reisenden Auge streift, in Sinn und Seele aufzunehmen.

Und nun ging's, was nur Agogiat und Thiere laufen wollten, über Stock und Stein und bergauf bergab, ohne nur abzusitzen, bis uns wieder die sanft bläuliche Fluth des Olivenlaubes anlächelte, und wir wieder unter die alten wunderlichen Bäume kamen, in deren Schatten und leisem Rauschen wir rasch zum Strande hinabritten.

XXII.

Smyrna.

Es war noch hell am Abend, und unsere Türken saßen am Strande wieder um ihren ewigen
Pillaw. Dießmal hatten wir ihnen nichts dazu mit-
gebracht: kaum daß Theodoros wieder die Weinflasche in seinem Dorf hatte anfüllen können. Aber
morgen, morgen schon ging es nach Smyrna, nach
Ismir, der Perle des Orients! Ismir! Der Name
fließt dem Türken über die Zunge wie eitel Süßig-
keit. In Konstantinopel waltet ihm die heilige
Majestät und Herrlichkeit des Nachfolgers der Propheten.
Ismir aber vereinigt für ihn alle Wonnen der Welt,
die Fülle edelster Feigen Trauben und Saftgurken,
reiche Bazare und üppige Frauen in Menge.

Mehmed bat, wir möchten gleich abfahren, der
Wind sei gut. Uns war es recht, und so segelten
wir die Küste entlang, die im letzten Abendgold ver-
klärt uns anlächelte. Das Gestade war übergrünt,
die Felsmassen stiegen aus den Fluthen auf, sie
stiegen hoch und höher, und wurden immer gewaltiger, bis sie von ihren hellrothen Zinnen niederstürzten, fast so großartig wie auf der Wildseite
von Samothrake. Und immer ernster und wilder
voll abenteuerlicher Felsgestalten starrte uns das einsame Gestade entgegen, dunkler wurde die Meeresfluth, und plötzlich stieg aus ihrem Schoße die Nacht,
im raschen Emporschwellen hatte sie Insel und Gestade verhüllt.

Nun aber wurde unser Meerwandern etwas ungemüthlich. Der Wind verstärkte sich, und die See
ging hoch. Das Schiff lag bald auf dieser, bald
auf jener Seite, und zwischendurch fuhr zischend
eine Spritzwelle an Bord und klopfte verdächtig an
unsere Vorhänge. Wir waren todmüde von dem
langen Ritt und den olympischen Herrlichkeiten: trotzdem floh der Schlaf unsere Augen. Sturm herrschte
nicht, aber die Wogen brausten unablässig, und
jedes Tau und Segel pfiff und rasselte. An Landen oder Ankern durfte man nicht denken; denn es
war tiefe Nacht und unbekannt das felsige Gestade.

Unſer Wein ging zu Ende und heißen Kaffee zu machen wollte nicht gelingen. Kurz, es war höchſt ungemüthlich. Endlich gings vorüber, wie alles vorüber geht, ſolange das Leben noch athmet, und als wir nach einigen Stunden kräftigen Schlafes am Morgen aufs Verdeck kamen, da lagen glänzend im Morgengolde wie der reinſte Friede neue See-landſchaften vor uns.

Weit that ſich auf der prachtvolle Buſen von Smyrna, die Küſten belebt von weißlichen Ortſchaf-ten, und als wir weiter hinein fuhren, öffneten ſich links und rechts fernſchimmernd andere tiefe blaue Buchten, umzogen von Bergen in edlen und ſanften Formen. Unſer Schifflein aber flog leicht und ſchlank vor dem Winde dahin. Nichts Schöneres, als ein friſches Segeln am frühen Morgen! Wie das Meer-rößlein über die ſchlummernden Wellenköpfe ſetzt und ſo anmuthig ſich biegt und ſtreckt! Keine Schwalbe kann zierlicher daher ſtreichen als ein ſchlankes Seegelſchiff vor gutem Winde. Das Dampf-ſchiff geht ſein Tempo ſicherer, aber bei dem ewigen Stampfen und Schüttern der Maſchine hat man nie eine Ahnung vom Fliegen und Schweben in freier Natur.

Je näher wir Smyrna kamen, deſto mehr muthete mich die milde und edle Schönheit ſeines

weiten Meerbusens an. Alles Süße und Melodische,
all die leichte und schwebende Klarheit jonischer Dichtung scheint von diesen lieblichen Höhen zu athmen,
auf diesen weichen Wellen zu fließen. Die Sonne
stieg höher, und allmählich ging die sanfte Meeresbläue über in leis aufglitzerndes Grün, das zuletzt
in Millionen Smaragden die Sonnenblitze zurück-
spiegelte. Das Gebirge zur rechten Seite überzog sich
mit Buschwald, und im Hintergrunde näherten sich
die Gestade wieder, um den Meerbusen abzuschließen.
Nun schien er ein großer gewaltiger Landsee, jedoch
mit mächtig daherrollenden Meereswogen, von Hochgestade umgürtet, aber immer voll so weicher Lieblichkeit, daß das reine Himmelsauge niemals müde
wird, aus der tief durchsichtigen Klarheit dieser
Fluthen den Sterblichen anzulächeln.

Hier, wenn irgendwo, hat Homer gelebt und
gedichtet, einerlei ob seine Wiege stand in Smyrna
oder Phokäa oder an einem andern Punkte des
reichen Städtekranzes, der einst diese herrlichen Buchten umgab, wo die Größe so anmuthig und das
Schöne so erhaben. Hier, wo die Straßen nach
dem nahen Magnesia Sardes und Ephesus führten,
landeten und holten die Schiffer Waaren aus aller
Welt Enden, und die Nachrichten und Fabeln, die
sie von fernen Küsten und Abenteuern zuführten,

spiegelten sich wieder in dem unaufhörlichen Gerede des lebhaften und wohligen Menschengedränges. Die alte, reiche, weithin herrschende Troja lag nahe genug, um ihr Andenken niemals hier erlöschen zu lassen, namentlich nicht in den Städten dieses Meerbusens, die seine Handelserben wurden. Ilion war auch weit genug nach Norden entrückt, um seine letzten Schicksale einigermaßen aus der Ferne mit künstlerischem Auge zu betrachten. Und in welch köstlicher Duftbläue, in welch edlen und reinen Linien zeigt sich hier jede Ferne!

Scheint es doch, als wenn das Gebirge des Sipylos, des Olympos, des Messogis, deren lange Ketten hier am Meere sich abdachen, hoch in den ewig heitern Lüften die weiten Schwingungen des Meerbusens wiederholten.

Auf seinen Gewässern aber fuhr unser Schiff gerade vor dem Wind einher wie ein schnaubender Renner, unter vollen Segeln, und warf das schäumende Gewoge sich gleichsam aus dem Wege. Nur zu früh erblickten wir das Ende der Bucht, deren Rand zur Linken mit langen Reihen weißer Zelte besetzt schien. Sie erwiesen sich als runde Hügel von Seesalz. Aecht orientalisch, jedoch mit dem Prachtanblick von Konstantinopel nicht zu vergleichen, streckte sich Smyrna weißröthlich in die grüne See.

fluth hinein, und stieg dann grau und schwärzlich
die nackte Höhe hinauf, auf deren Spitze weder der
düstere Cypressenwald noch die genuesische Kastell-
ruine fehlten. All dahinter zogen und wölbten sich
dunkle Bergrücken, an die sich zur Linken noch andere Kuppen und Ketten ansetzten.

Der Anker unserer Alamana fiel; zum Letzten-
mal hörte ich sein Rasseln, dessen Klang sich so oft
mit der Vorstellung von neuen Landhöhen und unbekannten Menschen verknüpft hatte. Der Gedanke
flog mir durch den Kopf, Schiff und Türken noch
bis nach Athen zu behalten: doch meine Reisefrist
war abgelaufen, ich durfte mich nicht mehr der
Segelfahrt überlassen, bei welcher nichts unsicherer
ist, als die Zeit. Am Häuserufer, das sich auf
zahllosen Pfählen mit Buden und Vordächern ins
Meer hinein fortsetzte, war es farbenbunt von Leuten
in allen Trachten, der Hafen voll europäischer Dampf-
schiffe und Dreimaster, ein lang entwöhnter Anblick.
Es war Mittag, und der Seewind trieb gerade so,
aber noch viel stärker, als der Mittagswind am
Garda-See, rauschende Wellenberge ans Ufer, weiß-
grün blitzend und hochansprühend. Unser kleines
Landeboot stand bald hoch über dem Schiffsbord,
bald schien die See es tief unten einzuschlucken.
Endlich waren wir darin und mit wenigen Ruder-

ſchlägen am Lande, und nun ging der erſte Weg
zum deutſchen Konſulat, um unſern Türken das
beſte Zeugniß auszuſtellen. Sie begleiteten uns bis
zum Gaſthof, und nicht ohne Bewegung nahmen
wir von den braven Leuten Abſchied. Der würdige
Muſtapha aber mußte uns verſprechen, ſich photo-
graphiren zu laſſen.

Wie viel Köſtliches, wie ganz Unvergeßliches
hatten wir auf dieſer nur vierzehntägigen Seefahrt
erlebt! Manchen verehrten Freund kenne ich, der
noch unvergleichlich mehr Genuß und Finderfreude
davon hätte, weil er hundertmal mehr vom klaſſi-
ſchen Alterthum verſteht, auf deſſen Gebiet ich nur
ein Laie bin. Man ſollte, um mit Muße eine
Fahrt zu dieſen noch ſo wenig durchforſchten Küſten
und antiken Stadtgebieten zu machen, ſich durch die
Koſten des eigenen Schiffes nicht abſchrecken laſſen.
Ihre Summe ſchwindet zuſammen, wenn man ab-
rechnet, was in ebenſoviel Tagen, als man auf
ſeinem Schiffe ſich ſelbſt beköſtigt und beherbergt,
in den theuren Gaſthöfen ausgegeben wäre. Freilich muß man manche kleine Behaglichkeit friſchen
Muths entbehren können, und darf auch nicht
bloß mit griechiſcher Mannſchaft reiſen, und nicht
zu einer Zeit, wo häufig rauhes Wetter zu befürchten.

Wir konnten es hier gar nicht beffer treffen.
In einem Konful fanden wir einen Jugend- und
Spielgenoffen aus unferer Heimath, der ftillen
Paderftadt im fernen Weftfalen. Ein anderer ver-
ehrter Freund, der neue deutfche Konful, war eben
eingetroffen. In der Diakoniffenanftalt aber durfte
ich in eine Zelle eintreten, in welcher die holdeften
Erinnerungen aus dem vielgeliebten Hohenfchwangau
mir entgegenwinkten. Diefe Herzlichkeit, dies deutfche
gehaltvolle Gefpräch thaten uns unbefchreiblich wohl,
und dazu half mit, was ich gerne geftehe, die weich
behagliche Wohnung und die blinkende Tafel nach
langer Seefahrt in Kajütenenge, in welcher wir am
Morgen unfer letztes Ei gegeffen. Wir ließen es
uns prächtig behagen und kamen am erften Tage
nicht mehr dazu, in der Stadt uns umzufchauen.

Andern Morgens fuhren wir in Begleitung des
allkundigen Freundes erft zu den neuen Eifenbahnan-
lagen, und dann zum altberühmten Fluffe Meles,
von welchem aber nicht viel zu fehen war, als eine
Reihe kleiner Becken voll trüben Waffers. Daneben
lag der Karavanenplatz, wo jährlich viele Taufende
von Kameelen fich fchaaren, ehe fie ihre Reifen in's
Innere antreten oder wenn fie von der perfifchen
oder kaukafifchen Gränze zurückkehren. In Europa
würde die ärmfte Regierung folch einen Platz mit

Anstalten umsäumen: hier blieb alles so nackt und wüst und schmutzig, wie ich es nicht elender auf ähnlichen Karavanenplätzen in Marokko gesehen. Von da gingen wir durch den Cypressenhain eines Friedhofs auf den Hügel Tepentschik, dessen Höhe — wir waren ja noch in der Türkei — eine unbewohnte Hausruine krönte. Von hier bietet sich eine herrliche Aussicht über die Stadt zum blauen Meerbusen. Wendet man sich aber rückwärts, so erhebt sich zur einen Seite der kahle Berg von Smyrna mit zerfallenden Festungsmauern, zur andern läuft eine lange braune Bergkette hin, dazwischen eingesenkt liegt grünsonnig eine Thalmulde, aus welcher zu beiden Seiten Gartendörfer sich an den Höhen hinaufziehen. Der belobte Aziziehgarten in der Nähe ist ein kleiner Flecken, der mit grünen Bäumen und einem Springbrunnen besetzt ist und am Flusse vor der Karavanenbrücke liegt. Wird dieser Platz nur mäßig gefüllt, so muß es ein unangenehmes Geschiebe geben. Besser gefiel uns das bunte geschäftige Leben im Bazar, obwohl er mit den sich durchkreuzenden Budengängen und Gewölben in Konstantinopel gar keinen Vergleich aushält. In Stambul legt der Orient das Köstlichste aus, was er selber schaffen kann, Smyrna jedoch ist der Stapelplatz für die billigen europäischen Waaren, deren

kaum eine Haushaltung mehr im Oriente entrathen
kann.

Als wir aus dem Bazar heraustraten, entdeckte
uns einer unserer türkischen Matrosen. Gleich rief
er die andern herbei, die in den Kaffeehäusern am
Nichtsthun und Erzählen sich eine Güte thaten.
Jubelnd stürzten sie auf uns zu und umringten
unsern Wagen, auch der alte Kapitän mit seinem
weißen Schönbart und der langen Pfeife kam eilends
daher, und nochmal gab es einen rührenden Abschied in Mitten herbei strömender Zuschauer. Als
wir den Matrosen eine kleine Gabe anboten, wollten sie nichts annehmen: das hätte ja den Anschein
gehabt, als hätten sie uns bloß deshalb nochmal
begrüßt. Im Gegentheil, einer holte rasch aus dem
Kaffeehaus Wein und Süßigkeiten und nun mußten
wir uns von ihnen bewirthen lassen. So war auch
das Letzte dieser schönen Meerfahrt eine angenehme
Erinnerung.

Eine freundliche Stunde verlebten wir auch bei
den Kaiserswerther Diakonissen. Da jetzt mehr deutsche
Anstalten ähnlicher Art im Orient zu gedeihen beginnen, darf wohl ein kurzer Rückblick auf die Geschichte dieser Smyrnaer hier Platz finden. Als vor
einigen Jahren der Vorstand des Kaiserswerther
Mutterhauses durch Smyrna kam, hörte er von

Schweizern und Holländern, wie sehr sie nach prote-
stantischem Unterricht für ihre Kinder verlangten.
Im Herbst 1853 kam die jetzige Vorsteherin mit
noch einer Schwester, mit 9 Schulmädchen fingen
sie an, noch im Winter meldeten sich griechische dazu,
und am Schlusse des Schuljahres war die Kinder-
zahl schon auf 52 gestiegen. Jetzt erhält sich die
Anstalt bereits selbst: sie hat eine Schule von weit
über zweihundert Kindern, wovon ein ungefähres
Drittel im Hause wohnt, ein Waisenhaus von 30,
eine griechische Armenschule von 80 Kindern. Der
Diakonissinnen sind 16, der Lehrer und Lehrerinnen
12, unter letztern 3 Franzosen, 2 Griechen, 1 Armenier, 1 Engländer. Die Unterrichts- und Umgangs-
sprache ist die französische, jedoch hört jedes Kind
in seiner Muttersprache die Geschichte und Geographie
seines Heimathlandes. Als nun vor ein paar Jahren
die Kunde von den deutschen Kriegs- und Sieges-
thaten über's Meer scholl, begeisterten sich die Griechen in Smyrna für die Deutschen, die Armenier
dachten zum großen Theile ähnlich, die Türken
erschraken, und es fehlte nicht an argen Reibungen
zwischen den Deutsch- und Französischgesinnten. Nach
dem Kriege kamen junge Griechen und verlangten
nach deutschen Büchern. Jetzt entschlossen sich die
Diakonissinnen, deutschen Unterricht für alle ihre

Schülerinnen zu geben und siehe da, es war all-
gemeine Freude darüber. Mit wachsendem Vergnügen
durchschritten wir die von Sauberkeit glänzenden Zimmer, den Musiksaal, und den Garten voll hoch-
blühender Oleander: überall erfreute der Anblick der
lieblichen und gesunden Kinder aus den verschiedensten
Nationalitäten, — für einen Ethnographen die an-
muthigste Mustertafel. Mit Dank im Herzen schieden wir von der schönen deutschen Stätte des Frie-
dens und der Bildung in orientalischer Wüstenei.

Wir durchfuhren nun langsam die engen und
holprigen Gassen der Türkenstadt, der Judenstadt,
und dann die besseren Straßen, die ebenfalls an
Breite viel Mangel haben, und suchten aus Blick
Haltung und Kleidung der Vorübergehenden deren
Volksart zu errathen. Für ein nur etwas geübtes
Auge ist das nicht schwierig, soll es aber werden
mit jedem Jahre mehr: so rasch und gebieterisch
glättet der wachsende Verkehr die nationalen Trachten
und Züge aus.

Von den 200,000 Einwohnern Smyrnas sind
die Hälfte Griechen, in die andere Hälfte theilen
sich fast zu gleichen Theilen Türken Armenier
Juden und Levantiner. Türken wohnen in der Stadt
selbst keine 30,000, in der nächsten Umgebung aber
wohl drei- oder viermal soviel; denn an Smyrna

hängen sie wie an einer vielgeliebten Stätte. So.
bald man tiefer in's Land kommt, beginnt die Ver.
ödung des Landes und das rasche Aussterben die.
ses Volkes. In Ephesus, Magnesia und anderen
Städten des kleinasiatischen Küstenstrichs war das
Türkische noch vor zwanzig Jahren die herrschende
Sprache: jetzt ist es die griechische. In Synope
und Trapezunt soll es nicht anders sein. Wo ein
paar Griechen sich Handels oder Handwerks wegen
niederlassen, gründen sie alsbald Familien, und
wo ein paar griechische Familien sind, stellt sich
alsbald der Schulmeister von Athen ein. Es gibt
unter den Griechen Hetärien oder Geheimbünde, die
dafür sorgen, daß all die Küstenstädte der europäi.
schen und asiatischen Türkei, sobald Griechen dort
sich ansiedeln, auch Schulen ihrer Nationalität er.
halten. Diese Geheimbünde sollen fort und fort
eine geräuschlose und erfolgreiche Thätigkeit entwickeln.

Die Europäer sind in Smyrna am meisten durch
Franzosen und Italiener vertreten, die Deutschen
vorzugsweise durch Schweizer. Die Zahl der letztern
beiden mag jedoch nicht viel über hundert Köpfe
betragen. Die Franzosen behaupten in Gesellschaft
Literatur und Sprache noch immer eine hervorragende
Stellung, gegen sie treten die Engländer weit zu.
rück. Die Griechen haben den größten Theil des

Handels wie der vornehmeren Stadt in Händen, während die Armenier ihr angeborenes Talent für Geldgeschäfte im Großen entwickeln und den Juden meistens nur die kleinen Abfälle übrig lassen. Auch in Konstantinopel wurde mir von Kennern der Verhältnisse versichert, das meiste Geld, welches die Türken von der Rajah erpressen oder von den Europäern anleihen, wandere in die schweren verschlossenen Koffer der Armenier, die noch lebhaft an ihr altes armenisches Königreich denken.

Die besseren Stadttheile von Smyrna haben viel Aehnliches mit spanischen, mehrmal glaubte ich in Sevilla zu sein; jedoch fehlen, altes Festungsgemäuer ausgenommen, die Kathedralen und großen historischen Gebäude. Es wissen sich die paar Kuppeln und Thürmchen über der weißgrauen Einförmigkeit der platten Dächer kaum zu behaupten. Allerdings nimmt Smyrna in den letzten Jahren bedeutend zu, verglichen aber mit dem raschen Aufschwung europäischer Großstädte ist hier ein ewiges Anfangen und ewiges Zögern. Die bestgegründeten, die hoffnungsreichsten Unternehmen erleiden gar häufig von irgend einer Seite her, die kein Mensch in Rechnung zog, plötzliche Störung.

Die engen Gassen des türkischen Quartiers auf und ab zu fahren, gibt immer neue Augenweide. Wie

doch das Mohametanerleben auf dem ganzen weiten
Ländergebiet, welches von ihm besetzt wurde, so
gleichartig und einförmig ist. Man könnte aus dem
Thor von Mogador am atlantischen Ozean in die
Thore Smyrnas treten und würde in Sitten und
Wohnen, im Thun und Lassen der Bevölkerung
keinen andern Unterschied bemerken, als daß in der
Hauptstadt des Levantehandels das Leben etwas farbiger bunter und kräftiger erscheint. Die Türkinnen
gingen hier tiefer verschleiert als in Konstantinopel.
Man weiß aber schon von Weitem, ob sie unter
oder über dreißig sind. Die Letzteren gehören zu
den Matronen und ihr schwarzer oder rother Schleier-
mantel verhüllt wirklich Figur und Gesicht: die
jüngeren blicken offener in's lachende Leben und lassen den Reiz der Züge vom durchsichtigen Schleier
nur halb verdecken. Interessanter noch war die
Judenstadt. In jedem Hause lagen die Jüdinnen,
die lockendsten Gestalten darunter, zu vier oder fünf
am weitgeöffneten Fenster oder vor der Hausthür,
die helle Kleidung eng um den Körper gezogen,
den Busen aber offen und auf dem Kopfe eine Art
niedlichen Turbans. Gewiß haben die Juden schon
ganz so gewohnt, als sie noch von Palästina aus
ihre blühenden Ansiedlungen in den Handelsstätten
des griechischen Meeres verbreiteten.

Als wir nach dem ersten großen Umblick nach
unsers Freundes Hause fuhren, konnte ich nicht ver-
hehlen, daß sein geliebtes Smyrna das seltsamste
und merkwürdigste Stadtungeheuer sei, das man
nur sehen könne, — eine Großstadt ohne Vaterland und öffentliche Meinung, voll Nationalitäten
ohne Nation, eine mächtige Handelsstadt ohne Börse,
ohne Industrie und Gewerbe, die älteste Stadt im
Orient und dennoch in Häusern und Straßen wie
zufällig eben erst zusammengestellt.

Ich muß diese Räthsel erklären.

Smyrna ist die einzige Stadt, die ihr uraltes
Dasein, wie es schon vor Cyrus dem Perser und
Cimon dem Athener war, nicht bloß bewahrt, sondern auch vergrößert hat. Smyrna spielte bereits
eine Hauptrolle im jonischen Bunde, wurde von
Alexander dem Großen neugebaut, wurde des An-
tigonus Hauptstadt und des heiligen Polykarpus
Bischofssitz. Noch unter den Römern war es eine
geweihte Stätte der Wissenschaft Künste und Poesie, man nannte es den Philosophenwald und das
Asyl der Musen und Grazien. Im Mittelalter
mischten sich hier mit den Byzantinern die Ritter
von Rhodus und die Handelsherren von Genua
und Venedig. Dreihundert Jahre lang wurde die
Stadt heftig umstritten: öfter hing über die Mauern

der alten Akropolis der Roßschweif des Islam,
während auf dem Kastell St. Peter die Kreuzesfahne
wehete. Seit den letzten fünftehalbhundert Jahren
aber war die Stadt beständig in den Händen der
Türken und hatte die Raubgriffe der Paschas, er-
schütternde Erdbeben und schwere Pest und Seuchen
zu bestehen. Smyrna hat das alles überdauert,
während Ephesus und Milet, Sardes und Magnesia, Pergamus und Halikarnaß vergangen sind.
Aber Smyrna ist auch seit fünftehalbhundert Jahren
geblieben was es war, ein großes Karavanserai, eine
weltbekannte Stätte, wo Kameelladungen und Han-
delsschiffe zusammen treffen und ihre Eigenthümer
ein nothdürftig Unterkommen nehmen, um rasch ihre
Waaren auszutauschen und wieder von dannen zu
ziehen.

Um diesen Waarenumtausch zu vermitteln, haben
sich Bruchtheile aus den verschiedensten Völkern hier
angesiedelt, und wurde Smyrna die vornehmste Handelsstadt des türkischen Reichs. Kleinasien bringt
hier seine Aernten an Feigen und Rosinen, Krapp
und Baumwolle, Opium und Schwämmen, und
was es an Seidenzeugen und Teppichen fertig bringt,
zu Markte, und holt dafür europäische Industrie-
waaren. Von der einen Seite erschienen hier neben
den Türken asiatische Griechen, Juden, Armenier

und Perser, von der anderen Seite kamen europäische Griechen, Italiener, Franzosen, Holländer und Engländer. Jede Völkerschaft siedelte hier ihre Sprache und Sitte an, jede trachtete sich eng beisammen zu halten, niemals entstand eine Gemeinsamkeit des Handelslebens, niemals eine große Anstalt oder Einrichtung dafür. In der allgemeinen Unsicherheit der Dinge wagte sich kein genossenschaftlicher Geist hervor, es sei denn aus den untersten Stufen der Lastträger und Kameeltreiber.

Ueber die Westeuropäer aber schien das orientalische Leben einige Gewalt zu gewinnen. Es bildete sich hier eine Abart und Mischgattung in Nationalität und Sprache. Italienisch wurde die Grundlage der Verständigung, jedoch das Italienische erhielt bald spanische, bald französische, bald griechische und türkische Accente und Einmengsel: es ergab sich eine Lingua franca, die Jedermann verstehen konnte. Die jungen europäischen Kaufleute aber, denen bei dem Gewinn die Schönheit der Gegend gefiel, nahmen sich Frauen aus griechischen, armenischen, jüdischen Familien, und ihre Kinder gehörten weder dem einen noch dem anderen Volke an: sie bildeten eine besondere Volksart, die Levantiner.

So geschah es und blieb es bis vor etwa einem Menschenalter. Und siehe da, die nationale Frische und Triebkraft, die in den europäischen Völkern wieder erwacht ist, zeigte sich auch auf diesem Punkte: sie zog ihre zerstreueten, ihre fast verlorenen Glieder wieder an sich. Die Lingua franca hört auf, und man lernt dafür Italienisch und Französisch und Spanisch rein sprechen. Die Levantiner Familien aber verlieren ihre Besonderheit und verschwinden; denn ihre Sprößlinge werden wieder Griechen oder Italiener oder Franzosen oder Engländer.

Der Orient hat keine Macht mehr über die Europäer: er muß wieder hergeben, was er von ihnen an sich gezogen hatte. Vor dreißig Jahren sah man in Smyrna noch viele Neger und Mulatten, Araber und Ziegeuner: jetzt begegnet man ihnen nur noch selten. Jetzt lösen sich sogar die besondern Volksarten auf, die hier für alle Zeit festgesiedelt schienen, die spanischen Juden und asiatischen Griechen, und jeder Gebildete nimmt europäische Tracht an, einerlei ob Jude oder Grieche, Armenier oder Perser. Liegt nicht auch darin ein Fingerzeig dessen, was sich in diesen Gegenden vorbereitet?

XXIII.

Nach Syra.

~~~~~

Das Lloyddampfschiff verläßt Smyrna am Spätnachmittag, und indem es den ein paar Stunden
langen Busen durchschneidet, hat man zu beobachten
Gelegenheit, wie die sanften Abendlichter über die
spiegelnden Gewässer ziehn. Jedesmal wenn man
diese lieblichen Gestade, welche das blaue Seegewoge
in weichen Wallungen umziehn, ihre rundfelsigen
Bergformen, und in der Tiefe das dunkelgewaltige
Gebirge wiedersieht, alles so groß und machtvoll
und doch weich und anmuthig und edelsein, da findet
man nichts natürlicher, als daß hier alle neuen
Musen sich ansiedelten. Was den griechischen Küsten
und Inseln so ganz eigen gehört, das innige Ver-
schwistertsein von Meer und Land und Gebirge, das

stellt sich nirgends glücklicher dar, als im Busen
von Smyrna. See und Gestade stehen im schönsten
Verhältniß zu einander, keines überhebt sich, jedes
ist nur Ergänzung des andern. Und diese felsigen
Vorsprünge, diese Bergketten, welche den Smyrna-
busen umkränzen, wie sie so schön gerundet, so lieb
und lockend sind! Alles ladete hier den Griechen
ein zu fröhlichem Lebensgenuß in der Weinlaub-
frische und Schattenkühle der Platanen. Und blickte
er wieder zum weithin sich dehnenden Meerbusen,
auf dessen zartschimmerndem Milchblau sich Felsgestalten und ziehendes Gewölke in leichten Linien
abzeichneten, so mußte sich ihm die Seele sehnen
auf's wilde wogende Meer und zu all den Inseln
und Ländern dahinter, von denen täglich neue Schiffe
Kunde brachten.

Als wir auf die offene See traten, nahm die
bunte Schiffsgesellschaft uns vollauf in Anspruch:
jedes Plätzchen war besetzt, der ganze Orient wollte
uns noch einmal das Geleite geben. Unter den
Reisenden auf dem ersten Deck fielen dreierlei Per-
sonen in's Auge: die Geistlichen, sowohl Mönche
als amerikanische englische und deutsche Protestanten,
sie alle arbeiteten jeder an der Aernte für seine Kirche
auf dem orientalischen Missionsgebiete, in dessen
unabsehlicher Weite nur erst wenige Garben stehn,

— ein paar vornehme Griechen, die ihre Nationaltracht noch auf ihren Dienern paradiren ließen,
— endlich eine türkische Paschafamilie, welche mit
ihrem Nomadenzelt fast die Hälfte des Oberdecks
einnahm. Nicht gerade appetitlich war der Blick
hinter die Zeltwände, wo die gelben und schwarzen
Frauen mit ihren blaßkränklichen Herrinnen hockten
in malerischer Unordnung zwischen Säcken und Päcken
und Körben. Der zweite Platz gehörte Griechen
Maltesern Italienern und slavischen Oesterreichern,
sämmtlich Vertreter des Kleinhandels. Das ganze
Unterdeck aber wimmelte von halbnackten Arabern
und Syriern, die eine Hälfte in Lumpen die andern in schmutzigen Haïks oder Wollmänteln, unter
ihnen viele lebhafte und scharfgeschnittene Köpfe.

Es waren anderthalbhundert Mann, eben erst
von Beyrut hergebracht unter der Obhut von nur
einem Offizier und zwei Kavassen, — arme Maschinen
von Menschenarmen und Beinen für Flinte und
Säbel, die Wenigsten sollten ihre Heimath wieder-
sehn. Sie aber kümmerte das wenig: als es Abend
wurde und sie gegessen hatten, begannen sie sogleich
ihre Spiele. Mehrere tanzten, indem sie Tücher
schwenkten, Grimassen schnitten, und auf das Un-
glaublichste die Glieder verrenkten. Rings um die
Tänzer hockten ihre Kameraden und sangen und

klatschten ihnen den Takt. In andern Kreisen schlug
man sich taktmäßig in die offenen Hände, dabei
ließen die Einen den Unter-, die Andern den Ober-
körper reißend schnell hin und her zittern und zuckeln,
während der übrige Theil des Leibes starr und steif
blieb. Beklatscht und belacht wurden am meisten,
welche etwas schamlose Vorstellungen zum Besten
gaben. War dieses Volk etwas anderes werth, als
sich todtschießen zu lassen, damit die Paschas Herrschaft und volle Taschen behielten? Wie viel Menschenalter haben die christlichen Geistlichen noch zu
thun, um solches Volk zu bilden, wenn nicht andere
Mächte von Westen kommen, die ihm ein menschen-
würdigeres Dasein bringen!

Andern Morgens hatten wir blitzende bewegte
See und leuchtenden Himmel, das Schiff aber war
ein Leichenfeld. Die armen Leute da unten lagen
alle von Seekrankheit niedergestreckt wie nach der
Schlacht, und aus dem Paschazelt ertönten jämmer-
liche Klagetöne. Unserer Fünf oder Sechs, meine
Gefährtin dabei, waren die Einzigen, die bei der
Tafel erschienen.

Wir fuhren zwischen den Inseln Tine und My-
tono durch, und jetzt tauchten links und rechts
Stücken der Inselwelt auf, alle bleich und braun
über den bläulichen Fluthen und den schimmernd

weißen Wogendämmen. Länger hing das Auge an dem nackten Felsen von Delos: einst der geheiligte Tempelort Apollos ist jetzt diese Insel noch öder und ungesunder als die andern. So reizend die Berg-formen dieser Inseln, man erschrickt doch vor ihrer entsetzlichen Nacktheit: sie blicken über die See da-her, als wenn ein verheerendes Wetter ihnen jeden Schmuck abgerissen hätte.

Delos, das nach der Göttersage der alten Griechen auf dem Meere schwamm, bis Poseidon die Insel auf des Meeres Grunde befestigte, damit Latona, des Zeus Geliebte, hier eine Zuflucht fand, wo sie in blühender Wildniß am krystallenen Born Apollo und Diana gebar, — Delos, wohin alle Staaten Griechenlands Gesandte schickten, um den heiligen Spielen beizuwohnen, — wie gern hätten wir diese Insel besucht! Aber unsere Alamana ankerte fern im Hafen von Smyrna, und das Dampfschiff reißt den Reisenden nur so vorbei an den heimlichen Fels-buchten und lockenden Gestaden, an denen seine Sehnsucht nur wie Gefieder umherflattert, dessen Fuß keinen Platz zum Ausruhen finden kann.

Als wir in den schönen Hafen von Syra ein-fuhren und die Stadt erblickten, wie sie auf leichten Hügelwellen ganz weiß zur braunen Höhe ansteigt, da hielten in langer gerader Linie, einen Schuß

weit von uns, gewiß an funfzig Boote. Sobald
die Flagge niedersank, flogen sie im Wettrennen
auf's Schiff zu, im Nu war es von einem Haufen
Menschen erklettert und bedeckt, die auf das Gepäck
der Reisenden einstürmten um sie mit ihm in ihre
Boote zu bekommen. Wer keine Eile hat, lasse,
wenn er in einen Hafen kommt, den ersten Schwarm
erst ruhig abschieben, um später gemächlicher und
auch billiger an's Land zu fahren. Im Boote sitzend
beobachteten wir ein eigenthümliches Spiel des Lichts
und der Wellen. Das Gewässer innerhalb der Bucht,
soweit es durch den Hafendamm abgesperrt wird,
hatte einen grünlichen Schein: von der Spitze des
Molos aber zog sich eine Linie in's Meer weiter
hinein, jenseits deren alles glänzte im prachtvollsten
Blau. Durch den Höhenzug der Insel Syra, der
sich fast zum Vollkreis rundet, durch den langen
Hafendamm, durch eine nahe anstoßende Insel mit
Leuchtthurm, dann durch die vier Inselberge, die
vor der Ausfahrt draußen in der See liegen, bildet
sich eine der prächtigsten Hafenstellen auf der Erde,
in deren Umkreis es den Seeleuten recht wohnlich
vorkommen muß.

Es wohnte in Syra ein Bekannter, ein junger
Bildhauer, der eine frische Münchnerin von dannen
geführt, meinem Hause aber eine hübsche kleine

Zierde zurückgelassen hatte. In der aufblühenden
Handelsstadt gab es ziemlich Arbeit, aber die großen
Bestellungen auf edle Kunstwerke wollten noch nicht
kommen. Im Griechen steckt tief die Begierde zu
glänzen, und wenn ihn die Gluth des Ehrgeizes
oder der Vaterlandsliebe erfaßt, kann er ein Vermögen opfern: für gewöhnlich aber hält er seine
Mittel eng zusammen, und hat für die reine Kunst
noch wenig übrig.

Im Hause des Bildhauers gab es ein köstliches
kühles Wasser: nicht sättigen konnte ich mich an
dieser Erquickung. Ich begriff den Ausspruch des
alten Philosophen „das beste aber ist das Wasser.“
In heißen Ländern hängt Leben und Gedeihen vom
Wasser ab und ist es zu jeder Stunde in der That
die größte Wohlthat. Im Orient gibt es keine
hübschere Sitte, als dem Eintretenden frisches Wasser
zu bieten, und weil das wenig ist, so gibt man
einen Theelöffel Süßigkeiten dazu, von denen jedes
gute Haus sich mit den köstlichsten und verschiedensten Arten versorgt.

Steigt man in Syra die engen Gassen und
Treppen hinauf, welche in die Höhe führen, so
öffnen sich wie überall in den Städten am mittel-
ländischen Seegestade, die schönsten Blicke durch und
über die Häuserreihen auf's Meer. Oben aber, auf

ten nackten felsigen Gipfeln — da liegt wieder
ausgebreitet die Seligkeit griechischer Berg- und Insel-
und Seelandschaft. Unten die tiefeingezackte Bucht
von Syra, vor ihrem Eingange wie Wächter drei
Felsinseln, eine vierte kleine wie ein noch weiter
vorgeschobener Wachposten, und ringsum die blaue
schimmernde Meeresfluth, — eingefaßt drüben von
langestreckten Inseln, die ihre Berghäupter herrlich
emporheben und von denen jetzt helle Ortschaften
herüberglänzten, — und ganz in der Ferne wieder
andere Inseln, die wie aus tiefem Naturzauber auf-
tauchten und wieder verschwammen in dunkler Bläue,
— eine wahre Götterherrlichkeit.

Noch eine andere Aussicht erhellte sich vor meinen
Blicken, die Zukunft Griechenlands. Diese griechische
Großstadt zu meinen Füßen was war sie vor dreißig
Jahren? Ein armseliges Piratennest. Gewiß es
waren die Dampf- und Segelschiffe der Franken,
die hierher Leben und Leute brachten. Syra lag ja
gar zu prächtig zwischen Griechenland der Türkei
und Aegypten: in dieser Gegend mußte, wie einst
auf Delos, eine große Handelsstadt wieder erstehen.
Aber die große Masse des Seevolks, der Händler
und Rheder, der Kauf- und Kram- und Handwerks-
leute waren doch Griechen! Griechen sind es, die
jahraus jahrein ein paar hundert Schiffe bauen

und sie nach allen Häfen schicken. Hier hat sich
doch gezeigt, wie rasch sich Griechen guter Gelegen-
heiten bemächtigen können, hier haben sie ihre Zukunft begriffen. Denn sie sind ein See- und Küstenvolk, und ihre Zukunft liegt auf dem Meere und
haftet an all den Küsten und Inseln, soweit sie
einst den alten Griechen gehörten.

Noch sind weit und breit diese schönen Küsten-
striche leer und öde. Das wird aber anders werden,
sobald erst ein paar Bäche vom europäischen Ueber-
fluß an Geld und Menschen in diese fruchtbaren
Wildnisse hinein rieselt. Können die Griechen sich
nicht selbst an Kraft und Volk vervielfachen, so
müssen sie andern Leuten Raum geben, die rüstiger
schaffen. Schon das nächste Jahrhundert wird, was
die kleinen Völkerschaften betrifft, die Unbarmherzig-
keit selbst sein. Die Schwingungen, die von den
großen Massenvölkern ausgehen, werden mit erschüt-
ternder Gewalt auf die kleinen Völkerschaften treffen.
Wie lange ist's denn her, daß Handel und Verkehr, Reisen und Eisenbahnen, Presse und Tele-
graphen den jetzigen raschen Betrieb bekamen? Nur
ein halbes Jahrhundert. Und wurde diese Bewegung
nicht mit jedem Jahrzehnt unaufhaltsam rascher,
wuchtiger, unwiderstehlicher? Was aber könnte sie
noch lähmen, als etwa ein neuer Mogolensturm

aus Hochasien, oder der vollständigste Sieg der schwarzen oder ein allgemeiner Aufstand der rothen Internationale? Davor fürchtet sich aber wohl Keiner, der die realen Machtmittel historisch würdigen lernte.

Bricht also das türkische Reich nicht früher zusammen, so werden die Griechen vielleicht noch ein Menschenalter Zeit haben, um Staat und Volk zu entwickeln, daß sie Stand halten. Talent haben sie genug, und ihr sittlich festes Familienleben haben sie sich durch all die trüben Zeiten hindurch bewahrt. Wohl aber müssen sie bald anfangen, mehr zu leisten, als worauf sie jetzt gern hinweisen, und zwar mit Recht hinweisen. Denn das Geleistete gibt immerhin eine gute Grundlage. Da uns die schweren Mängel und Schwächen im neugriechischen Staats- und Volks-wesen groß und dunkel anstarren, so werden die wirklichen Fortschritte nicht genug gewürdigt. Drei Lichtpunkte lassen sich doch nicht ganz übersehen: Vermögen sammeln, — Schulen gründen, — Veredlung und Verbreitung der neugriechischen Sprache. Nur einen Augenblick will ich dabei verweilen.

Als im Frühling des Jahres 1832 der edle Otto, dessen Unglück sein gutes und vertrauensvolles Herz war, sich die kleine griechische Stachelkrone aufsetzen ließ, welchen Anblick hatte man da? Soweit Neugriechen wohnten, ein Volk in Lumpen, bleich

vor Hunger und Armuth, seine Oelbäume niedergehauen, seine Städte und Ortschaften in Ruinen, die
von Raub und Blut geschwärzt waren. Jetzt sind
die Städte und Ortschaften wieder aufgebaut und
ist wieder Geld in den Familien: wenigstens hat
das Volk überall, sei es durch Handel oder durch
Landbau, die Mittel zu einem menschenwürdigen
Dasein wieder gewonnen.

Hierauf, auf Haus und Geld, verwandten die
Griechen, sobald sie wieder freier athmen konnten,
ihre erste und einzige Sorge. Sehr bald verknüpfte
sich damit ein edleres Streben, das geräuschlos, aber
ungemein praktisch ist, und von dessen weitgreifenden
Erfolgen, scheint es, man weder in Konstantinopel
noch in London und Paris eine Ahnung hat. An
allen Hauptsitzen griechischen Lebens entstanden Schulen, und jede größere Ortschaft wollte ihren Schulmeister haben. Die Hochschule zu Athen kann nicht
Schulmänner genug liefern, die ringsum in den
griechischen Gemeinden der Küstenstädte Stellen finden. Die alte Hetärie hat längst die blutigen Waffen
niedergelegt, aber sie arbeitet und kämpft fort mit
den Waffen des Geistes. Der Grieche hat regen
Lerneifer. Wie sehr zeichnet er sich dadurch aus vor
andern kleinen Völkerschaften, die auch aufstreben,
vor Rumänen und Magyaren, Czechen und Südslaven!

Mit dem Aufblühen der zahlreichen Schulen hängt aber die Verbreitung der griechischen Sprache zusammen. In vielen Städten, wo noch vor zwanzig Jahren das Türkische vorherrschte, hat ihm jetzt schon das Griechische den Rang abgelaufen. Diese Thatsache ist sicherlich der beste Wegweiser in die Zukunft.

Von den Wandlungen und Hoffnungen der neu-hellenischen Sprache und den großen Wortbäckern zu Athen ließe sich freilich ein wunderlich Kapitel schreiben. Doch ich beschränke mich hier nur darauf hinzudeuten, daß in allen Hütten und Häusern rings um das ägäische Meer, sobald die griechische Sprache darin auflebt, auch die Hoffnung und der Wille erwacht, dem griechischen Volke bessere Zeiten zu verschaffen. Man ist zu den größten Opfern entschlossen, und berechnet fortwährend, wie die Griechen an den Küsten und auf den Inseln an Menge und Wohlstand sich verstärken. Seit in Europa noch eine andere Macht, als Franzosen Engländer und Russen, angefangen ein Wort mitzureden, seit zu gleicher Zeit Rußlands Politik, auf welche der eine Theil der Griechen mit Sehnsucht, der andere mit Entsetzen hinblickte, sich nach Mittelasien gewendet, geht es wie ein erfrischender Hauch durch die ganze neugriechische Welt. Die patriotischen Ideen und

Schwingungen haben sich neubelebt, und eitel und phantastisch wie die Griechen sind, sehen viele ihren Weizen schon in Blüthe stehen.

All diese Hoffnungen hängen zur Zeit noch an seidenen Faden: doch wie gern belebt man sich mit Träumen die Zukunft eines Landes, das einst hoch und herrlich blühete vor allen Ländern der Erde, dessen einsame Thäler und Breiten noch immer durch guten Fruchtboden gesegnet sind! Das grüne Wald-kleid hängt zwar nur in zerrissenen Fetzen noch an den Bergen, in den meisten Gegenden ist es sogar für immer abgerissen: die thauige Frische des alten Griechenlands, welche auf Geist und Gemüth so wohlthuend einwirkte, läßt sich nicht wieder erlangen. Wohl aber kann Griechenland wieder so wohnlich und fruchtbar werden, als der Süden Italiens und Spaniens, zumal es um so viel schöner ist.

XXIV.

Athen.

Seestädte, die von Tiefbuchten an Bergen auf-
steigen, entfalten sich besonders herrlich, wenn im
Abenddunkel tausende von Lichtern in den Häusern,
auf den Schiffen und am Ufer glänzen und in der
See sich wiederspiegeln. Da Syra sich auf so vielen
Hügeln übereinander hoch in der Runde empor hebt,
so bietet es Abends das Schönste solchen Lichterglanzes.
Ich nahm ihn, als wir abfuhren, als gute Vor-
bedeutung für diese Insel- und Küstenwelt, deren
Zukunft noch so dunkel ist.

Morgens früh stand der Dampfer dem Vorgebirge Sunion gegenüber. Aus der Höhe grüßte die
weiße Tempelruine herunter. Die Sonne hob gerade
dahinter ihr Herrscherantlitz empor, und die Säulen

schienen umwoben von einem blendenden Strahlen-
kranz. Wohl keiner, in dessen Seele nur ein wenig
historisches Licht gefallen, könnte zum erstenmal ohne
tiefe freudige Erregung diese vielgezackten Küsten
und Buchten, diese berühmten Berge und Thäler,
erblicken. Sie sind die geweihete Stätte der Pallas
Athene, der Göttin des energischen Helllichts im
Geiste, durch welches der Mensch große Dinge nach
Gesetz und Ordnung plant und mit stählerner
Willenskraft vollbringt. Durch solche Tugenden rang
sich hier ein Völkchen zum ·ersten und edelsten in
der Welt empor, und mit vollem Recht glänzten
von diesem Gestade der weiße Suniontempel und
auf der Akropolishöhe Athenes goldblitzender Helm
den Staatsmännern und strebenden Jünglingen entgegen, denen es heimlich in der Seele jauchzte, wenn
sie zu hohen Festzeiten unter purpurnen Segeln hier
einherzogen, Zahllose aus allen Ländern des Mittelmeeres alle diesem Lichtheerde zu.

Rasch näherte sich unser Schiff dem attischen
Gestade. Wie es so lockend da lag, lächelnd im
Sonnenglanz, die Burghöhe mitten in der Ebene,
diese links sich breitend wie ein glattes Seebette,
rechts sich empor hebend mit einigen krausen Er-
höhungen bis zu den Bergen, — diese Bergzüge
selbst wie Hochwächter stehend hinter der Ebene, hier

links der Parnes, hinter der Burg der Pentelikon,
da rechts am nächsten dem Meere der Hymettos.
Dieses Land war erhaben und anmuthig zugleich.
O sei tausendmal gegrüßt, du geweihete Stätte des
Völkerlichts und Völkersegens!

Auch der Pyräus, auf welchen jetzt meine Blicke
fielen, gefiel mir sehr. Es ist ein schöner Hafen,
so nett gerundet und geschlossen, nicht übergroß,
sondern für des jungen Staats Verhältnisse passend.
Die Bergzüge, die ihn von fern umgeben, und seine
schöne Rundung machen ihn zum angenehmsten See-
becken. Erstaunt war ich, ihn von Schiffen so belebt
zu sehen, von Kriegs- und Handelsschiffen, und dahinter lange Reihen von schmucken Häusern und
Häuschen, eine rasch wachsende Seestadt mit bereits
zehntausend Einwohnern.

Scheuend das Bordgedränge und den Lärm der
Eisenbahn übergaben wir uns einem Sendling des
Gasthofs, der in Athen gerade dem Schlosse gegen-
über liegt. Dieser Mann richtete still und artig
seine Empfehlungen aus, brachte uns mit wenigen
Ruderschlägen an's Land und dann im fliegenden
Wagen nach Athen, das nur etwa anderthalb Stun-
den entfernt liegt. Wir kamen dort gleich nach dem
Bahnzug an, hatten aber unterwegs unsere Freude
gehabt, uns umzuschauen in dem herrlichen Gefilde

und in den unabsehlichen Gärten voll Wein und
Oelbäumen durch welche der Weg führte.

Athen war hübscher, als ich es mir vorgestellt
hatte. Es sieht einer kleinen deutschen Residenz
ungemein ähnlich, Gotha wäre ihm noch zu groß,
aber etwa wie Detmold oder Köthen. Die Leute
waren durchgehends wohlgekleidet, und mehrere
grüßten freundlich. In ihrem Benehmen drückte
sich ein bürgerlich bescheiden Wesen aus. Die Menge
der Gast- und Wirthshäuser fiel mir auf. Ein
größeres Kaffeehaus war ganz besetzt: dort wurde,
soviel ich im Vorbeifahren bemerken konnte, Politik
gemacht, des zarten Staatswesens ewiges Unglück.
Der lächerliche weiße Fältel-Unterrock, die Fustanella,
ließ sich nirgends blicken, ich habe auch später keine
Zehn in dieser Nationaltracht gesehen, deren Unter-
theil Balletmädchen gehört, während der Obertheil
die Brust- und Armschienen unserer abgelegten
Ritterrüstung vorstellt. Leider ist auch der hübsche
Rothfeß mit der langen Goldtroddel verschwunden,
der über dem schwarzen Lockendickicht so reizend die
Frauen kleidete.

Als wir am Ende der Hermesstraße ausstiegen,
vor uns den prächtigen Platz mit Baumanlagen und
stattlichen Gebäuden, uns gegenüber das weißmar-
morne Residenzschloß sahen in seinen schlichten, aber

edlen und großen Verhältnissen, war ich doch freudig
erstaunt, was Alles in nur vierzig Jahren hier entstanden. Denn was gab es in Athen, als König
Otto auf schöngewähltem Platze das Schloß bauen
ließ? Eine kleine Viertelstunde weiter unten lagen
unter der Burghöhe wie ein grauer Lehm- und
Steinhaufen etwa dreihundert armselige Häuschen
mit niedrigen brandgeschwärzten Mauern und Fenster-
löchern, dazwischen ein paar ganz kleine dunkle uralte
Kirchlein, deren Thür so eng und niedrig war, daß
kein Türke hinein reiten konnte. Das war Athen
damals, und jetzt ist es eine schöne und vornehm
behagliche Stadt von funfzigtausend Einwohnern.

Da meine Frau sich von den Dampfschifffahrten
ausruhen wollte, so stieg ich alsbald zur Akropolis
allein hinauf, in einer, was wohl natürlich, etwas
festlichen Stimmung. Mich beschäftigte innerlich
das berühmte Bild unsers großen Cornelius, die
Blüthe Griechenlands, vor welchem ich so oft sehnsüchtig gestanden, und als ich nun durch die Pro-
pyläen schritt, da plötzlich, wie man wohl bei
nächtlichem Gewitterdunkel im jähen Blitz Gebäude
und Fenster und Baumgrün ganz helle vor sich sieht,
so klar und heiter stand auf einmal alles vor mir,
die Altäre und Weihgeschenke, das gewaltige grün-
bräunliche Erzbild der Göttin, zur Seite hier ihre

festliche Tempelhalle, dort der zierliche Bau des Erechtheion mit den frohsinnigen Jungweibern, die das Gebälke tragen, und der Hintergrund gefüllt von Thürmen, Zeughäusern und Festungszinnen, und ringsum das waldgrün prangende Gebirge. Hellig- keit in der Seele, Fleiß und Willenskraft und Ver- standesschärfe — das war den Athenern ihre Pallas, und dieser ganze erhabene Berg ihr ein einziges großes Heiligthum voll hehrer Schönheit und lieb- lichster Grazie. Hier wo alles von Gold und Farben- pracht und schneeweißem Marmor leuchtete, wo alles voll Größe und Geschichte war und Seelenadel, hier waltete auch innigste, tief demüthige, und dennoch erhobenen Hauptes frohherzige Verehrung des gött- lichen Weltgeistes.

Und dann versanken die Bilder wieder und ich sah die trübe Gegenwart, die weite nackte Berg- platte, auf deren glatten Felsen die Sonne wider- schien, die verfallenen Gebäude rechts und links, die zahllosen Trümmer edlen Bildwerks hier und da aufgeschichtet, — und es wollte mir unsäglich traurig zu Muthe werden. Aber innen blieb mir doch wie von zarten Mondesstrahlen gewoben jenes erste Glanzbild von den strahlenden Tempeln und Bildsäulen stets gewärtig, und als ich die Stufen zum Parthenon hinauf gestiegen, — da lag da unten

ausgebreitet die entzückende Herrlichkeit der Landschaft,
jeder Zug darin so fein und edel und lichtvoll,
dort aus dem Meer aufragend Euboea Salamis
Aegina und die Pyräusküste, hier unten das gold-
braune Gefilde in leichten Hügelwellen wie eine liebliche Au, — umfaßt von den ernstgewaltig daher
wogenden Bergzügen des Parnes und Hymettos, dem
spitzen Lykabettos und dahinter dem Pentelikon, und
dort drüben der feste stahlblaue Meeresglanz und
·die hochgipfelnden Berge des Peloponnes, über Alles
aber die unermeßliche lichtstrahlende Aetherbläue.

Ach, es waren ein paar selige Stunden, noch
n der Erinnerung leise quellend von Glück und
wonnigen Gedanken, das erstemal da oben auf der
Akropolis. Immer wieder war ich in halbes Traum-
leben versunken: das ganze prächtige Athen sah ich
vor mir mit den vielen sonnbeglänzten Tempeln und
Denkmälern, ich sah dazwischen die hochgemuthen
Männer und Frauen gehen, ich sah sie sitzen in der
Abendkühle dort in der offenen Halle bei Perikles,
hochgemuth im Besitz ihrer Siege über das asiatische
Weltreich, im Besitz ihrer hohen Ideale, ihrer edlen
Kunstfülle, ihres ganzen frohbewegten und tiefer-
füllten Daseins. Wie sich da die Dichter und Redner und Philosophen, die feinsten Köpfe Griechenlands, anblickten und gegenseitig maßen und wett-

eiferten, die machtvollſten Ideen in knappe wahrſte
Säße zu bringen, aber auch in ſchöne anmuthige
Form; denn es waren auch hell- und großäugige
Frauen dabei, thauend von Witz und Schönheit.
Wie da holde Anmuth die Gedanken und die flüſſige
Sprache durchdrang und das attiſche Salz ſich körnte!
Und wenn die Herren nachher irgendwo an den Abhängen unter dicht ſchattigen Platanen ſaßen und
angeregt von jenen Abenden in die kleinen Täfelchen
ſchrieben, die ſie auf den Knien hielten, wie ſchärfte
und glättete und verdichtete ſich da ihre Rede, daß
der Stil klaſſiſch wurde! Freilich hatten ſie auch
kein wohlfeiles Papier, ſie mußten ihre Ideen wohl
ſchmieden und ſtählen, und ſie hatten auch nicht ſo-
viel zu lernen und zu wiſſen und zu ſagen von
allen Dingen im Himmel und auf Erden und im
tiefſten Meeresgrunde, wie ein gebildeter oder gar
ein gelehrter Mann heutzutage.

Als ich nach Hauſe kam, erklärte ich meiner
Frau: wir wollten all unſere Athener Briefe und
Empfehlungen wieder in den Koffer thun, Niemand
beſuchen, und immer wieder auf die Akropolis gehen.
Und als ich ſie andern Morgens hinführte, da
ſtimmte ſie jubelnd mir bei. So ſind wir vier Tage
in Athen geweſen, und was wir in der Zeit gethan,
ich weiß es nicht. Die ſeligen Tage ſchwammen nur

so dahin. Wir haben keinen Menschen gesprochen, haben die meiste Zeit oben am Parthenon gelegen oder unten unter den schön bronzirten Säulen des wundervollen Theseustempels, und dann sind wir in den Gasthof zurückgekehrt, haben gut getafelt und geruht, und haben dann wieder irgend ein geliebtes Plätzchen aufgesucht.

Natürlich wurden auch öfter die Hauptsachen in Athen betrachtet, die herrliche Säulenreihe vom Tempel des olympischen Zeus, der Areopag, der Pnyx und Philopappus. Wir gingen das stille Flußthal entlang und genossen wiederholt die entzückende Aussicht vom Schloß und von der Universität über die Stadt hin zur Akropolis, die mit ihrer fast tausend Fuß Höhe und den Tempeln oben alles überragt. Die öffentlichen Gebäude sind schlicht und bescheiden gehalten, aber sie haben etwas Vornehmes in ihrem edlen Stil und ihrer Marmorweiße. Die neue Akademie neben der Universität ist schon prunkvoller gerathen, sie entspricht dem glänzenden Millionenreichthum ihres Schenkers. Möge allmählich der Inhalt dem kolossalen Gehäuse entsprechen!

Altathen mit seinem Schmutz- und Winkelgemäuer, seinen Wirths- und Handwerkerbuden war der erste Ansatz, von dem aus die Stadt sich fortwährend erweiterte. Je mehr sie sich davon entfernt, desto europäischer und vornehmer werden die Straßen und Gebäude. Die beiden Hauptstraßen, die Hermes- und Aeolische Straße, welche sich und die Stadt wie ein griechisches Kreuz durchschneiden, gaben ihr bisher den Grundriß, all die andern Straßen mündeten hier ein. Die neuen Stadttheile werden sich bald ihre eigenen und größeren Namen geben. Wieviel noch immer gebauet wird, erfuhr man Abends, wenn in den Bergen dumpf die Steinbrecherschüsse abknallten, welche die Felsen zu dem trefflichen Baugestein sprengten.

Sehr löblich ist, daß man die Straßen mit Bäumen bepflanzt, die dichten Laubschatten geben. Im Sommer muß Athen schwer von Hitze leiden. Schon jetzt im Juni wurde sie öfter unerträglich. Die Gluth wurde Brand, die höchsten und kühlsten Plätze gewährten keinen Schutz mehr. Die Nächte waren wie ausgefüttert mit Gluthhauch, alles weich und warm: die lieben Sterne aber um so näher, so traulich und glanzvoll. Im Schloßgarten freuten wir uns der höchst glücklichen Mischung von südlichen und nordischen Baumgruppen, es überkam uns etwas wie Waldgefühl und man meinte das heilige Rauschen im Föhrenwald zu vernehmen. Wie muß es im alten Athen sich lustig gelebt haben, als noch die Berghänge ringsum ihre stolzen

Wälder trugen! In stillen Nächten mußte man von dorther Waldesrauschen, wie vom Pyräus her das Wellenrauschen hören. Tagsüber aber wehete über die glückliche Stadt hin und her erfrischende Wald- und Seeluft.

Noch immer übt die Landschaft Athens unsäglichen Reiz. Meer und Ebne und Hügel und Berghöhen. alles ist so menschlich nahe, stellt sich so leicht und lockend dar, aller Orten ein abgeschlossenes Bild und doch überall weit und erhaben. Selten erblickte ich eine Landschaft, die so innerlich anmuthet und herzlich befriedigt. Man sieht gar nichts Großes und Gewaltiges, und doch giebt alles der Seele einen leisen Zug in's Lichte und Ideale. Und dieser „himmlische Himmel" darüber! Woher diese ganz eigene Klarheit der Luft? Seit Teneriffa hatte ich sie nicht so gesehen. Die Höhen am Bosphorus umwittert auch etwas von dieser lieblichen Klarheit.

Unbewußt übt der Adel der landschaftlichen Umgebung auch auf die jetzigen Bewohner der Stadt seine wohlthätige Wirkung aus. Die Straßen Athens sind keineswegs ohne Leben, aber es herrscht kein Gedränge, es läßt sich nichts von Rohheit oder Gesindel blicken, die Leute bewegen sich glatt und gefällig, oder still vornehm neben einander her. Selbst

wenn des Abends sich die Kaffeehäuser mit Poli-
tikern anfüllen, die mit dem lebhaftesten Mienen-
und Geberdenspiel ihre Erörterungen halten, sieht
man wohl, daß sie in der Erregung sich die geballten
Hände vor's Gesicht halten: aber an's Zuschlagen
denkt Niemand. Gehen sie aus einander, so setzt
sich der hitzige Streit eine Weile auf der Straße
fort, dann aber geht Jeder mit artigem Gruße still
seines Weges.

Zu dieser schönen Mäßigung trägt freilich noch
ein anderer Umstand bei. Wenn man einen halben
Tag in Athen verweilt, merkt man bald daß die
Stadt eigentlich und in der Hauptsache ein einziges
großes Schul- und Erziehungshaus ist. Diese Stadt
von nur 50,000 Bewohnern hat 60 Professoren
mit 1500 Studenten, 40 Professorinnen mit 800
Institutsmädchen, die als ihren künftigen Beruf das
Wort im Auge haben: Gehet in alle Welt und
lehret! Zu diesen kommen eine Reihe anderer höherer
Bildungsanstalten, zwei Gymnasien, — auch die
Pyräusstadt hat bereits ihr eigenes, — und Asyle
für Waisen, für Kranke, für Arme. All die
Professoren und Lehrerinnen sind vorzüglich besoldet,
und, worin diese Athener selbst uns Deutschen
voraus sind, jeglicher Unterricht ist frei, diese Freiheit erstreckt sich sogar auf kostbare Lehrmittel. Die

Gelder dafür fließen meist aus Stiftungen von Privatleuten: schon der nationale Anstand bringt es mit sich, daß ein wohlhabender Grieche, mag er in London oder Wien oder Smyrna wohnen, im Testamente etwas für die Lehranstalten seines Volkes aussetzt.

Zweifellos haben die Griechen das beste und sicherste Mittel ergriffen, wie ein weit zerstreutes und waffenschwaches Volk seine Nationalität beleben, veredeln und stärken kann. Keine andere Nationalität im Oriente leistet hierin nur entfernt Aehnliches, und haben also die Griechen so unrecht nicht, wenn sie in der Stille denken: ihrem Volke gehöre die Zukunft in diesen Ländern. Wenn ich diese großen Leistungen überblicke, die mit jedem Jahr noch größer werden, so erneuert sich mir, so spaßhaft es klingen mag, die Vorstellung von Pelasgern und Hellenen. Ich habe früher bei Samothrake mir erlaubt, die Ansicht zu betonen, Pelasger und Hellenen seien nicht zwei verschiedene, sondern ein und dasselbe Volk, und der Unterschied liege bloß in der niedern oder höheren Kultur. Wie nun in grauen Zeiten des Alterthums die Hellenen sich mit den Waffen und Mitteln ihrer Kultur über die Küsten verbreiteten und von den Küstenstädten aus die rohen pelasgischen Bauern unter ihre Herrschaft und diese

Hinterfaffen in ihre Zucht und Schule nahmen, fie zu
Hellenen umbildeten, oder weiter in's Innere des
Landes zurück drängten: fo fchreitet griechifche Bildung und in ihrem Gefolge neubelebte und ver-
jüngte griechifche Nationalität von den Küftenftädten
nach den umliegenden Ortfchaften und von diefen
immer weiter in's Land hinein. Zur Zeit find bloß
die Griechen felbft aufs Korn genommen; jedoch ift
bereits erfichtlich, wie rafch und wie viele Albanefen
und Slaven und Leute gemifchten Blutes in Hellas,
und wie rafch und wie viele afiatifche Griechen, die
kein hellenifches Wort mehr verftanden, griechifche
Sprache und Nationalität annahmen.

Ich habe bereits bemerkt, wie die großen Fackeln
der deutfchen Siege auch nach dem Orient hinein
leuchteten. Da wir Deutfchen aber vorläufig dort
wenig zu fuchen haben, fo können wir uns nur
freuen, wenn deutfche Wiffenfchaft im hellenifchen
Gewande dort einzieht. In den Bildungsanftalten
zu Athen, wo uns ohnehin fo vieles deutfch anmuthet,
wollte man 1871 ohne Weiteres die deutfche Sprache
an die Stelle der franzöfifchen fetzen, und in der
That wird, außer den fkandinavifchen und nord-
amerikanifchen Städten, nirgends fo eifrig Deutfch
getrieben, als in Athen. Es ift aber zu bedenken,
daß im Orient das Franzöfifche feine großen natür-

lichen Vorrechte hat und nußbringende Vortheile
gewährt.

Eines Abends stiegen wir zum Lykabettos hinauf,
dem hohen Spitzkegel der gleich hinter Athen aufragt, und sahen von der kleinen Platte, die auf
dem Gipfel neben dem Kapellchen nur ein paar Fuß
Raum hat, die Sonne untergehen. Hatten Tags
über Licht und Schatten rastlos in den Bergen ge-
wechselt, als spielte auf ihren Halden ein geheimes
Naturleben, so verklärte sie ihre Sonnenkönigin,
ehe sie verschwinden wollte, noch einmal in allen
Farben des Purpurs. Erst übergoß ein glühendes
Roth den Lykabettos, an dem wir wie aus Wolken-
höhe niedersahen, dann die breite Bergseite des Hymettos, und dann standen auf einmal die Umberge
in allen Abstufungen von sanftem Roth und Blau,
bis tiefes Schwarzblau alle umfing und wir genöthigt
waren, im nächtlichen Dunkel die halsbrecherische
Steige hinunter zu suchen.

Sonst gingen wir des Abends gern in die enge
winklichte Altstadt, wo die Lichter glänzten in zahllosen Buden und die Volkslust sich gehen ließ. Hier
trieb sich das Leben immer noch bunt und malerisch
genug vorüber. Hin und wieder glitt durch den
Schwarm ein lachender Mädchenkopf auf wahrhaft
klassischer Büste. In den zahllosen Wirthsbuden

aber saßen Themistokles und Aristides, Odysseus und Achilleus, und wie diese Schuster und Krämer weiter hießen man sah ihnen an, welche Wonne das Plaudern ihnen machte. Sie saßen auch öfter bei Tage da, die strenge Arbeit wollte ihnen durchaus noch nicht munden. Auch wohl ein breiter Bartpope erschien, dessen Denkerstirne keineswegs von geistiger Arbeit zeugte. Es soll übrigens unter der griechischen Geistlichkeit gerade in Athen hochherzige Männer geben, deren Vaterlandsliebe so groß ist, daß sie all das junge Volk nach dem aufgeklärten Deutsch-land zum Studiren schicken möchten.

Das Schönste blieb in Athen immer die Akro-polis. Es war so selig, stundenlang zwischen den Säulen des Parthenon durch in die himmlische Aetherbläue zu schauen, wo die kleinen Thurmfalken, diese gelehrigen und anhänglichen Vögel, ihre stillen Kreise zogen, oder über die Trümmerhaufen hin auf's strahlende Meer, das so lockend und lieblich da-zwischen schauet, oder hinein in die Berge, deren Glieder, wie die Sonne darüber hinzieht, sich gleich-sam werfen und drehen und bald diese bald jene Seite und Schlucht zeigen.

Und kann es dann von Bildwerken etwas köst-licheres geben, als was man hier in Säulen und Karyatiden und den mannigfachsten Trümmerstücken

sieht? Wie ist das alles so liebevoll, edelfein und
zart und fließend gearbeitet! Betrachtet man eine
dieser Säulen, man kann es nicht begreifen, wie
so einfache Form von solch weichem und reizendem
Leben erfüllt sein kann.

Gerade wie bei den Oberammergauer Spielen
jede Gestalt, so schlicht sie dasteht, voll ächt religiöser und historischer Weihe ist, wie der talentvollste
Schauspieler sie nicht darstellt, blos weil das alte
gerechte Ueberlieferte zusammen trifft mit tiefer Be-
geisterung, — gerade so wahrhaft, so seelenvoll war
alles auf der Akropolis gearbeitet, und nur der
höchste Adel des Geistes und das feinste Formgefühl,
vereinigt mit guter Tradition, konnten diesen Zauber
schaffen.

Ja es ist ein ewig jugendlicher Zauber darin,
das kleinste Stück noch von unverwüstlicher Schönheit durchdrungen. Wer dieses ewig Schöne auf
der Akropolis einmal geschauet, einmal in seine
Seele aufgenommen, in dem lebt es fort, und wenn
man wieder daran denkt, quillt und hebt es sich
aus dem dunkeln Innern wieder hervor in lichter
entzückender Schönheit.

An einem Abend, als die Sonne hinter Salamis ins Meer tauchte, hatten wir das wundervollste
Rottmannische Bild, und sagten Beide, Rottmann

hat in Nichts übertrieben. Der weiße Fußboden, so
weit davon noch glatte Marmortafeln da lagen,
glänzte wie rothes Glas. Dann, während die höchsten Berglinien noch in Verklärung blinkten, wurde
tiefer unten alles bleich und bläulich und dunkel, die
Bergzüge, das Meer und die Fruchtebene, und darin
auf hohem Burgfelsen die edlen bleichen Marmor-
trümmer. Ach nur Trümmer und wieder Trümmer!
Unheimlich hoben sich hervor die rohen cyklopischen
Steinblöcke an den Rändern der Felsenplatte. Es
zog mir das Herz zusammen vor Schmerz und Trauer,
als sollte nun die finstere Nacht und Kälte all die
hellen Kulturblüthen überdecken, da dies Schönste,
was die Welt hatte, so jammervoll zu Grunde ging.
Und doch, und doch in tiefster Seele begann es zu
lachen und spottete über meine Trauer und jubelte;
denn einmal hatte doch der göttliche Geist, der Welt
und Menschen durchweht, hier das Schönste ge-
schaffen, einmal stand es doch wirklich und leibhaft
da, und was von dieser Hochstätte an Ideen und
Gedanken ausgegangen, das war unsterblich, unsterblich fruchtbar an neuen Schöpfungen und Ge-
setzen, so lange Menschengeschlechter über die Erde
wallen.

Druck von Breitkopf und Härtel in Leipzig.